O DESENCANTAMENTO DO MUNDO

Todos os passos do conceito em Max Weber

OBRAS COEDITADAS PELO PROGRAMA DE PÓS-GRADUAÇÃO EM SOCIOLOGIA DA FFLCH-USP:

Antônio Flávio Pierucci e Reginaldo Prandi, *A realidade social das religiões no Brasil* (Hucitec, 1996)

Brasilio Sallum Jr., *Labirintos: dos generais à Nova República* (Hucitec, 1996)

Reginaldo Prandi, *Herdeiras do axé* (Hucitec, 1996)

Irene Cardoso e Paulo Silveira (orgs.), *Utopia e mal-estar na cultura* (Hucitec, 1997)

Antonio Sérgio Alfredo Guimarães, *Um sonho de classe* (Hucitec, 1998)

Antônio Flávio Pierucci, *Ciladas da diferença* (Editora 34, 1999)

Mário A. Eufrasio, *Estrutura urbana e ecologia humana* (Editora 34, 1999)

Leopoldo Waizbort, *As aventuras de Georg Simmel* (Editora 34, 2000)

Irene Cardoso, *Para uma crítica do presente* (Editora 34, 2001)

Vera da Silva Telles, *Pobreza e cidadania* (Editora 34, 2001)

Paulo Menezes, *À meia-luz: cinema e sexualidade nos anos 70* (Editora 34, 2001)

Sylvia Gemignani Garcia, *Destino ímpar: sobre a formação de Florestan Fernandes* (Editora 34, 2002)

Antônio Flávio Pierucci, *O desencantamento do mundo* (Editora 34, 2003)

Nadya Araujo Guimarães, *Caminhos cruzados* (Editora 34, 2004)

Leonardo Mello e Silva, *Trabalho em grupo e sociabilidade privada* (Editora 34, 2004)

Antonio Sérgio Alfredo Guimarães, *Preconceito e discriminação* (Editora 34, 2004)

Vera da Silva Telles e Robert Cabanes (orgs.), *Nas tramas da cidade* (Humanitas, 2006)

Glauco Arbix, *Inovar ou inovar: a indústria brasileira entre o passado e o futuro* (Papagaio, 2007)

Zil Miranda, *O voo da Embraer: a competitividade brasileira na indústria de alta tecnologia* (Papagaio, 2007)

Alexandre Braga Massella, Fernando Pinheiro Filho, Maria Helena Oliva Augusto e Raquel Weiss, *Durkheim: 150 anos* (Argvmentvm, 2008)

Eva Alterman Blay, *Assassinato de mulheres e Direitos Humanos* (Editora 34, 2008)

Nadya Araujo Guimarães, *Desemprego, uma construção social: São Paulo, Paris e Tóquio* (Argvmentvm, 2009)

Vera da Silva Telles, *A cidade nas fronteiras do legal e ilegal* (Argvmentvm, 2010)

Heloisa Helena T. de Souza Martins e Patricia Alejandra Collado (orgs.), *Trabalho e sindicalismo no Brasil e na Argentina* (Hucitec, 2012)

Christian Azaïs, Gabriel Kessler e Vera da Silva Telles (orgs.), *Ilegalismos, cidade e política* (Fino Traço, 2012)

Ruy Braga, *A política do precariado* (Boitempo, 2012)

OBRAS APOIADAS PELO PROGRAMA DE PÓS-GRADUAÇÃO EM SOCIOLOGIA DA FFLCH-USP:

Ruy Braga e Michael Burawoy, *Por uma sociologia pública* (Alameda, 2009)

Fraya Frehse, *Ô da rua! O transeunte e o advento da modernidade em São Paulo* (Edusp, 2011)

Antônio Flávio Pierucci

O DESENCANTAMENTO DO MUNDO

Todos os passos do conceito em Max Weber

FFLCH - USP

CAPES

Universidade de São Paulo
Faculdade de Filosofia, Letras e Ciências Humanas
Programa de Pós-Graduação em Sociologia

editora■34

EDITORA 34

Editora 34 Ltda.
Rua Hungria, 592 Jardim Europa CEP 01455-000
São Paulo - SP Brasil Tel/Fax (11) 3811-6777 www.editora34.com.br

Universidade de São Paulo
Faculdade de Filosofia, Letras e Ciências Humanas
Programa de Pós-Graduação em Sociologia
Av. Prof. Luciano Gualberto, 315 Cid. Universitária CEP 05508-900
São Paulo - SP Brasil Tel. (11) 3091-3724 Fax (11) 3091-4505

Copyright © Editora 34 Ltda., 2003
O desencantamento do mundo © Antônio Flávio Pierucci, 2003

A FOTOCÓPIA DE QUALQUER FOLHA DESTE LIVRO É ILEGAL E CONFIGURA UMA
APROPRIAÇÃO INDEVIDA DOS DIREITOS INTELECTUAIS E PATRIMONIAIS DO AUTOR.

Edição conforme o Acordo Ortográfico da Língua Portuguesa.

Capa, projeto gráfico e editoração eletrônica:
Bracher & Malta Produção Gráfica

Revisão:
Cássio Arantes Leite
Nina Schipper

1ª Edição - 2003, 2ª Edição - 2005, 3ª Edição - 2013

Catalogação na Fonte do Departamento Nacional do Livro
(Fundação Biblioteca Nacional, RJ, Brasil)

Pierucci, Antônio Flávio, 1945-2012

P624d   O desencantamento do mundo: todos os passos
do conceito em Max Weber / Antônio Flávio Pierucci.
— São Paulo: USP, Programa de Pós-Graduação em
Sociologia da FFLCH-USP/Editora 34, 2013 (3ª Edição).
240 p.

ISBN 978-85-7326-278-0

Inclui bibliografia.

1. Weber, Max, 1864-1920. 2. Ciências
sociais - Alemanha. I. Universidade de São Paulo.
Programa de Pós-Graduação em Sociologia. II. Título.

CDD - 300

O DESENCANTAMENTO
DO MUNDO
Todos os passos do conceito em Max Weber

Apresentação 7

Siglas das obras citadas de Max Weber 11
Introdução 15

TODOS OS PASSOS DO CONCEITO

1. Passando por Schiller 27
2. Meu ponto 32
3. Contando os passos 47
4. Fazendo as contas 58
5. Comentando os passos 61
6. Passo 1: *Sobre algumas categorias
   da sociologia compreensiva* 62
7. Passo 2: "Introdução" à *Ética econômica
   das religiões mundiais* 89
8. Passo 3: *Economia e sociedade* 100
9. Passo 4: *A religião da China* 114
10. Passos 5 e 6: *Consideração intermediária* 135
11. Passos 7 a 12: *A ciência como vocação* 150
12. Passo 13: *História geral da economia* 167
13. Passos 14 a 17: *A ética protestante
    e o espírito do capitalismo* 186
14. Meu ponto final e uma chave de ouro 215

Bibliografia 223

APRESENTAÇÃO

Um dos maiores sociólogos até hoje, além de historiador e economista, autor de *A ética protestante e o espírito do capitalismo*, um dos livros mais lidos do século XX, o alemão Max Weber[1] (Erfurt, 1864-Munique, 1920) é também autor de alguns conceitos e categorias analíticas que entraram definitivamente para o jargão básico dos cientistas sociais do mundo inteiro. Eles fazem parte da caixa de ferramentas mais elementar dos sociólogos, cientistas políticos, economistas e historiadores da economia, historiadores sociais, historiadores das religiões, das mentalidades, da cultura, da música, do direito e assim por diante.

Alguns dos termos e combinados vocabulares de sua autoria — *desencantamento do mundo* é um deles — passaram até mesmo para o linguajar corrente, a língua geral não especializada, sem que no entanto saísse ofuscada a aura de sua potência lexical. É que desencantamento em sentido estrito se refere ao mundo da magia e quer dizer literalmente: tirar o feitiço, desfazer um sortilégio, escapar de praga rogada, derrubar um tabu, em suma, quebrar o encantamento. O resto é figuração, sentidos figurados que nem sempre ajudam na hora das definições que uma linguagem científica requer.

"Desencantamento", em alemão *Entzauberung*, significa literalmente "desmagificação". *Zauber* quer dizer magia, sortilégio, feitiço, encantamento e por extensão encanto, enlevo, fascí-

---

[1] Seu nome completo era Karl Emil Maximilian Weber.

nio, charme, atração, sedução... *Der Zauberer* nomeia o mágico, o mago, o feiticeiro, o bruxo, o encantador. Enfeitiçar, embruxar ou encantar pode ser *zaubern, verzaubern, bezaubern, anzaubern,* e encantamento se traduz o mais das vezes por *Verzauberung, Bezauberung* e *Zauberei,* que como *Zauber* também quer dizer magia, feitiçaria, bruxaria, encantaria e assim por diante.

Entre estudiosos e estudantes, Max Weber costuma ser lembrado como "o homem que fez da ideia de desencantamento não meramente um tema importante para pensar a vida moderna, mas talvez o mais essencial aspecto da modernidade".[2] Um autêntico desencantador.[3]

Este livro pretende acompanhar, pacientemente e na minúcia, o percurso que faz por toda a obra de Weber o conceito de *desencantamento do mundo.* O trabalho foi originalmente defendido em 13 de junho de 2001, dia de Santo Antônio, como tese de livre-docência em Sociologia, no Departamento de Sociologia da Faculdade de Filosofia, Letras e Ciências Humanas da Universidade de São Paulo (FFLCH/USP). Aproveito para agradecer aos cinco membros da banca examinadora pela instigante e profícua arguição. Meu muito obrigado aos professores Guita Grin Debert (Unicamp), Vilma Figueiredo (UnB), Sedi Hirano (USP), Ruben George Oliven (UFRGS) e Gabriel Cohn (USP) por aqueles dias memoráveis de discussão e brilho intelectual.

Sou muito grato também ao CNPq e à CAPES. Ao CNPq, pela bolsa de produtividade em pesquisa que possibilitou a realização deste estudo. E à CAPES, pelo apoio financeiro que alavancou sua edição em livro.

Antônio Flávio Pierucci
São Paulo, verão de 2003

---

[2] Goldman, 1988: 1.

[3] Um *Entzauberer* (cf. Goldman: *ibidem*).

O DESENCANTAMENTO DO MUNDO

Todos os passos do conceito em Max Weber

SIGLAS DAS OBRAS CITADAS DE MAX WEBER

AIntro "Vorbemerkung"/"Author's Introduction" (prólogo geral aos *Ensaios reunidos de Sociologia da Religião*). *In*: GARS I: 1-16; PEeng: 13-31; EPbras: 1-15; EPLus: 11-24; ESSR I: 11-24 [1920].

AJ *Ancient Judaism*. Glencoe, Illinois, Free Press, 1952 [1917, 1921].

Anti "Anticritical Last Word on the Spirit of Capitalism". *American Journal of Sociology*, vol. 83, n° 5, March: 1105-1131, 1978 [1910].

Cat "Sobre algunas categorías de la sociología comprensiva". *In*: *Ensayos sobre metodología sociológica*. Buenos Aires, Amorrortu: 175-221, 1958 [1913].

CG "O caráter geral das religiões asiáticas". *In*: COHN, Gabriel (org.). *Weber: sociologia*. São Paulo, Ática: 142-151, 1979b.

China *The Religion of China: Confucianism and Taoism*. Glencoe, Free Press, 1951 [1915, 1920].

CP "Confucionismo e puritanismo". *In*: COHN, Gabriel (org.). *Weber: sociologia*. São Paulo, Ática: 151-159, 1979b.

CP2V *Ciência e política: duas vocações*. São Paulo, Cultrix, 1972.

DigitB Digitale Bibliothek Band 58. Max Weber: Gesammelte Werke. Berlim, Directmedia, 2001.

E&S *Economy and Society: An Outline of Interpretive Sociology* (org. Guenther Roth e Claus Wittich). 3 vols. Nova York, Bedminster Press, 1968.

EeS *Economia e sociedade: fundamentos da sociologia compreensiva*, 2 vols. Brasília, Editora Universidade de Brasília, 1991-99 [1922].

Einleit	"Einleitung"/"Introdução" à "Ética econômica das religiões mundiais". *In*: GARS I: 237-275 [1915, 1920].
EnSoc	*Ensaios de sociologia* (trad. da coletânea FMW de H.H. Gerth e Ch. Wright Mills). Rio de Janeiro, Guanabara Koogan, 1982.
EPbras	*A ética protestante e o espírito do capitalismo.* São Paulo, Pioneira, 1967 [1920].
EPfran	*L'éthique protestante et l'esprit du capitalisme.* Paris, Plon, 1964 [1920].
EPLus	*A ética protestante e o espírito do capitalismo.* Lisboa, Editorial Presença, 1996 [1920].
ESSR	*Ensayos sobre sociología de la religión,* 3 vols. Madrid, Taurus, 1984.
EyS	*Economía y sociedad: esbozo de sociología comprensiva,* 2 vols. México, Fondo de Cultura Económica, 1964 [1922].
FMus	*Os fundamentos racionais e sociológicos da música.* São Paulo, Edusp, 1995.
FMW	*From Max Weber: Essays in Sociology* (orgs. H.H. Gerth e Ch. Wright Mills). Nova York, Oxford University Press, 1957.
GARS I	*Gesammelte Aufsätze zur Religionssoziologie I.* Tübingen, Mohr, 1988 [1920].
GARS II	*Gesammelte Aufsätze zur Religionssoziologie II.* Tübingen, Mohr, 1988 [1921].
GARS III	*Gesammelte Aufsätze zur Religionssoziologie III.* Tübingen, Mohr, 1988 [1921].
HEG	*Historia económica general.* México, Fondo de Cultura Económica, 1942 [1923].
HGE	*História geral da economia.* São Paulo, Mestre Jou, 1968 [1923].
India	*The Religion of India: Hinduism and Buddhism.* Glencoe, Free Press, 1958 [1916, 1921].
IntroItal	"Introduzione"/"Introdução" à "Ética econômica das religiões mundiais". *In*: FERRAROTTI, Franco. *Max Weber e il destino della ragione.* Roma/Bari, Editori Laterza: 151-188, 1985.
Kat	"Über einige Kategorien der verstehenden Soziologie". *In*: WL: 427-474 [1913, 1922].

KS	"Kritische Studien auf dem Gebiet der kulturwissenschafltlichen Logik". *In*: WL: 215-290, 1988 [1906, 1922].
MSS	*The Methodology of the Social Sciences.* Nova York, Free Press, 1949.
MWG	*Max Weber Gesamtausgabe.* Tübingen, Mohr. Série de edições críticas da obra completíssima de Weber, iniciada em 1984.
Neutr	"O sentido da 'neutralidade axiológica' nas ciências sociológicas e econômicas". *In*: *Sobre a teoria das ciências sociais.* Lisboa, Editorial Presença: 113-192, 1974 [1917].
Objekt	"Die 'Objektivität' sozialwissenschaftlicher und sozialpolitischer Erkenntnis". *In*: WL: 146-214 [1904, 1922].
PE	"Die protestantische Ethik und der Geist des Kapitalismus". *In*: GARS I: 17-206 [1920].
PE II	*Die protestantische Ethik II. Kritischen und Antikritischen* (org. Johannes Winckelmann). Guterloh, Siebenstern, 1968.
PE"G"K	*Die protestantische Ethik und der "Geist" des Kapitalismus* (edição crítica da edição original de 1904-05, a cargo de Karl Lichtblau e Johannes Weiss). Bodenheim, Athenäum Hain Hanstein Verlagsgesellschaft, 1993 [1904-05].
PEeng	*The Protestant Ethic and the Spirit of Capitalism.* Londres/Nova York, Routledge, 1992 [1920].
PSek	"Die protestantischen Sekten und der Geist des Kapitalismus". *In*: GARS I: 207-236 [1920].
Psico	"A psicologia social das religiões mundiais" [trad. bras. da "Einleitung"]. *In*: EnSoc: 309-346.
PV	"Politics as a Vocation". *In*: FMW: 77-128, 1948 [1919].
RRM	"Rejeições religiosas do mundo e suas direções". *In*: WEBER, Max. *Textos selecionados* (seleção de Maurício Tragtenberg, coleção Os Pensadores). São Paulo, Abril Cultural: 237-268, 1980 [ver tb. EnSoc: 371-410].
RSt	"R. Stammlers 'Uberwindung' der materialistischen Geschichtsauffassung". *In*: WL: 291-359 [1907, 1922].
SPro	"As seitas protestantes e o espírito do capitalismo". *In*: EnSoc: 347-370, 1974 [1920].

Siglas das obras citadas de Max Weber

SR   *The Sociology of Religion.* Boston, Beacon Press, 1963.

SWert   "Der Sinn der 'Wertfreiheit' der soziologischen und ökonomischen Wissenschaften". *In*: WL: 489-540 [1917, 1922].

WaB   "Wissenschaft als Beruf". *In*: WL: 582-613 [1917, 1922].

Wg   *Wirtschaftsgeschichte: Abriss der universalen Sozial- und Wirtschafts-geschichte.* Berlim, Duncker & Humblot, 1981 [1923].

WL   *Gesammelte Aufsätze zur Wissenschaftslehre.* Tübingen, Mohr, 1988 [1922].

WuG   *Wirtschaft und Gesellschaft: Grundriss der verstehenden Soziologie.* Tübingen, Mohr, 1985 [1922].

ZB   "Zwischenbetrachtung: Theorie der Stufen und Richtungen religiöser Weltablehnung". *In*: GARS I: 536-573 [1920].

ZPWk   *Zur Politik im Weltkrieg. Schriften und Reden 1914-1918* (orgs. Wolfgang J. Mommsen e Gangolf Hübinger), MWG I, vol. 15. Tübingen, Mohr, 1984.

INTRODUÇÃO

Um mal-entendido ronda a imagem de Weber e toca diretamente o tema deste livro. Desde agosto de 1992, quando passei a oferecer a disciplina "Leituras de Max Weber" no curso de pós-graduação em Sociologia da USP, todo ano se repete em linhas gerais o mesmo diálogo com os alunos, provocado pelo mesmo mal-entendido. É quando vou indicar a bibliografia básica a ser esmiuçada no semestre e nela então dou destaque aos principais ensaios teórico-reflexivos de Weber. Aí acontece que alguns estudantes, ao descobrir entre surpresos e confusos que vários momentos altos da mais avançada e consistente reflexão teórica de Weber caem sob a rubrica Sociologia da Religião, partes que são de uma obra maior em três volumes intitulada *Ensaios reunidos de Sociologia da Religião*, deduzem que minha disciplina sobre Weber vai resultar num curso de Sociologia da Religião.

Eis o mal-entendido: supor que a estratégica posição de que gozam os três grandes ensaios teórico-reflexivos intitulados "Introdução do autor" [*Vorbemerkung*], "Introdução" [*Einleitung*] e "Consideração intermediária" [*Zwischenbetrachtung*] como pontos nodais de sua teoria macrossociológica do processo de racionalização ocidental possa se reduzir a uma especialidade de área denominada Sociologia da Religião.

Max Weber não era um "sociólogo da religião". Pelo menos não como eu, que já comecei fazendo sociologia numa seção institucionalizada de Sociologia da Religião, o Setor de Sociologia da Religião do Cebrap, uma sociologia especializada, portanto. Weber não foi um "sociólogo da religião", e contudo ninguém poderá dizer que é conhecedor da sociologia de Weber se não passar por sua Sociologia da Religião, ou frequentar ao menos seus picos mais altos.

Reinhard Bendix entendeu isso precocemente.[4] Seu *Max Weber: An Intellectual Portrait* de 1960 (ver Bendix, 1986) dedica vasto volume de texto, nada menos que seis capítulos, numa atenção simplesmente descomunal para a época, à sociologia das religiões de Weber. Que é mesmo vastíssima, diversificada, avantajada, de encher a boca e as prateleiras. Weber tem de fato uma grande Sociologia da Religião, mas não é, repito, um "sociólogo da religião" como os que hoje conhecemos ou somos. Weber deu-se ao luxo até mesmo de compor passo a passo uma sociologia *sistemática* da religião, publicada na edição convencional de *Economia e sociedade* à guisa de capítulo.[5]

Entretanto, frequentar a Sociologia da Religião de Weber não pode se resumir, note bem, em revisitar esse compêndio sistemático de Sociologia da Religião publicado em *Economia e sociedade*, sobre o qual Bourdieu se debruçou com esmero, e burilou e esquematizou e sistematizou ainda mais, dando-lhe um *plus* inesperado de operacionalidade sociológica (Bourdieu, 1971; 1974b). É muito mais que isso. Grande parte da sociologia histórica e comparada de Weber, sua sociologia substantiva, é também ela *Religionssoziologie* — eis aí a melhor parte do mal-entendido. A "obra reunida" que ele estava preparando para editar em 1920, ano em que morreu, não era outra senão os *Ensaios reunidos de Sociologia da Religião*, os famosos GARS [*Gesammelte Aufsätze*

---

[4] Não dá para esquecer que também por essa época as curiosas "lembranças de Max Weber", publicadas em 1963 por Paul Honigsheim, membro do círculo de amigos do casal Weber, dedicavam muitas páginas a falar de sua tensa relação pessoal com as religiões — as religiões dos seus e as dos outros (Honigsheim, 1963; cf. Roth, 1995).

[5] É o capítulo V da parte II do volume I, da versão brasileira publicada pela Editora da Universidade de Brasília [EeS], intitulado "Sociologia da Religião (tipos de relações comunitárias religiosas)".

zur Religionssoziologie]. Os capítulos iniciais do volume I dos GARS são os dois conhecidíssimos estudos sociológicos sobre o protestantismo ascético, "A ética protestante e o espírito do capitalismo" e "As seitas protestantes e o espírito do capitalismo". Tirando os dois, todo o restante dos três volumes dos GARS é tomado por uma vasta e diversificada obra de sociologia histórico-comparada das religiões, a que Weber deu o título de *Ética econômica das religiões mundiais* [*Wirtschaftsethik der Weltreligionen*]. Ela compreende: as monografias sobre a China [*Konfuzianismus und Taoismus*] e sobre a Índia [*Hinduismus und Buddhismus*], o estudo inacabado sobre o judaísmo antigo [*Das antike Judentum*], além de dois dos três grandes ensaios teórico-reflexivos supracitados: a longa "Introdução" [*Einleitung*], mais conhecida em português pelo estranho título que herdou da tradução americana, "A psicologia social das religiões mundiais", e a preciosa e celebradíssima "Consideração intermediária" [*Zwischenbetrachtung*], mais conhecida no Brasil por um título que na verdade é o subtítulo de sua segunda edição alemã, "Rejeições religiosas do mundo e suas direções", subtítulo mutilado já na versão em inglês da coletânea *From Max Weber* [FMW].

Dentre os ensaios teórico-reflexivos de Weber, se existe um que de modo algum pode ser lido como peça apenas de Sociologia da Religião, dado que o próprio Weber nos desautoriza a tanto de forma explícita, é a "Consideração intermediária" [*Zwischenbetrachtung*]. Os termos lançados por Weber são inequívocos:

> Antes de mais nada, uma busca como esta em Sociologia da Religião deve e quer ser ao mesmo tempo uma contribuição à tipologia e sociologia do próprio racionalismo.[6] (ZB/GARS I: 537; ESSR I: 528; RRM: 240; EnSoc: 372)

---

[6] Todos os textos de Max Weber em português foram traduzidos por mim, exceto quando indicado.

Introdução

É uma autoexigência de Weber que me soa também como um *caveat*, uma chamada de atenção ao leitor. Vejo nos verbos "deve e quer ser" uma pretensão e, ao mesmo tempo, um alerta a que nunca se leiam seus ensaios de Sociologia da Religião como se o autor os tivesse escrito na condição de especialista em Sociologia da Religião e pronto. Ao contrário, Weber se pretende o sociólogo que, ao eleger as religiões como objeto, produz uma dupla macrossociologia: uma sociologia geral da mudança social como inevitável racionalização da vida, e uma sociologia específica da modernização ocidental.[7] A popularização de alguns de seus trabalhos que tratam enfaticamente de religião, sendo *A ética protestante e o espírito do capitalismo* [PE; EPbras] o mais conhecido e o mais lido, leva inevitavelmente a associar o nome de Weber a esse campo especializado de investigação, a Sociologia da Religião, que hoje goza de autonomia muito maior como área de pesquisa e subárea (setorial, fraccional) do conhecimento do que cem anos atrás. Nos idos de Weber a *Religionssoziologie* já se fazia pensável, porém impensáveis eram ainda os sociólogos da religião.[8]

Foi desse modo, nessa chave, que imediatamente traduzi o *caveat* assim que o li.

Antes de mais nada, uma busca como esta em Sociologia da Religião deve e quer ser ao mesmo tempo uma contribuição à tipologia e sociologia do próprio racionalismo.

---

[7] Modernização social *cum* modernização cultural (cf. Habermas, 1987).

[8] Também no nascedouro da escola sociológica francesa o interesse por estudar o "fato religioso" do ponto de vista "sociológico" se manifestou desde logo sem considerações por especialização ou coisa que o valha (cf. Durkheim, 1998 [1912]).

E assim que li saí a pendurar imaginariamente o aviso, que dum outro ponto de vista mais parece um reclame, no frontispício imaginário de minhas salas de aula e no alto do ponto mesmo onde instalei meu observatório sociológico, que, a conselho de Weber, é o lugar onde exercito asceticamente minha capacidade de continuar acompanhando, mediante a análise empírico-substantiva das religiões e das religiosidades no Brasil e na América Latina, a evolução da sociedade ocidental como algo de particular em seu acontecer e universal em seu alcance cultural.

Antes de mais nada, uma busca como esta em Sociologia da Religião deve e quer ser ao mesmo tempo uma contribuição à tipologia e sociologia do próprio racionalismo.

É por isso, por essa visada ambiciosa, que considero muito educativo para um sociólogo da religião ler, com a reflexividade duplicada dos olhos de hoje, a sociologia histórico-comparada das religiões feita por Weber. Tenho comigo que um dos principais efeitos subjetivos da leitura desinteressada dessa sociologia historicamente empírica a que Weber se dedicou durante anos está justamente em fazer sair de seu regionalismo fraccional o especialista em religião para reinscrevê-lo no quadro de uma teoria sociológica duplamente macro mas também genérica o necessário para ser capaz de ir alcançar o micro, fortemente histórica e metodologicamente bem travejada para exercitar-se nos moldes categoriais de uma sociologia cada vez mais histórica e comparativa.

No decorrer do século XX Max Weber não foi sempre, mas foi sim *cada vez mais* lembrado, solicitado e revisitado por sua Sociologia da Religião. A partir da década de 70, alguns anos depois da comemoração do centenário de seu nascimento em 1964, quanto maior ficava o interesse pelas "grandes teses" (alegadamente) weberianas, quase ia dizendo "grandes narrativas" — a do "desenvolvimento peculiar do racionalismo ocidental de do-

Introdução

mínio do mundo [*Weltbeherrschung*]"[9] ou a do "desenvolvimento de um racionalismo prático *sui generis* tornado conduta de vida [*rationale Lebensführung*]"[10] —, tanto maior foi ficando o interesse em conhecer sua sociologia substantiva das religiões.

Em se tratando de documentar empiricamente processos de racionalização de variada extensão, nada melhor que a história comparada das religiões em chave sociológica para nos fornecer os exemplos mais salientemente heterogêneos de racionalização da vida em sua dupla vertente básica, a racionalização *teórica* e a racionalização *prática* (Einleit/GARS I: 265-6; EnSoc: 337). É por isso que na segunda metade da década de 80 Wolfgang J. Mommsen já podia anotar que "os estudos de Weber em Sociologia da Religião passaram a atrair renovada atenção. Por um período, sua Sociologia da Religião tinha sido considerada desatualizada e irrelevante [...]. Agora vai se tornando evidente um novo e vivo interesse por este aspecto da obra de Weber, precisamente na medida em que sua Sociologia da Religião está relacionada às fontes de racionalização no Ocidente" (Mommsen, 1989: 5).[11]

> Antes de mais nada, uma busca como esta em Sociologia da Religião deve e quer ser ao mesmo tempo uma contribuição à tipologia e sociologia do próprio racionalismo.

A pesquisa sobre Max Weber nos últimos vinte ou trinta anos cresceu tanto que tomou uma série de direções dispersas,

---

[9] Tese defendida por Schluchter, Tenbruck e Habermas.

[10] Tese defendida por Wilhelm Hennis (1993; 1996).

[11] Quando, por exemplo, Leopoldo Waizbort faz a apresentação de sua tradução de Os *fundamentos racionais e sociológicos da música* (Weber, 1995), a parte da obra weberiana que ele com toda razão considera "como mais próxima ao seu exame da racionalização da música" é a Sociologia da Religião (cf. Cohn, 1995: 15-16).

algumas bem produtivas em novos achados e estudos de fôlego. Houve, a partir da década de 70 e mais perceptivelmente ainda nos anos 80, uma espécie de renascimento do interesse pelos escritos de Weber, que produziu verdadeira enchente de literatura secundária sobre todos os aspectos de sua obra e, por força, de sua Sociologia da Religião. Stephen Kalberg (1994: 16) deu a esse caudal o nome de *"international Weber renascence"*. Em matéria de racionalização, o velho ângulo de observação *à la* Mannheim (1962), que favorecia a atenção ao processo de racionalização funcional e portanto de burocratização da sociedade moderna, foi cedendo espaço a um ponto de vista mais abrangente em termos históricos, que valoriza o observar-se a sociedade ocidental do ponto de vista de *um vasto processo de racionalização de longuíssima duração.*

Antes de mais nada, uma busca como esta em Sociologia da Religião deve e quer ser ao mesmo tempo uma contribuição à tipologia e sociologia do próprio racionalismo.

Dois autores em especial lideraram a grande inflexão nos estudos da obra de Weber que se desenhou na segunda metade dos anos 70; juntos, eles personificam o *turning point* do interesse acadêmico por sua Sociologia da Religião: Friedrich H. Tenbruck, com seu artigo de 1975 sobre "a obra de Max Weber" (1975), mais conhecido pelo título em inglês "O problema da unidade temática nas obras de Max Weber" (1980), e Wolfgang Schluchter, com seu livro seminal e inexaurível, *O desenvolvimento do racionalismo ocidental* (1979b), antecipado em alguns anos pelo artigo não menos descortinador, "O paradoxo da racionalização" (1976; 1979a). Para Tenbruck, um processo de racionalização religiosa que opera segundo sua própria lógica interna pode ser considerado o núcleo principal e o tema unificador dos escritos de Max Weber, principalmente dos trabalhos de sua maturidade, muitos dos quais dedicados a comparar tipologicamente as

Introdução 21

grandes religiões. Crítico de Tenbruck, Schluchter também se viu às voltas com as várias sociologias da religião deixadas por Weber, e também ele procurou acompanhar passo a passo o fio de Ariadne do processo de racionalização religiosa em sua peculiar vertente ocidental. Escreveu sucessivos estudos de explanação sempre mais apurada e sistemática dos ângulos de visão weberianos sobre o desenvolvimento do racionalismo característico do Ocidente, tendo por referência empírica as diferentes religiões e seus contrastes (Schluchter, 1989; 1991; 1996).

Antes de mais nada, uma busca como esta em Sociologia da Religião deve e quer ser ao mesmo tempo uma contribuição à tipologia e sociologia do próprio racionalismo.

De modo que a valorização da Sociologia da Religião de Weber iniciada nos anos 70 prosseguiu pelas décadas seguintes, na razão direta da escalada do interesse pós-moderno pelos problemas e dilemas da racionalização do social, da racionalização de todas as esferas culturais mesmo as mais irracionais, da racionalização sistêmica do agir e seu crescente impacto no mundo da vida. Não dá para menosprezar de modo algum o impulso que Habermas aduziu a essa animada corrida à Sociologia da Religião de Weber, a qual não só se acelerou como se avolumou ainda mais ao sabor do crescente interesse intelectual despertado pela análise habermasiana do discurso filosófico da modernidade. Com seu prestígio de grande filósofo alemão contemporâneo e, para completar, de pensador "do bem", parece que Habermas transferiu um pouco de sua influência acadêmica para a tendência emergente entre os estudiosos de Weber de problematizar o estatuto universal da racionalização, mantendo sempre afiado o gume da crítica à ambiguidade ímpar do racionalismo ocidental enquanto "racionalismo de domínio do mundo" [*Weltheherrschung*] tal como o caracteriza Weber, designação que nos remete diretamente ao *desencantamento esclarecido da nature-*

22   O desencantamento do mundo

za, com todas as contradições e irracionalidades que esse modo de relação com o mundo implica e acarreta.

De modo que chego ao conceito de desencantamento em Weber sendo principalmente eu o sociólogo da religião e ele o sociólogo da racionalização. Nada há nisso de acidental.

> Antes de mais nada, uma busca como esta em Sociologia da Religião deve e quer ser ao mesmo tempo uma contribuição à tipologia e sociologia do próprio racionalismo.

* * *

Minha intenção no exercício de *scholarship* que apresentei como tese de livre-docência à Faculdade de Filosofia, Letras e Ciências Humanas da USP e que agora se transforma em meu primeiro livro sobre Weber é percorrer de ponta a ponta a escrita weberiana, fazendo através de toda a sua extensão um rastreamento completo, exaustivo, dos usos do termo "desencantamento" [*Entzauberung*] e de seus derivados e flexões. Inicio o trabalho com uma rápida colheita das passagens relativas ao desencantamento do mundo localizadas nos escritos de Weber. A coleta foi feita a princípio artesanalmente, na base da leitura atenta e pacientemente repetida, metodicamente assinalando em código páginas de livro com marcadores coloridos — foi assim que concluí a tese em fevereiro de 2001 e a defendi publicamente no dia 13 de junho de 2001. Agora, dois anos depois de concluída a primeira versão, vejo que toda a trabalheira implicada num rastreamento como esse se tornou, pelo avanço da tecnologia informacional, não só muito mais rápida, mais comprimida no tempo, mas também e principalmente mais segura, garantida que está hoje a plena certeza de que nada ficou de fora da contagem e do registro dos achados. Graças, pois, a essa nova tecnologia editorial que já chegou à obra de Weber, completeza e arredondamento em rastreamentos vocabulares como este, em obra tão vasta quanto a dele, hoje estão assegurados a todo pesquisador que tiver acesso a um procedimento de busca informatizada de palavras numa obra (completa) *digitalizada*.

Pois já existe um "Weber digital", viva! O CD-ROM nº 58 da *Digitale Bibliothek* (cf. DigitB) saiu em 2001 trazendo sua obra reunida, precedida da famosa *Lebensbild* [biografia] escrita por sua viúva, Marianne Weber. Como uma grata surpresa e *gentile pensiero* de Leopoldo Waizbort, meu colega no Departamento de Sociologia da USP, esse CD-ROM chegou às minhas mãos na hora exata, bem a tempo de subsidiar-me com sua bem-vinda exatidão tecnológica no momento em que eu devia conferir, passo a passo, antes de entregar os originais ao editor, a localização e a contagem das ocorrências vocabulares que eu fizera para a livre-docência. Penso que devo informar aos leitores, sobretudo aos meus alunos, que para chegar aos bons resultados que atingi no primeiro rastreamento foram necessários quase três anos de buscas, releituras para conferir, revisões constantes e reajustes infindáveis. Hoje estou ciente de que os meios e modos artesanais de que dispunha, de longe mais modestos e demorados que os recursos atualmente disponíveis no mercado, no fundo, no fundo, não conseguiam, apesar de todo o meu zelo e disciplinada atenção, se safar da dúvida instalada na porosidade dos resultados prometidos: será que não deixei passar nada? Com o "Weber digital", o trabalho de investigação ficou mais fácil, mais rápido e até mais divertido, e o resultado da coleta e da contagem, cem por cento seguro.

As passagens colecionadas serão, num primeiro momento (capítulo 3), dispostas *em ordem cronológica*, mas sem grandes contextualizações sistemáticas, pois é intenção deste meu exercício de pesquisa textual, num segundo momento que será seu corpo propriamente dito (capítulos 5 a 13), contextualizar cada passagem nas dobras da estrutura e do movimento interno da própria teorização sociológica de Max Weber.

TODOS OS PASSOS
DO CONCEITO

Ich bin zwar religiös absolut unmusikalisch...
[Não tenho absolutamente nenhum ouvido musical
para religião...]

Max Weber, carta a Friedrich Naumann, 1909

1.
PASSANDO POR SCHILLER

À primeira vista parece fácil, extremamente fácil, atinar com o significado da expressão *desencantamento do mundo*. Assim como parece fácil localizá-la nos textos de Max Weber, sintagma de presença tão densa e tão forte que se imagina onipresente. Mas não.

Se o desencantamento ressoa por trás de cada página de Weber, se ele se insinua em cada entrelinha como se percorresse a obra toda, travejando-a de ponta a ponta e perpassando cada um de seus estudos, ficando sempre ali em sua escrita, assim, o tempo inteiro, isso se deve antes à força da ideia do que à presença física da palavra. Do termo em si, da expressão vocabular, é só aparência de onipresença, efeito ilusório. Muito mais do que pelo emprego supostamente frequentíssimo do termo,[12] muito mais do que pela ocorrência material do significante no fluxo caudaloso da pena weberiana, a impressão de onipresença é causada pela importância e significação estratégicas que esse conceito, conforme veremos logo mais, vai assumir, inclusive retroativamente, na temática substantiva da sociologia comparada de Max Weber — a emergência do racionalismo ocidental em meio a um processo de racionalização generalizado mas heterogêneo.

Mas tem outra. Tem algo mais. Entra aí também, e contando pontos, a beleza da expressão em si, com sua capacidade de

---

[12] Frequência realmente *all-pervasive* na obra de Weber quem tem são as palavras "racionalização", "racionalidade" e "racionalismo".

reverberar e sugerir efeitos de sentido que ultrapassam largamente seus pontos de aplicação autorais. Basta dizê-la em francês para logo percebermos seu poder de aludir: *désensorcelement du monde...* (cf. Ladrière, 1986: 107; Isambert, 1986). A bela frase que fala em alemão desse desenfeitiçamento do mundo, *Entzauberung der Welt*, remetendo-o simultaneamente a seus efeitos cosmológicos e etéreos, Weber foi buscá-la nas reflexões estéticas do filósofo e poeta Friedrich von Schiller (1750-1805). Ou, pelo menos, para chegar a ela, em Schiller foi se inspirar.

Fora da Alemanha, os primeiros a divulgar essa filiação literária do termo foram Hans Gerth e Charles Wright Mills, autores da difundidíssima coletânea de textos de Weber traduzidos para o inglês: *From Max Weber* [FMW]. Usadíssima em todo o mundo, o mundo todo veio a ter maior acesso à diversidade da obra de Weber com essa publicação no imediato pós-Segunda Guerra, em 1946. A certa altura da longa introdução dos organizadores pode-se ler o seguinte: "Ao refletir sobre a mudança nas atitudes e mentalidades humanas ocasionada por esse processo [de racionalização], Weber gostava de *citar a frase de Friedrich Schiller, o 'desencantamento do mundo'*.[13] A extensão e a direção da 'racionalização' podem ser mensuradas, ou negativamente, *em termos do grau em que os elementos mágicos do pensamento são desalojados*, ou positivamente, à proporção que as ideias vão ganhando em coerência sistemática e consistência naturalística" (FMW: 51, grifos meus).

Trinta anos depois, em 1976, Daniel Bell voltaria à mesma referência, em seu livro *The Cultural Contradictions of Capitalism*. Num contexto em que está tratando da racionalização de todos os ramos da vida cultural e da estrutura social, inclusive dos modos e modalidades da arte, temática aliás francamente weberiana, Bell comenta que "para Weber isso era verdadeiro num

---

[13] "*Weber liked to quote Friedrich Schiller's phrase, the 'disenchantment of the world'*" (FMW: 51).

duplo sentido: os aspectos cosmológicos do pensamento e da cultura ocidentais foram caracterizados pela eliminação da magia (*segundo a frase de Schiller, 'o desencantamento do mundo'*); e a estrutura e a organização formal, a estilística das artes, são racionais. O exemplo particular de Weber era a música harmônica ocidental de acordes, baseada numa escala que permite o máximo de relações ordenadas, diferentemente da música primitiva e não ocidental" (Bell, 1976: 36, grifos meus).

Mais tarde um pouco, em 1988, os brasileiros iam poder ler num livro de resumo do pensamento weberiano escrito por Donald MacRae a alegação de que Weber "*tomou do poeta Schiller* uma frase que é usualmente traduzida como 'o desencanto do mundo'" (MacRae, 1988: 90, grifo meu). É assim mesmo que aparece traduzido o componente verbal do conceito: "desencanto do mundo", já incorporando em português um certo deslizamento de sentido.

Bem mais recentemente, em 1993, ainda pude encontrar a mesma atribuição de filiação terminológica, dessa vez na pena de Andrew M. Koch, em artigo a respeito do "modernismo" de Weber publicado no *Canadian Journal of Political Science*, no qual fica dito que desencantamento "*é um termo emprestado de Friedrich Schiller*" (Koch, 1993: 138, grifo meu).

E mais recentemente ainda, pude ler em Peter Ghosh mais uma referência a tal empréstimo. Depois de comentar que, quando emprega a expressão "afinidades eletivas" [*Wahlverwandtschaften*] para caracterizar a relação de "causalidade adequada" e de "mútua atração" entre a ética puritana e o espírito capitalista, Weber está na verdade "usando uma frase tornada famosa por Goethe", Peter Ghosh se refere de passagem, em nota de rodapé, a "um outro *importante empréstimo literário, tomado de Schiller*, usualmente traduzido como 'o desencantamento do mundo'" (Ghosh, 1994: 106, nota 8, grifo meu).

Estamos perante um caso claro de "ideia recebida". Pessoalmente, nunca vi nenhum desses autores citando exatamente o lugar da obra de Schiller em que se encontra a expressão. Ainda estou à espera de provas, pois apesar da aparente unanimida-

Passando por Schiller

de há, é bom que se diga, controvérsias em torno da alegada filiação ou, quando menos, em torno do grau de uma filiação dada como certa. Segundo alguns, consta que Weber não estaria citando Schiller, como estão a dizer por escrito Gerth & Mills, Bell, MacRae, Koch, Ghosh e provavelmente muitos outros, pois já vi muito aluno meu afirmando isso em trabalhos de fim de curso, isto para não falar naqueles que o têm pronunciado mas não escrito — o próprio Weber seria o autor do sintagma *Entzauberung der Welt*, expressão por isso mesmo tão weberianamente marcante quanto de fato ela tem soado a todos os que apaixonadamente estudam a vida e a obra deste... desencantador.[14]

E se Weber tivesse apenas se inspirado numa expressão do grande poeta, numa locução análoga mas não idêntica? Para condensar numa única expressão os impactos da modernidade sobre a mãe natureza, Schiller teria pensado num efeito de "desdivinização", ou, dizendo-a aqui sob uma outra forma também possível em português, um efeito de "desendeusamento da natureza" — *Entgötterung der Natur*. Esta terceira posição, que pessoalmente tendo a abraçar, segundo a qual o termo *não* foi cunhado pelo próprio Weber, nem adotado *ipsis litteris* de Schiller e sim por ele adaptado a partir de um sintagma similar, eu a aprendi *verbatim* do professor Wolfgang Schluchter, atual ocupante da cátedra que foi de Max Weber na Universidade de Heidelberg, quando esteve no Brasil em 1997. Parece mesmo que Weber era dado a tomar empréstimos vocabulares da alta literatura alemã. Uma vez pelo menos, e assim mesmo em tempo de verbo com função adjetiva, Weber usa a ideia de "desdivinização" para se referir precisamente ao "mecanismo desdivinizado do mundo". É quando, na "Introdução" [*Einleitung*] à *Ética econômica das religiões mundiais*, ele discute a diferença entre, de um lado, o conhecimento e a dominação racional do mundo natural e, do outro, as experiências místicas individuais, inexprimíveis, inco-

---

[14] *Entzauberer* (cf. Goldman, 1988: 1).

30   O desencantamento do mundo

municáveis, inefáveis, cujo conteúdo indizível permanece "como o único Além ainda possível junto ao mecanismo *desdivinizado do mundo*" [*neben dem entgotteten Mechanismus der Welt*] (Einleit/GARS I: 254; grifos meus).[15]

Pelo sim, pelo não, o fato é que Max Weber construiu um conceito, muito mais que um simples termo. E uma vez elaborado o conceito e fixado o significante com toda essa poética lexicalidade, tão insinuante que muita gente pensa se tratar tão só de uma metáfora — Paul Ricoeur é um deles (1995) —, Weber passou a mobilizá-lo com tal centralidade e tamanha proeminência em seus escritos, falas e reescritos da maturidade — e por "maturidade" entenda-se aqui algo apenas cronológico, um atalho vocabular para designar os últimos oito ou dez anos de sua vida —, que o significante *Entzauberung der Welt*, inusitado mas indiscutivelmente um marcador, intenso como referência material pela carga de efeitos de sentido, alusões e ressonâncias que abriga e emite, viria a se tornar uma das marcas registradas, não só das teses substantivas de Weber sobre o desenvolvimento do racionalismo ocidental, mas também da própria escritura weberiana.

Entzauberung der Welt — eis aí um marcador da diferença. Da diferença do pensamento, mas também da escrita de Max Weber. Em qualquer língua do mundo a ideia de encantamento se diz gostosamente, gozosamente, em formas belas, arrebatadoras, fascinantes: encanto, encantamento, encantado, encantador, encantaria... Desencantamento, seu negativo, quem sabe também por isso não terminou se impondo como um dos melhores identificadores pessoais de um pensamento, senão o melhor.

---

[15] A tradução espanhola é ruim neste pormenor, assim como a brasileira. Nelas se lê *"mecanismo de un mundo sin dioses"*, "mecanismo de um mundo sem deuses", o que, convenhamos, é muito diferente da noção processual de "mecanismo desdivinizado do mundo" (cf. Weber, 1987: 248; 1974: 325). Nota "10 com louvor" para a tradução italiana: *"mecanismo sdivinizzato del mondo"* (IntroItal: 168).

2.
MEU PONTO

> A explicação desta racionalização (da vida ocidental) e a formação dos conceitos correspondentes constituem uma das principais tarefas de nossas disciplinas.
>
> Max Weber, Neutr: 169

> Claro que um conceito não pode ser tão proteiforme; algum núcleo duro de significado ele certamente terá.
>
> Gabriel Cohn, 1995: 15

Desencantamento do mundo é um significante de fraseado lírico, hipersuscetível de manipulação metafórica. Às vezes, é como se fosse um verso. E verso de tão forte apelo à imaginação do leitor, que na travessia dessa destinação termina por funcionar à guisa de um mote. E feito um mote, ele efetivamente desata a fantasia glosadora das pessoas que, intempestivamente, começam por livre associação de ideias a lhe atribuir uma infinidade de significados alusivos e fluidos, frouxos, a partir da pura similitude vocabular.

O termo é realmente bom, é rico o vocábulo "desencantamento". Seu feixe básico de significados lembra tudo que é mágico e encantador, tudo que seduz e atrai, tudo que enfeitiça e arrebata, tudo que tem charme e fascina. Charme. Fascinação. Feitiço. *Embrujo*. Sedução. Encanto. *Incantesimo*. Atração. Magnetismo. Tudo enfim que encanta — este é o núcleo — pode de repente sair dessa palavra. E é isto, acho eu, que permite a Weber, por exemplo, usar e abusar da metáfora do "jardim encantado", em alemão *Zaubergarten*, mesmo quando está no meio do maior esforço intelectual para traçar com clareza e distinção os limites lógicos do conteúdo que ele entende dar ao novo conceito. Em plena assepsia do trabalho de construir um conceito logicamente consistente, insinua-se na fraseologia de Weber, incontida, a metáfora do "jardim mágico".[16] Às vezes na mesma página, quando não no mesmo parágrafo (cf. GARS I: 513), aflora a metáfora no afã de ilustrar empiricamente a formulação abstrata a duras penas alcançada, e então o pensar de Weber transita pra lá e pra cá, do lógico ao figurativo. Figurativo, sim, pois o que mais poderia ser "jardim encantado" no texto weberiano se não uma figura de linguagem? Certamente não um conceito científico.

No decorrer deste trabalho teremos chance de passar várias vezes pela imagem do "jardim encantado", essa metáfora escancaradamente metafórica que Weber insere em seus escritos de Sociologia da Religião nada menos que seis vezes (cf. DigitB) no intuito de condensar numa figura imaginária e com um radical evocativo — *Zauber* — a visão algo etnocêntrica que em suas pesquisas históricas fora elaborando das grandes civilizações asiáticas: *encantadas*, porquanto *dominadas* pela magia, *paralisadas* pelo tabu.

Isso quer dizer que o significante *encantamento* tem força expressiva própria, quase uma lógica própria, tantas são as ondulações e deslizamentos de que seu uso é capaz, viáveis em diversos idiomas, e em todos eles carregando o mesmo poder de enlevo lexical. Impossível não lembrar o cumprimento francês *enchanté*, impossível esquecer que em italiano *incantesimo* é uma beleza de palavra, e assim vai. Destino também de todos os seus contrários. Desencanto, por exemplo, é uma palavra também ela muito sugestiva, e não são tão raros assim os tradutores que substituem desencantamento por desencanto, criando com isso a ex-

---

[16] As traduções de Weber para o inglês, em vez de jardim encantado, preferem jardim mágico, *magic garden*. O que também fica bom em português. Nós não chamamos a ópera de Mozart, *Die Zauberflöte*, de "A flauta mágica" e não "A flauta encantada"? Dá no mesmo?

Meu ponto

pressão "desencanto do mundo" (cf. MacRae, 1988: 90; Hawthorn, 1982: 161), ultra-ambígua em português, onde desencanto diz desaponto, desilusão e decepção, mas corretíssima e precisa em italiano, língua na qual desencantamento se diz simplesmente *disincanto* — *disincanto del mondo* (cf. Treiber, 1993: *passim*; Weiss, 1993). Na tradução brasileira de um livro que trata da genealogia da secularização, escrito pelo italiano Giacomo Marramao,[17] em um título de capítulo o tradutor trouxe para o português o *disincanto* do italiano. E o capítulo ficou se chamando "Racionalidade e desencanto" (cf. Marramao, 1997: 5; 47).

Mas nesse rol dos propensos a tratar o desencantamento na chave do desencanto há um nome ainda mais famoso que os já citados, Arthur Mitzman, que em seu livro *The Iron Cage*, de 1971, pretende descobrir em Weber, "sob a superfície de sua Sociologia da Religião", uma síndrome psicológica que ele define e adjetiva como *"personal disenchantment"*, e descreve como "o profundo senso de desilusão e desencanto do *scholar* convalescente com a sociedade e a política alemãs" de seu tempo, síndrome cujas raízes Mitzman não demonstra a menor dificuldade em localizar "nos próprios sentimentos de culpa" de um Max Weber pós-colapso psíquico (cf. Mitzman, 1971: 204-205).

O desencantamento do mundo, quando traduzido por desencanto e, com isso, *re-duzido*, psicologizado nos termos de um estado mental de desilusão pessoal com o mundo (moderno) ou com os rumos da sociedade (nacional), não leva necessariamente a lugar teórico nenhum. Não tem, ou melhor, nem chega a tocar em sentido cognitivo algum. Não passa de um mísero nômade desfigurado nas variações do nome. Pode ser sintoma da pobreza mental do comentarista, quando não de preguiça intelectual.

Toda essa dispersão interpretativa leva a crer que o significante em si mesmo (fazer o quê?) talvez seja encantador o sufi-

---

[17] *Céu e terra: genealogia da secularização*, São Paulo, Ed. da Unesp, 1997.

ciente para impelir sua aplicação a agasalhar carga semântica sempre mais expandida e alusiva, um feixe sempre elástico de significados de uso corrente, definitivamente proteiforme (cf. Cohn, 1995: 15). Devagar com o andor, porém. São tantas na verdade as excitações cabíveis na elasticidade desse feixe, que sua ampliação pode dar em dissipação. Há este risco. Com palavra assim tão provocante, de aura tão carregada de magnetismo e magia, é muito grande mesmo o risco da volatilização semântica e do disparate, da tolice. É assim, por exemplo, que vamos ler na tradução brasileira do livro *A máquina de fazer deuses*, de Serge Moscovici (1990), algo como: "Mas aquilo que Weber chama de 'desilusão do mundo' [...]" (p. 153); "Assim sendo, 'desiludir com o mundo' significa [...]" (p. 154); "O mundo aqui de baixo tendo sido desiludido, observa Weber a propósito das seitas batistas [...]" (p. 155); "Por outro lado, a desilusão do mundo representa a descoberta de um caminho estrito [...]" (p. 155). A leitura de frases como essas — e exaradas além do mais num léxico atribuído explicitamente a Weber — chega a ser uma experiência irritante de desnecessário *nonsense*.

Não haveria nada de errado em procurar inconsistências e até mesmo contradições no próprio Weber, assim como, tenho certeza, não haveria nada de errado se o uso da voz "desencantamento do mundo" por Weber fosse variegado, multicolorido ou mesmo furta-cor. Apenas teria sido outro o rumo tomado pela análise e pelo esforço de exegese que tenho feito. Acontece, porém, que não é. Ao contrário do que muita gente pensa, inclusive assim pensava eu tempos atrás, as coisas não vão por aí. O uso do termo em Weber de fato não é unívoco, lá isso é verdade. Ele muda: dependendo da questão em tela — e não do transcurso dos anos do autor, atenção! — ele se expande e se retrai, fica mais forte ou mais fraco, mas nem por isso chega a se pôr como desbragadamente polissêmico. E é isto que eu pretendo deixar bem demonstrado aqui: não é hiperpolissêmico e muito menos contraditório.

É deveras surpreendente sua consistência lógica e sua fixação num *par de sentidos* ao longo das sucessivas utilizações.

Talvez isso se deva ao fato de serem quantitativamente reduzidos seus empregos diretos no texto weberiano, o que já não acontece com a frase "processo de racionalização" e menos ainda com os substantivos simples "racionalização", "racionalidade" e "racionalismo", de incontáveis possibilidades de uso e uso efetivamente variegado (cf. Vogel, 1973; Nelson, 1974; Eisen, 1978; Kalberg, 1980; Brubaker, 1984; Gonzales, 1988; Sica, 1988). Essas são terminologias polissêmicas no sentido generoso da palavra, não estando, por isso mesmo, isentas de contradições no próprio pensamento weberiano (cf. Treiber, 1993: 2).[18] Tão polissêmicas, que o próprio Weber por diversas vezes nos alertou quanto a isso: "*Nun kann unter diesem Wort* [Rationalismus] *höchst Verschiedenes verstanden werden*", ou seja, "com esta palavra [racionalismo] podem-se entender as coisas mais diversas" (GARS I: 11; ESSR I: 21; EPbras: 11). Semelhante alerta não se vai encontrar em seus textos visando à palavra desencantamento. Também, pudera, são de fato poucos os empregos textuais que faz do termo "desencantamento".[19] Pode-se contá-los com os dedos das mãos. Ele é, sem dúvida alguma, uma exclusividade conceitual da *sua* sociologia, uma espécie de marcador da "individualidade histórica" do *seu* pensamento — o que, convenhamos, está longe de ocorrer com os termos racionalismo, racionalidade e racionalização, apropriados pelas mais variadas correntes de pensamento. Talvez por isso os usos dele não tenham se beneficiado do sem-

---

[18] "É o processo de racionalização que estimula cada vez mais os intérpretes com respeito às suas premissas, às suas formas, às suas contradições e consequências. E em boa medida isto também se deve ao fato de que as relativas elaborações de Weber não estão totalmente isentas de contradições [*non sono del tutto prive di contraddizioni*], mesmo porque os modelos explicativos e as partes teóricas empregadas estão de sua parte vinculados a tradições de pensamento extremamente diversas" (Treiber, 1993: 2).

[19] Às vezes me acomete a curiosidade de saber: além de Weber, quem mais naquele tempo teria passado a usar o termo assim teorizado? Marianne Weber certamente, mas quem mais?

pre alegado (e ademais muito real) "caráter fragmentário" da obra weberiana para disparar o significante numa *spiraling diversity* de significados eivada de inconsistências e contradições.

Não encontrei nada de escorregadio aí. O terreno que piso ao rastrear o desencantamento em Weber é surpreendentemente limpo, é terra firme.

Além do quê, há um lado ético do pensamento de Max Weber que sustenta a tese segundo a qual o interesse último da ciência social para um ser humano reside em sua contribuição para a luta do indivíduo comum *em busca de clareza*. Tal busca é em Weber parte integrante de uma verdadeira obsessão com a honestidade intelectual. Daí seu compromisso pessoal, uma espécie de dever profissional do cientista vocacional que ele era, dever autoimposto em nome da "causa", como de resto exigido de todo cientista no sentido moderno do termo: o dever de empregar, e se for necessário construir ele mesmo, conceitos claros, conceitos que sejam internamente consistentes e externamente bem delimitados, recortados com nitidez.

Também pretendo demonstrar aqui, relativamente ao conceito de desencantamento do mundo, que esse cuidado de Weber com a clareza do conteúdo semântico deste significante em particular se patenteia não raro na própria *aparência do texto*: pela adoção de determinados recursos estilístico-formais de caráter explicativo, mais do que apenas enfático, como por exemplo o aposto simples, o aposto com dois pontos, a adjetivação especificante aduzida ao sintagma original e até mesmo o fraseado conectivo-explicativo explícito do gênero "isto significa".

Luta por clareza. Este meu trabalho sobre Max Weber tem a ver com essa luta, que era dele mas que também é minha, e eu sinceramente acho, tal como ele achava, que ela deve ser de todos os que se ocupam profissionalmente de uma ciência. De confusa e embaralhada, basta a vida real, basta a *Wirklichkeit*, a realidade em fluxo permanente. Os conceitos, as categorias, as definições são nossas ferramentas de trabalho, e ferramentas têm de ser boas e adequadas para o que delas se espera, e no caso das

Meu ponto   37

teorizações científicas sistemáticas, das sistematizações teóricas, esperam-se instrumentos de precisão, conceitos portanto de alta definição. Não é sempre que se consegue, mas é nosso dever continuar tentando chegar lá, à clareza, à nitidez. De confusos, repito, bastam os *Vorgänge der Welt*, diria Weber (WuG: 308), os "processos/sucessos do mundo", que continuam caóticos, nebulosos, indomáveis, mesmo quando já tenham sido "desencantados" pela ciência, ela mesma. Não há momento melhor para flagrar nosso autor às voltas com esses seus cuidados que também são meus — "ai meus cuidados!" — do que nas longas e meticulosas respostas que deu aos críticos da tese do "espírito" do capitalismo, anticríticas publicadas no *Archiv* em 1910, uma das quais leva no título a taxativa palavra *Schlusswort*, "última palavra" (texto parcialmente traduzido para o inglês em 1978, *Anticritical last word...*[20]).

Em 1910, cinco anos depois da primeira publicação d'*A ética protestante e o "espírito" do capitalismo*[21] nos fascículos do *Archiv für Sozialwissenschaft und Sozialpolitik*, Weber resolveu publicar no mesmo veículo dois longos textos de resposta a seus críticos: *Antikritischen zum "Geist" des Kapitalismus* (vol. 30, fasc. 1) e *Antikritisches Schlusswort zum "Geist des Kapitalismus"* (vol. 31, fasc. 2). De modo geral, os pesquisadores dão pouca atenção a esse conjunto de artigos, fruto da apaixonada polêmica a que Weber se viu arrastado em razão do impacto entre os contemporâneos da sua obra mais conhecida. Nem mesmo a reedição das *Kritischen und Antikritischen zur Protestantischen*

---

[20] Fora da Alemanha, os interessados que não leem alemão podem ter acesso apenas a uma parte do segundo texto das anticríticas, na tradução de Wallace M. Davis para o inglês, *Anticritical Last Word on The Spirit of Capitalism*, publicada em 1978 em uma revista científica de sociologia de grande circulação, o *American Journal of Sociology*, vol. 83 (ver: Anti).

[21] No título da primeira versão desta obra (1904-05) a palavra "espírito" vem entre aspas. A partir da segunda versão (1920), caíram as aspas.

38   O desencantamento do mundo

Ethik organizada por Johannes Winckelman em 1968 (ver PE II) conseguiu interessar de maneira abrangente os comentadores. É compreensível.

Nesses escritos anticríticos (ver também Fischoff, 1944), Weber se concede toda a oportunidade (não sem um certo ar *blasé*) não só de esclarecer *de novo* conceitos seus que, segundo ele, já estavam claros em diferentes capítulos d'*A ética protestante* de 1904-05 — por exemplo, os conceitos de "ascese intramundana", "espírito do capitalismo", "vocação", mas também de fazê--lo com alto grau de reflexividade, na medida em que, aqui e ali, nomeia explicitamente a regra de ouro da "clareza conceitual" com vistas ao "aguçamento da evidência".[22] Quer me parecer que essa atitude de Weber (de alta reflexividade científica, repito) por si só deixa estabelecido ou pelo menos sugerido que o interesse maior de todo debate intelectual que se pretenda científico apesar de apaixonado reside no objetivo subjetivamente valorizado de desfazer a confusão conceitual, dissipar a nebulosidade que dilui o(s) significado(s) mentado(s) pelo pesquisador ao empregar esta ou aquela terminologia, através de uma operação de recortar com nitidez os seus contornos e distinguir exatamente seus componentes parciais. Em ciência não é possível deixar o significante solto por aí, proteicamente, dionisiacamente, heraclitianamente significando a seu bel-prazer, em polissemias "se agigantando pela própria natureza", dizendo coisas novas a cada nova leitura malgrado o sujeito-autor-cientista que o empregue.

Mas, devemos reconhecer, Weber também é — e isto sem dúvida é menos importante nele como homem do intelecto do que a capacidade de produzir conceitos, mas nem por isso menos real nem menos elogioso — um autor de grandes metáforas, metáforas que ficaram famosas. E metáfora, a gente sabe, é coisa que tem

---

[22] Como no momento não tenho acesso à reedição em alemão (PE II), cito a partir do inglês: "*conceptual clarity* [...] *in sharpening the evidence*" (*Anti*: 1111-1112).

Meu ponto

baixa definição, ainda que intensa comunicabilidade. Quem já não ouviu falar da "jaula de ferro", metáfora fortíssima, que mesmo em inglês é completamente impactante, ou talvez principalmente em inglês — *iron cage* —, onde a imagem sonora fica perfeita, ou mesmo em francês, *cage d'acier*, para não pensar na *gabbia d'acciaio* em italiano, e que em alemão queria dizer ao pé da letra algo como "carapaça dura feito aço", "cápsula dura qual aço" [*Stahlhartes Gehäuse*]? Eis aí uma bela metáfora, feita para soar opressiva, claustrofóbica, e que em inglês acabou funcionando à perfeição — *iron cage*.[23]

Com que, então, Weber é um bom autor até de metáforas! Tanto assim que Paul Ricoeur não perdoa. Paul Ricoeur, o intérprete. Para ele, o desencantamento do mundo também é metáfora, uma grande metáfora. Tendo a oportunidade de falar em desencantamento do mundo, vai logo partindo para evocar a questão da "plurivocidade de interpretação" do processo de racionalização, sugerindo a recusa da univocidade da leitura que recorrentemente se faz desse mesmo processo que, segundo ele, sempre estaciona no registro protoniilista do feitiço que vira contra o feiticeiro. Diz ele: "A questão [do processo de racionalização] permanece aberta: até onde seria preciso remontar para reabrir a plurivocidade? Esta questão me parece essencial, se o que se quer é resistir ao efeito de ofuscamento criado pelas grandes metáforas weberianas: 'jaula de ferro', 'luta dos deuses', 'último homem', 'encantamento' e 'desencantamento'" (Ricoeur, 1995: 15).

Não é preciso ser muito sagaz para reparar que Ricoeur deixou de fora de sua lista a importantíssima metáfora das "afini-

---

[23] Lawrence Scaff considera a expressão *iron cage* "*his most telling figure of speech*" (cf. Scaff, 1989: 5). Convém comentar que todas as traduções que pretendem fugir da inspiradíssima versão parsoniana da *iron cage* e procuram traduzir ao pé da letra a expressão alemã usada por Weber acabam sufocando a sufocante metáfora. A tradução portuguesa, em vez de falar em jaula ou prisão, põe no lugar a analgésica circunlocução "pesada estrutura de aço" (EPLus: 139).

40   O desencantamento do mundo

dades eletivas" que Weber sorveu diretamente de Goethe e, através de Goethe, da jovem química da modernidade clássica com sua *attractio electiva*, ou *attractio electrix*, e que Weber emprega numa discussão para ele absolutamente central, a da causalidade histórica das ideias religiosas n'*A ética protestante* (cf. PE/GARS I: 83; EPLus: 64[24]) ou, para dizer de modo mais geral e em termos seus, na "análise das conexões causais da realidade empírica" (WL: 398). Metáforas, como se vê no caso das "afinidades eletivas", podem ser de crucial valia, mesmo para as discussões puramente lógicas e teórico-sistemáticas.

E o que dizer daquela passagem da "Introdução" à *Ética econômica das religiões mundiais* (GARS I: 252), na qual Weber, ao comparar a diferencial eficácia histórico-empírica dos interesses e das ideias, lança mão da metáfora dos "manobreiros de desvio" de linha de trem de ferro, os *switchmen*, em alemão *Weichensteller*, para descrever o poder das ideias na definição dos trilhos por onde se movem os nossos interesses?

Não tenho neste momento espaço nem disposição para comentar a cisma exagerada que Paul Ricoeur demonstra nutrir em relação ao que ele fantasia ser (cito:) "o desafio 'nihilista' contido no diagnóstico cético que Max Weber faz sobre o curso da modernidade" (*Ibid.*: 14). *Kulturpessimismus* tem hora. Rapidamente retruco com uma pergunta, que segue por sua vez outra pergunta levantada na mesma linha por Jean Séguy (1996): e quem foi que disse que o ceticismo de Weber deve necessariamente ser qualificado de "niilismo"? Weber, afinal, sabia muito bem o que significa um ponto de vista, gosta de dizer Schluchter.

---

[24] Lamentavelmente, a edição brasileira d'*A ética protestante e o espírito do capitalismo* [EPbras] segue a tradução americana e, em lugar de "afinidades eletivas", traz para esse contexto metodológico a sensaborona palavra "correlações", totalmente imprecisa e desorientadora do leitor. Vê-se por aí a influência que teve no Brasil, influência neste caso específico deletéria, da tradução feita por Talcott Parsons em 1930.

Meu ponto neste trabalho é simples e ao final me agradaria enormemente tê-lo deixado bem demonstrado: parti para esta pesquisa tendo plena consciência de que o uso que Max Weber faz do conceito de desencantamento do mundo não é complicado, nem hesitante, nem muito menos obscuro. Àquela altura de sua vida, mergulhado até o pescoço em diversas investigações — teórico-sistemáticas e histórico-comparativas —, ele sabia muito bem o que queria com a terminologia escolhida para materializar os mais centrais de seus conceitos substantivos. Desencantamento do mundo tornou-se um deles. Em vista disso, daqui do meio desta minha paciente empreitada, mergulhado até o pescoço em textos originais e traduções em diversas línguas, só posso augurar para mim mesmo que ao final eu haja conseguido *deixar claro* que Weber, pelo menos neste preciso ponto, não foi *nada obscuro*.

Para conseguir isso, finco o pé nalgumas vias de demonstração:

(1) A meu ver é possível, por exemplo, demonstrar que em boa parte dos empregos que Weber faz da expressão terminológica desencantamento do mundo, e são dezessete empregos ao todo, há uma preocupação clara em definir o significado que naquele preciso contexto ele entende dar ao significante;

(2) Proponho prestar atenção a *cada um desses empregos*, perscrutando pacientemente a escrita weberiana para que seja possível, ao final deste longo, tortuoso e às vezes hesitante percurso por entre citações o mais possível literais de seu pensamento, deixar demonstrado que *o sintagma em tela tem apenas dois conteúdos semânticos*, e que esses conteúdos, ademais, são nitidamente demarcados;

(3) Descubro no meio dessa travessia, e demonstro, que os dois significados encontrados *são concomitantes* na biografia de Weber. Eles se acompanham um ao outro sabendo-se entretanto distintos, na medida em que dizem ora o desencantamento do mundo pela religião (sentido "a"), ora o desencantamento do mundo pela ciência (sentido "b").

Leituras recentes segundo as quais o conceito de desencantamento do mundo no pensamento de Weber foi mudando de sentido com o transcorrer dos anos de sua vida, passando do significado "a" para o "b", estão portanto desatualizadas em relação ao estado das artes hoje vigente em matéria de "biografia da obra" [*Werkgeschichte*]. São leituras que trabalham com uma hipótese aparentemente óbvia, hoje facilmente refutável com dados de evidência. Trata-se de uma tese que de repente se viu cabalmente refutada pelos próprios avanços cumulativos da *scholarship* em torno da obra de Weber, propiciados pelas pesquisas documentais de caráter biográfico, com seus novos aportes para a chamada "biografia da obra".

Meu ponto: neste trabalho eu uso bastante as águas desse novo moinho para mostrar por a + b que Weber na verdade trabalhou com *os dois significados ao mesmo tempo e o tempo todo*, desde sua primeira formulação pouco antes de 1913 até os últimos meses de sua vida, que expirou prematuramente em junho de 1920.

Nem todos sabem, mas está em curso desde meados da década de 1970 uma empreitada coletiva de monta: a edição crítica das obras de Max Weber, complexo projeto que leva o nome de Max Weber Gesammtausgabe [MWG, Max Weber: Edição Completa], com sede em Munique. O grupo inicial dos editores responsáveis existe desde 1976, formado por M. Rainer Lepsius (de Heidelberg), Horst Baier (de Konstanz), Johannes Winckelmann (de Rottach-Egern, já falecido), Wolfgang J. Mommsen (de Düsseldorf) e Wolfgang Schluchter (de Heidelberg). O projeto tem o patrocínio da Kommission für Sozial- und Wirtschaftsgeschichte da Academia de Ciências da Baviera, Munique. O editor é J.C.B. Mohr (Paul Siebeck), de Tübingen. Um primeiro apanhado do projeto como um todo foi publicado em 1981, num prospecto explicando seus objetivos e procedimentos e apresentando o estado da preparação da Max Weber Gesammtausgabe naquele momento. Na Biblioteca Central da Faculdade de Filosofia, Letras e Ciências Humanas da USP nós podemos ter acesso a diversos dos volumes já publicados, alguns dos quais, por sinal, me interessaram de perto já no presente estudo. Graças a essas aquisições de nossa biblioteca, meu conhecimento das fontes originais disponíveis atualmente ganhou substancial incremento. Sabemos que os originais de Max Weber, no sentido técnico da palavra, não existem mais. Todavia, dispersos em diversas localidades e propriedades, havia muitos "restos literários" guardados em arquivos privados, em coleções pessoais e em outras formas de conservação, contendo manuscritos, versões preliminares, palestras e preleções de que não se tinha notícia etc.; e as cartas, muitas cartas, nos mais diversos paradeiros (cf. Roth, 1991). A ideia que desde o início preside ao projeto Max Weber Gesammtausgabe é a de recolher o maior número possível de informações adicionais ao que já se conhecia dos escritos de Weber e colocar tudo isso junto à disposição dos estudiosos, interessados e curiosos de modo geral, numa vasta edição crítica que quer ser o mais completa possível quanto às informações existentes sobre cada ensaio, cada estudo, cada palestra, cada aula, cada carta dele. Em 1984 foi publicada uma revisão do primeiro prospecto aparecido em 1981, indicando então as três grandes subséries da série completa: (1) escritos e palestras; (2) cartas; (3) aulas. Só para a primeira subsérie, que contempla sua *oeuvre* propriamente acadêmica, foram previstos 22 volumes (cf. Käsler, 1988: 275; Roth, 1988: 136s; Kimball & Ulmen, 1991).[25]

Esse é realmente um dado novo. Um fato auspicioso e de extrema relevância para quem estuda ou quer estudar a obra de Weber. Sua importância transcende largamente o fato, já em si muito significativo, de passarmos a contar com uma edição crítica completa, que abre o acesso a uma quantidade inestimável de fontes até agora desconhecidas, a novos dados e a lances insus-

---

[25] Parece-me que o primeiro volume que saiu foi um da subsérie "escritos e palestras", organizado por Wolfgang J. Mommsen em colaboração com Gangolf Hübinger, intitulado *Zur Politik im Weltkrieg. Schriften und Reden 1914-1918*, MWG I, vol. 15, Tübingen, Mohr, 1984.

peitados em torno da produção intelectual desse monstro sagrado da sociologia. Lá onde chegam os volumes já editados da série, a Max Weber Gesammtausgabe vai silenciosamente suscitando um tipo novo de interesse, o interesse pelo "texto em si", até bem pouco tempo inusitado ou pelo menos raríssimo entre os estudiosos de Weber, o interesse em ir além do conteúdo e muito além das "ideias recebidas" e interpretações correntes, eis que o próprio texto em sua materialidade se oferece agora como objeto de questionamento (cf. Séguy, 1996).

Apesar da nitidez das definições de desencantamento do mundo, uma certa polissemia, embora mínima, persiste e segue seduzindo a imaginação dos intérpretes. Não obstante o fato de que toda essa clareza conceitual no uso dos termos tenha sido algo metodicamente buscado pelo Weber da maturidade no que toca ao fenômeno do desencantamento, temos de convir que o sintagma, o nome, o termo "desencantamento do mundo" continua com sua carga nada negligenciável de sugestividade, continua a acolher e nutrir possibilidades inúmeras de metaforização, continua propenso à diluição dos seus contornos lógicos, convite, por outro lado, ao adensamento filosófico de seus conteúdos no trabalho de reflexão sobre os grandes dilemas existenciais postos pelo processo de racionalização especificamente ocidental. Ocorre que entre filósofos e demais amantes do filosofar prospera a leitura melancólica do conceito de desencantamento basicamente como *perda de sentido* [*Sinnverlust*]. Ao contrário do conhecimento científico, que assume com realismo e galhardia sua incapacidade constitutiva de "provar cientificamente" (WaB/WL: 600; FMW: 145) que o mundo e a vida trazem em si sentido e valor, e abraça com coragem e senso de dever a tarefa de pesquisar metodicamente, manipulando e experimentando para modificar e explorar, sem culpa nem pejo, sem limite nem resto, todo esse mundo natural que, uma vez desencantado, se oferece à aventura científica feito zona de caça liberada mercê de sua objetiva *falta de sentido* [*Sinnlosigkeit*], ao contrário das ciências, repito, as visões de mundo — na verdade todas as visões de mundo, sejam elas religiosas ou filosóficas — insistem em dotá-lo de um sentido que, lamentavelmente do ponto de vista desses pensadores, vai-se perdendo sempre mais, e irreparavelmente, quanto mais se difundem e se dispersam os diferentes processos rivais de racionalização dos mundos da vida.

Isso, porém, não nos autoriza a fazer do conceito de desencantamento um uso sempre flexível, pouco apertado, alusivo, falto de rigor e nitidez. Weber aqui é tão explícito nos seus próprios termos, que qualquer eventual tentativa de, por aí, demonstrar textualmente que ele concebeu o desencantamento do mundo em termos amplos e fluidos teria de se haver com um bom número de definições explicativas do conceito que ele não se poupa em dar, nas quais *enquadra* o processo em limites muito estritos e claros, sem margem para toda a maleabilidade interpretativa dos amantes da polissemia. O excesso de amor à polissemia corre neste caso um sério risco — o de fazer a plurivocidade virar-se contra si mesma, vindo então a esfumar os fortes contrastes da limitadíssima policromia (dicrômica!) originalmente conferida pelo autor ao conceito.

Por isso mesmo, ultimamente, alguns autores têm preferido adotar uma nova tradução técnica para *Entzauberung*. Em vez de "desencantamento", termo que, como estamos vendo, se presta a deslizamentos semânticos incontroláveis, dadas as suas conotações românticas (cf. Sayre & Löwy, 1984) e seus pendores psicologizantes (veja-se a propósito a falsa proximidade que há entre os sintagmas "desencantamento do mundo" e "universo em desencanto"), respeitáveis estudiosos hoje propõem o uso da palavra "desmagificação".

O recurso a esse outro vocábulo, menos charmoso, de feitio mais técnico e lexicalidade mais óbvia — *desmagificação* (mas há também quem diga *desmagicalização*) —, é decerto uma tentativa cientificamente bem-intencionada, para o caso do desencantamento do mundo, de "chegar junto" daquele "núcleo duro de significado (que) um conceito certamente terá", conforme Gabriel Cohn costuma nos ensinar e cobrar (Cohn, 1995: 15).

3.
CONTANDO OS PASSOS

Apresento a seguir em ordem cronológica, sublinhadas, as passagens de Weber em que são mencionados o substantivo "desencantamento" e o verbo "desencantar" com suas flexões. Cada passagem é transcrita em tradução para o português seguida do original alemão.

PASSO 1

"A ação orientada segundo representações mágicas, por exemplo, tem muitas vezes um caráter subjetivamente muito mais racional com relação a fins do que qualquer comportamento 'religioso' não mágico, posto que a religiosidade, à medida que avança o desencantamento do mundo, se vê obrigada a aceitar referências de sentido cada vez mais subjetivamente irracionais com relação a fins (referências 'de convicção' ou místicas, por exemplo)."
(*Sobre algumas categorias da sociologia compreensiva*. Cat: 181)

ORIGINAL [pouco antes de 1913]: "An magischen Vorstellungen orientiertes Handeln beispielsweise ist subjektiv oft weit zweckrationaleren Charakters als irgendein nicht magisches 'religiöses' Sichverhalten, da die Religiosität ja gerade mit zunehmender Entzauberung der Welt zunehmend (subjektiv) zweckirrationalere Sinnbezogenheiten ('gesinnungshafte' oder mystische z. B.) anzunehmen genötig ist." (Kat/WL: 433)

Em suma: desencantamento = perda de sentido.

Contando os passos   47

PASSO 2

"E além do mais, a religiosidade devia ser o mais possível despojada do caráter puramente mágico ou sacramental dos *meios* da graça. Pois estes sempre desvalorizam a ação no mundo como tendo um significado religioso na melhor das hipóteses relativo e ligam a decisão sobre a salvação ao êxito de processos racionais *não* cotidianos. As duas condições, <u>desencantamento do mundo</u> e deslocamento da via de salvação, da 'fuga do mundo' contemplativa para a 'transformação do mundo' ascético-ativa, só foram plenamente alcançadas — à exceção de algumas pequenas seitas racionalistas encontradiças mundo afora — nas grandes formações de igreja e seita do protestantismo ascético no Ocidente." ("Introdução", ver ESSR I: 257, grifos do original)

> ORIGINAL [1913, 1915]: "Und ferner musste die Religiosität den rein magischen oder Sakramentalen Charakter der Gnaden*mittel* möglichst abgestreift haben. Denn auch diese entwerten stets das Handeln in der Welt als religiös höchstens relativ bedeutsam und knüpfen die Entscheidung über das Heil an der Erfolg *nicht* alltags-rationaler Vorgänge. Voll erreicht wurde beides: <u>Entzauberung der Welt</u> und Verlegung des Weges zum Heil von der kontemplativen 'Weltflucht' hinweg in die aktiv asketische 'Weltbearbeitung', — wenn man von einigen kleinen rationalistischen Sekten, wie sie sich in aller Welt fanden, absieht, — nur in den grossen Kirchen- und Sektenbildungen des asketischen Protestantismus im Okzident." (Einleit/GARS I: 262-263, grifos do original)

Em suma: desencantamento = desmagificação.

PASSO 3

"Quanto mais o intelectualismo repele a crença na magia, <u>e com isso os processos do mundo ficam 'desencantados'</u>, perdem seu sentido mágico e doravante apenas 'são' e 'acontecem' mas não 'significam' mais nada, tanto mais urgente resulta a exigência, em relação ao mundo e à 'conduta de vida' como um todo, de que sejam postos em uma ordem significativa e 'plena de sentido'."[26] (Sociologia da Religião/EeS I: 344)

> ORIGINAL [1913, 1914...]: "Je mehr der Intellektualismus den Glauben an die Magie zurückdrängt, <u>und so die Vorgänge der Welt 'entzaubert' werden</u>, ihren magischen Sinngehalt verlieren, nur noch 'sind' und 'geschehen', aber nichts mehr 'bedeuten', desto dringlicher erwächst die Forderung an die Welt und 'Lebensführung' je als Ganzes, dass sie bedeutungshaft und 'sinnvoll' geordnet seien." (WuG: 308)

Em suma: desencantamento = desmagificação + perda de sentido.

PASSO 4

"No tocante ao primeiro ponto o protestantismo ascético nas suas várias manifestações representa um grau extremo. As suas manifestações mais características eliminaram a magia do modo mais completo. [...] O pleno *desencantamento do mundo* foi levado, *apenas* aí, às suas últimas consequências." ("Confucionismo e puritanismo": 151-152, trad. Cohn, grifos do original)

> ORIGINAL [1913, 1915]: "In der ersten Hinsicht stellt der asketische Protestantismus in seinen verschiedenen Ausprägungen eine letzte Stufe dar. Seine am meisten charakteristischen Ausprägungen haben der Magie am vollständigsten den Garaus gemacht. [...] Die gänzliche *Entzauberung der Welt*[27] war *nur* hier in alle Konsequenzen durchgeführt." (GARS I: 513, grifos do original)

Em suma: desencantamento = desmagificação.

---

[26] Há uma redundância estilística no texto alemão para a qual as línguas latinas apresentam uma dificuldade léxica. Com intenção enfática, Weber usa adverbialmente dois adjetivos *bedeutungshaft und sinvoll*, que encontram seus correspondentes neolatinos em *um* adjetivo: significativo. Já no inglês foi possível dizer *significant and meaningful* (E&S: 506).

[27] O próprio Weber grifou o sintagma na segunda edição.

PASSO 5

"Mas ali onde o conhecimento racional empírico realizou de maneira consequente o desencantamento do mundo e sua transformação num mecanismo causal, instala-se de uma vez por todas a tensão contra a pretensão do postulado ético: que o mundo seja um cosmos ordenado por Deus e, portanto, orientado eticamente de modo *significativo*, em caráter definitivo daí para frente." (*Consideração intermediária*; ver ESSR I: 553; RRM: 261, grifo do original)

> ORIGINAL [1913, 1915]: "Wo immer aber rational empirisches Erkennen die Entzauberung der Welt und deren Verwandlung in einem kausalen Mechanismus konsequent vollzogen hat, tritt die Spannung gegen die Ansprüche des ethischen Postulates: dass die Welt ein gottgeordneter, also irgendwie ethisch *sinnvoll* orientierter Kosmos sei, endgultig hervor." (ZB/GARS I: 564, grifo do original)

> Em suma: desencantamento = perda de sentido.

PASSO 6

"E não foi só o pensamento teórico que desencantou o mundo, mas foi precisamente a tentativa da ética religiosa de racionalizá-lo no aspecto prático-ético que levou a este curso." (*Consideração intermediária*, ver ESSR I: 560; RRM: 266)

> ORIGINAL [1913, 1915]: "Und nicht etwa nur das theoretische Denken, welches die Welt entzauberte, sondern gerade der Versuch der religiösen Ethik, sie praktisch ethisch zu rationalisieren, fürhte in diese Bahn." (ZB/GARS I: 571)

> Em suma: desencantamento = desmagificação.

PASSO 7

"Intelectualização e racionalização crescentes, portanto, *não* significam um crescente conhecimento geral das condições de vida sob as quais alguém se encontra. Significam, ao contrário, uma outra coisa: o saber ou a crença de que *basta alguém querer* para *poder* provar, a qualquer hora, que em princípio não há forças misteriosas e incalculáveis interferindo; que, em vez disso, uma pessoa pode — em princípio — *dominar pelo cálculo* todas as coisas. Isto significa: o desencantamento do mundo. Ninguém mais precisa lançar mão de meios mágicos para coagir os espíritos ou suplicar-lhes, feito o selvagem, para quem tais forças existiam. Ao contrário, meios técnicos e cálculo se encarregam disso. Isto, antes de mais nada, significa a intelectualização propriamente dita." (*A ciência como vocação*, ver FMW: 139; CP2V: 30, grifos do original)

> ORIGINAL [1917]: "Die zunehmende Intellektualisierung und Rationalisierung bedeutet also *nicht* eine zunehmende allgemeine Kenntnis der Lebensbedingungen, unter denen man steht. Sondern sie bedeutet etwas anderes: das Wissen davon oder den Glauben daran: dass man, wenn man *nur wollte*, es jederzeit erfahren *könnte*, dass es also prinzipiell keine geheimnisvollen unberechenbaren Mächte gebe, die da hineinspielen, dass man viel mehr alle Dinge — im Prinzip — *durch Berechnen berrerschen* könne. Das aber bedeutet: die Entzauberung der Welt. Nicht mehr, wie der Wilde, für den es solche Mächte gab, muss man zu magischen Mitteln greifen, um die Geister zu beherrschen oder zu erbitten. Sondern technische Mittel und Berechnung leisten das. Dies vor allem bedeutet die Intellektualisierung als solche." (WaB/WL: 594, grifos do original)

Em suma: desencantamento = desmagificação + perda de sentido.

PASSO 8

"Ora, esse processo de desencantamento, que vem se dando na cultura ocidental ininterruptamente através de milênios e, em termos mais gerais, esse 'progresso', do qual faz parte a ciência como um elo e força motriz, têm eles um sentido que vá além do puramente prático e técnico? Vocês vão encontrar esta questão, posta em sua mais elevada forma, na obra de Lev Tolstói." (*A ciência como vocação*, ver FMW: 139; CP2V: 31)

> ORIGINAL [1917]: "Hat denn aber nun dieser in der okzidentalen Kultur durch Jahrtausende fortgesetzte <u>Entzauberungsprozess</u> und überhaupt: dieser 'Fortschritt', dem die Wissenschaft als Glied und Triebkraft mit angehört, irgendeinen über dies rein Praktische und Technische hinausgehenden Sinn? Aufgeworfen finden Sie diese Frage am prinzipiellsten in den Werken Leo Tolstojs." (WaB/WL: 594)

Em suma: desencantamento = perda de sentido.

PASSO 9

"Pois aqui também diferentes deuses lutam entre si, agora e para sempre. Tudo se passa como se [vivêssemos] no mundo antigo, <u>mundo ainda não desencantado</u> de seus deuses e demônios, só que em outro sentido [...]." (*A ciência como vocação*, ver FMW: 148; CP2V: 42)

> ORIGINAL [1917]: "Hier streiten eben auch verschiedene Götter miteinander, und zwar für alle Zeit. Es ist wie in der alten, <u>noch nicht</u> von ihren Göttern und Dämonen <u>entzauberten Welt</u>, nur in anderem Sinne [...]." (WaB/WL: 604)

Em suma: desencantamento = desmagificação + perda de sentido.

PASSO 10

"Como o homem helênico sacrificava ora para Afrodite, ora para Apolo e, antes de mais nada, para cada um dos deuses de sua cidade, assim é ainda hoje, só que aquele procedimento foi <u>desencantado</u> e despido de sua plasticidade mítica, mas interiormente genuína. Impera sobre esses deuses e sua luta o destino, não a 'ciência', com toda a certeza." (*A ciência como vocação*, ver FMW: 148; CP2V: 42)

ORIGINAL [1917]: "Wie der Hellene einmal der Aphrodite opferte und dann dem Apollon und vor allem jeder den Göttern seiner Stadt, so ist es, <u>entzaubert</u> und entkleidet der mythischen, aber innerlich wahren Plastik jenes Verhaltens, noch heute. Und über diesen Göttern und in ihrem Kampf waltet das Schicksal, aber ganz gewiss keine 'Wissenschaft'." (WaB/WL: 604)

Em suma: desencantamento = desmagificação + perda de sentido.

PASSO 11

"Muitos dos antigos deuses, <u>desencantados</u> e doravante sob a forma de potências impessoais, emergem de seus túmulos, esforçam-se por ganhar poder sobre nossas vidas e novamente recomeçam sua eterna luta uns contra os outros. Mas o que se torna assim tão duro para o homem moderno, e mais duro ainda para as jovens gerações, é o estar à altura desse *dia a dia*. Toda busca de 'experiência' provém dessa fraqueza. Pois fraqueza é: não ser capaz de olhar de frente, em seu severo semblante, o destino do [nosso] tempo." (*A ciência como vocação*, ver FMW: 149; CP2V: 43, grifo do original)

ORIGINAL [1917]: "Die alten vielen Götter, <u>entzaubert</u> und daher in Gestalt unpersönlicher Mächte, entsteigen ihren Gräbern, streben nach Gewalt über unser Leben und beginnen untereinander wieder ihren ewigen Kampf. Das aber, was gerade dem modernen Menschen so schwer wird, und der jungen Generation am schwersten, ist: einem solchen *Alltag* gewachsen zu sein. Alles Jagen nach dem 'Erlebnis' stammt aus dieser Schwäche. Denn Schwäche ist es: dem Schicksal der Zeit nicht in sein ernstes Antlitz blicken zu können." (WaB/WL: 605, grifo do original)

Em suma: desencantamento = desmagificação + perda de sentido.

PASSO 12

"O destino do nosso tempo, com suas características de racionalização e intelectualização, e, antes de tudo, <u>desencantamento do mundo</u>, está no fato de que precisamente os valores últimos e os mais sublimes hajam recuado da esfera pública para o reino transcendente da vida mística, ou então para a fraternidade das relações diretas dos indivíduos uns com os outros." (*A ciência como vocação*, ver FMW: 155; CP2V: 51)

> ORIGINAL [1917]: "Es ist das Schicksal unserer Zeit, mit der ihr eigenen Rationalisierung und Intellektualisierung, vor allem: <u>Entzauberung der Welt</u>, dass gerade die letzten und sublimsten Werte zurückgetreten sind aus der Öffentlichkeit, entweder in das hinterweltliche Reich mystischen Lebens oder in die Brüderlichkeit unmittelbarer Beziehungen der Einzelnen zueinander." (WaB/WL: 612)

Em suma: desencantamento = perda de sentido.

PASSO 13

"Para quebrar a magia e disseminar a racionalização da conduta de vida, só houve em todos os tempos um único meio: *grandes profecias racionais*. Nem toda profecia, contudo, destrói o poder da magia: mas é possível que um profeta que se legitima a si mesmo mediante o milagre e outros meios quebre as regras sagradas tradicionais.[28] As profecias trouxeram o <u>desencantamento do mundo</u> e, com isso, criaram o fundamento para a nossa ciência moderna, para a técnica e o capitalismo. Na China falta uma profecia nativa." (*História geral da economia*, HGE: 316, grifos do original)

---

[28] Aqui seria possível inverter os adjetivos e fazer espertamente a seguinte tradução, que ganharia um outro sentido, que por sinal permaneceria sendo totalmente weberiano quanto ao papel inovador do profeta fora do campo religioso: "derrubar as sagradas regras tradicionais".

ORIGINAL [1919-20]: "Die Magie zu brechen und Rationalisierung der Lebensführung durchsetzen, hat es zu allen Zeiten nur ein Mittel gegeben: *grosse rationale Prophetien*. Nicht jede Prophetie allerdings zerstörst ihre Macht: aber es ist möglich, dass ein Prophet, der sich durch Wunder und andere Mittel legitimiert, die überkommenen heiligen Ordnungen durchbricht. Prophetien haben die <u>Entzauberung der Welt</u> herbeigeführt und damit auch die Grundlage für unsere moderne Wissenschaft, die Technik und den Kapitalismus geschaffen. In China fehlt eine eingeborene Prophetie." (Wg: 308-309, grifos do original)

Em suma: desencantamento = desmagificação.

PASSO 14

"Isso: a supressão absoluta da salvação eclesiástico-*sacramental* (que no luteranismo de modo algum se havia consumado em todas as suas consequências) era o absolutamente decisivo em face do catolicismo. <u>Aquele grande processo histórico-religioso de desencantamento do mundo</u>,[29] que se iniciou com a profecia do judaísmo antigo e, em associação com o pensamento científico helênico, repudiava todos os meios *mágicos* de busca da salvação como superstição e sacrilégio, encontrou aqui sua conclusão. O genuíno puritano ia ao ponto de condenar todo vestígio de cerimônias religiosas fúnebres e enterrava os seus sem canto nem música, só para não dar trela ao aparecimento da *superstition*,[30] isto é, da confiança em efeitos salvíficos à maneira mágico-sacramental. Não havia nenhum meio mágico, melhor dizendo, nenhum meio, que proporcionasse a graça divina a quem Deus houvesse decidido negá-la." (*A ética protestante*, ver ESSR I: 98-99, grifos do original)

---

[29] Apenas a palavra desencantamento está grifada por Weber, não a expressão toda.

[30] Em inglês no texto weberiano.

ORIGINAL [1920]: "Dies: der absolute (im Luthertum noch keines-wegs in allen Konsequenzen vollzogene) Fortfall kirchlich-*sakra-mentalen* Heils, war gegenüber dem Katholizismus das absolut Ent-scheidende. Jener grosse religionsgeschichtliche Prozess der *Entzau-berung der Welt*,[31] welcher mit der altjüdischen Prophetie einsetzte und, im Verein mit dem hellenischen wissenschaftlichen Denken, alle *magischen* Mittel der Heilssuche als Aberglaube und Frevel verwarf, fand hier seinen Abschluss. Der echte Puritaner verwarf ja sogar je-de Spur von religiösen Zeremonien am Grabe und begrub die ihm Nächststehenden sang- und klanglos, um nur ja keinerlei 'superst-ition': kein Vertrauen auf Heilswirkungen magisch-sakramentaler Art, aufkommen zu lassen. Es gab nicht nur kein magisches, sondern überhaupt kein Mittel, die Gnade Gottes dem zuzuwenden, dem Gott sie zu versagen sich entschlossen hatte." (PE/GARS I: 94-95, grifos do original)

Em suma: desencantamento = desmagificação.

PASSO 15

"O 'desencantamento' do mundo: a eliminação da *magia* como meio de salvação, não foi realizado na piedade católica com as mesmas consequências que na religiosidade puritana (e, antes dela, somente na judaica)." (*A ética protestante*, ver ESSR I: 116-117, grifo do original)

ORIGINAL [1920]: "Die 'Entzauberung' der Welt: die Ausschaltung der *Magie* als Heilsmittel, war in der katholischen Frömmigkeit nicht zu den Konsequenzen durchgeführt, wie in der puritanischen (und vor ihr nur in der jüdischen) Religiosität." (PE/GARS I: 114, grifo do original)

Em suma: desencantamento = desmagificação.

---

[31] Ver nota 29.

PASSO 16

"As denominações anabatistas, ao lado dos predestinacionistas, sobretudo dos calvinistas estritos, executaram a mais radical desvalorização de todos os sacramentos como meios de salvação, e assim levaram o 'desencantamento' religioso do mundo às suas últimas consequências." (*A ética protestante*, ver ESSR I: 155)

ORIGINAL [1920]: "Die täuferischen Denominationen vollzogen, neben den Prädestinatianern, vor allem den strengen Calvinisten, die radikalste Entwertung aller Sakramente als Heilsmittel und führten so die religiöse 'Entzauberung' der Welt in ihren letzten Konsequenzen durch." (PE/GARS I: 156)

Em suma: desencantamento = desmagificação.

PASSO 17

"Este caráter tranquilo, sóbrio e sobretudo *consciencioso* foi adotado também pela práxis vital das comunidades anabatistas tardias, muito especificamente pelos quakers. O radical desencantamento do mundo não deixava interiormente outro caminho a seguir a não ser a ascese intramundana." (*A ética protestante*, ver ESSR I: 157-158, grifo do original)

ORIGINAL [1920]: "Diesen ruhigen, nüchternen, hervorragend *gewissen*haften Charakter hat denn auch die Lebenspraxis der späteren täuferischen Gemeinschaften, in ganz spezifischem Masse die der Quäker, sich zu eigen gemacht. Die radikale Entzauberung der Welt liess einen anderen Weg als die innerweltliche Askese innerlich nicht zu." (PE/GARS I: 158, grifo do original)

Em suma: desencantamento = desmagificação.

4.
FAZENDO AS CONTAS

Desencantamento do mundo em Weber tem tudo a ver com cálculo. Ou melhor, com o ato de calcular — *Rechnung* —, que em inglês se pode traduzir por *calculation*, mas não em português, não sei por quê. Nossa língua! Tendo em vista, pois, desentortar ao menos parcialmente o rumo da discussão hoje corrente sobre o tema, desembaraçá-la com argumentos concretos e, na medida do possível, pô-la novamente sobre seus próprios pés, feito a Bela Adormecida foi desencantada por um simples beijo do mais puro amor, reconto agora os passos dados e, antes de me lançar aos comentários técnicos e substantivos em torno de cada passo, apresento meu registro contábil de ocorrências terminológicas como frugal contraponto à opulenta literatura que viaja em torno desse tema.

Eis, pois, o resumo quantitativo das acepções dadas ao termo por seu autor: das dezessete incidências do significante, em nove ele vem usado para significar "desmagificação"; em quatro, com o significado de "perda de sentido"; e nas quatro restantes ele vem com as duas acepções. Basta, pois, contar para ver de que lado a balança pende, embora por si só isso signifique muito pouco. Mais significativo para a biografia do conceito me parece o fato de que, das nove com o significado técnico de desmagificação, nada menos que cinco datem de 1919-20, ou seja, dos meses finais de seu autor.

Além disso, o conceito aparece doze vezes como substantivo [*Entzauberung*] e cinco vezes como verbo. Como verbo: quatro vezes no particípio passado [*entzaubert* = desencantado], com as devidas flexões de caso, e uma vez no perfeito simples [*entzauberte* = desencantou].

Por duas vezes Weber nomeia o desencantamento como "processo": *Entzauberungsprozess* (passo 8), *Prozess der Entzauberung der Welt* (passo 14). E por uma vez (passo 1) o desencantamento do mundo se faz acompanhar do adjetivo verbal *zunehmend* = crescente, algo que está no crescente, crescendo, aumentando. Isso quer dizer, antes de mais nada, que o desencantamento do mundo, na medida em que vem definido tecnicamente como desmagificação da atitude ou mentalidade religiosa, é para Weber um resultado, porquanto produto da profecia, e é também fator explicativo do desenvolvimento *sui generis* do racionalismo ocidental, ao mesmo tempo que é, ele mesmo, um processo histórico de desenvolvimento. Nesse sentido e na medida em que pode aumentar e crescer, o desencantamento pode se concretizar historicamente com solidez variável e diferentes intensidades. Daí Weber empregar por duas vezes adjetivos de intensidade máxima para caracterizar o momento singularíssimo de desmagificação religiosa alcançado nos séculos XVI e XVII pela conduta de vida metódica-e-intramundana do protestantismo ascético: aqui a desmagificação aparece qualificada de *gänzliche* = plena, total, completa (passo 4) e *radikale* = radical, extrema (passo 17), quando não *die radikalste* = a mais radical (passo 16).

Fazendo as contas

5.
COMENTANDO OS PASSOS

Bastou a mera ordenação cronológica da listagem completa das vezes em que Weber usou o sintagma para deixar demonstrado que esse uso é um fato da última década de sua vida, seu período mais fecundo de produção intelectual, estendendo-se de 1912 a 1920. Comecemos, pois, do começo. Tardio começo, está-se vendo pela datação. Surpreendente começo, ver-se-á logo mais por quê, quando nos detivermos em seu conteúdo inaugural.

Cada passo será comentado isoladamente ou em bloco, dependendo de ser passagem única numa obra ou mais de uma na mesma obra. Isso será feito em dois momentos.

Num primeiro momento, procurarei situar a obra em tela em sua própria história, com base nas informações historiográficas mais atualizadas a que pude ter acesso, compondo uma breve seção de "biografia da obra" modestamente intitulada "Breve notícia da obra".

Num segundo momento, a seção mais extensa intitulada "Comentário" trará minhas considerações a respeito do conteúdo e, quando valer a pena, da forma textual das passagens em exame.

Comecemos, então, por onde Weber começou, pela menção inaugural do sintagma. Comecemos conferindo como foi o primeiro uso, a primeira vez.

6.
PASSO 1:
SOBRE ALGUMAS CATEGORIAS
DA SOCIOLOGIA COMPREENSIVA
(pouco antes de 1913)

> Sou mais materialista do que Delbrück pensa.
>
> Max Weber, a respeito de si mesmo[32]

BREVE NOTÍCIA DA OBRA

A primeira vez que a expressão *Entzauberung der Welt* apareceu publicada nalgum trabalho de Weber foi numa revista de filosofia, *Logos* nº 4,[33] em setembro de 1913, no artigo intitulado *Über einigen Kategorien der Verstehenden Soziologie* ("Sobre algumas categorias da sociologia compreensiva"[34]), o qual havia sido escrito para fazer parte de um livro que daria origem a *Economia e sociedade* (cf. passo 3). Nalguns círculos esse artigo é

---

[32] *Apud* Cohn (1979: 78), referindo testemunho de um ex-aluno e amigo de Weber, Paul Honigsheim (1963).

[33] A revista acadêmica *Logos* se tornou, naquela época, o fórum mais importante do debate em torno da teoria do valor na filosofia da cultura.

[34] Prefiro manter o adjetivo "compreensiva", em vez de "interpretativa", tradução esta preferida já por diversos tradutores em diferentes línguas, decerto contaminados pela dificuldade de dizer "sociologia compreensiva" em inglês, *comprehensive sociology* (!), sem incorrer em sérias ambiguidades. Em português, sociologia *compreensiva* diz perfeitamente bem, assim como em espanhol (cf. Cat), a ideia do *Verstehen*, dispensando-nos de apelar para o adjetivo "interpretativa": a tradução inglesa que apareceu na revista *The Sociological Quarterly* nº 22, 1981, leva o título de *Some Categories of Interpretive Sociology*. Em francês, já há quem queira dizer *sociologie de compréhension*, em vez de *compréhensive* (cf. Brossein, 1996: 80).

conhecido pelo *nickname* "o ensaio da *Logos*"; aqui, vou me referir a ele pelo *nickname* "*Kategorien*" [Kat]. Hoje já se sabe com toda a certeza que foi aí que o conceito circulou impresso pela primeira vez (cf. Winckelmann, 1980). Está fora de dúvida, embora não tenhamos ainda notícia do primeiro uso não público, ou público só na voz, não escrito.

Weber havia escrito o *Kategorien* como parte de um grande livro de sociologia, mais amplo e de caráter sistemático, que por uma série de percalços começou a demorar a ficar pronto. Por isso ele tem esse formato de um verdadeiro dispositivo de conceitos e conceituações, alguns totalmente novos — excelente lugar, portanto, para aí inscrever a primeira menção ao desencantamento do mundo. Em 1921, muitos anos depois da primeira publicação do ensaio como artigo de periódico, o grande livro sairia publicado com o título de *Economia e sociedade*, lamentavelmente sem incluir o *Kategorien*, que entretanto seria republicado no ano seguinte, na coletânea de textos de Weber sobre ciência e metodologia científica, chamada *Gesammelte Aufsätzse zur Wissenschaftslehre* [WL, 1922].

Logo na abertura do *Kategorien*, Weber puxa uma nota de rodapé, bem longa por sinal, na qual termina por fornecer uma referência cronológica importantíssima para a presente pesquisa. Entre outras coisas, ele atesta que já havia escrito um pedaço do ensaio algum tempo antes de 1913:

> A segunda parte do ensaio é um fragmento de uma
> apresentação que escrevi *algum tempo atrás*,[35] e que,
> numa coletânea que deverá aparecer em breve, iria ser-

---

[35] A tradução brasileira desse ensaio, feita por Augustin Wernet, é cheia de erros grosseiros, um verdadeiro descalabro. Aqui neste testemunho cronológico, por exemplo, Weber acaba dizendo em português o contrário do que disse em alemão: a tradução de Wernet desloca a redação do fragmento que nos interessa para uma distância maior no tempo: afirma que ele "foi redigido já há muito tempo" (Weber, 1992b: 313). É de amargar!

vir como fundamentação metodológica para pesquisas substantivas (incluindo *Economia e sociedade*), da qual outras partes vão ser publicadas noutro lugar à medida que a ocasião permitir. O caráter pedantemente meticuloso das formulações corresponde ao desejo de distinguir com nitidez o sentido *subjetivamente* intentado do sentido objetivamente válido (com isso afastando-nos em parte do método de Simmel). (Kat: 427, nota 1, grifos meus; Cat: 175, nota 1)

O *Kategorien* está dividido em sete partes. Weber diz aí que a segunda parte, precisamente aquela em que menciona o "crescente desencantamento do mundo", consiste de um fragmento reaproveitado de um *paper* que ele escreveu *não muito tempo antes*. Isso significa que já em data anterior a 1913 a ideia de desencantamento do mundo encontrara em Weber sua forma literária. Mas não muito tempo antes: *some time ago*, diz a tradução de Neil Solomon. Wolfgang Schluchter vem desenvolvendo trabalho minucioso no sentido de precisar o mais possível essa data (1989: 416-419 e 441-442); conseguiu reunir até agora uma série de novos indícios documentais e textuais, todos apontando para o ano de 1912, não antes. 1912: por enquanto isso é apenas uma hipótese.

COMENTÁRIO

Para comentar o conteúdo do passo 1, vou tentar situá-lo em contextos concêntricos. Considerarei, primeiro, o conteúdo mesmo da passagem, procurando em seguida mapear seu contexto conceitual imediato, que é o ensaio como um todo, para finalmente, como não poderia deixar de ser por exigência do próprio conteúdo substantivo da formulação em exame, remetê-la ao contexto maior da teorização sistemática e histórica de Weber sobre magia e religião, contida nas três primeiras seções do ensaio sistemático de Sociologia da Religião publicado como capítulo de *Economia e sociedade*, levando em conta que o *Kategorien* também estava pensado para ser parte dessa obra.

Kategorien é um ensaio de metodologia sociológica. Nele, Weber lança alguns fundamentos metodológicos e, importante frisar neste momento, algumas unidades *conceituais* da sociologia compreensiva, tendo os olhos nos outros capítulos (àquela altura já prontos, semiprontos ou apenas planejados), que estavam destinados a integrar o volume assinado por ele, o qual comporia uma coletânea de livros encomendados a vários autores, livros esses que os editores pretendiam tivessem caráter sistemático, quase didático. Livros de alto nível, mas didáticos. Pode-se perceber, só por essas ligeiras referências, que o contexto do primeiro uso do sintagma "desencantamento do mundo" não poderia ser mais digno (ou condigno) em se tratando de um conceito que estava apenas em seus primeiros traços. Gabriel Cohn considera o *Kategorien* "um texto da maior importância", justamente porque nele "é desenvolvido pela primeira vez o inovador quadro conceitual destinado a servir às análises daquilo que mais tarde seria publicado sob o título de *Economia e sociedade*" (Cohn, 1991: xiv).

No próprio período gramatical em que o desencantamento se encontra inserido, cercam-no de imediato conceitos centrais (eu quase ia dizendo, anacronicamente, clássicos) da epistemologia sociológica weberiana, a qual, todos sabemos, concebe a sociologia como ciência do sentido *subjetivo* da ação social (cf. Burger, 1987; Mommsen, 1981: 245ss; Cohn, 1979a: 89ss; 1979b: 26ss; 1991, xiv; 1995). Só nessa frase do passo 1, a palavra *subjektiv* aparece duas vezes. Aliás, é a palavra que mais aparece em todo o ensaio. O *Kategorien* é uma verdadeira profusão de usos do significante *subjektiv*, seja como adjetivo ou como advérbio, e Weber chega mesmo a se desculpar nesse rodapé por parecer pedante em querer explicitar tanto o que intenciona com as palavras. E ainda estão aí, na mesma frase do desencantamento, os weberianíssimos conceitos de ação racional com relação a fins,

Passo 1: *Sobre algumas categorias da sociologia compreensiva*   65

ação subjetivamente racional com relação a fins, ação com sentido, referência de sentido e sobretudo este, sentido subjetivo.[36] Tão logo vem à luz, desencantamento do mundo já está arrodeado de consanguíneos de DNA incontestável.

De fato, não podia ter-me calhado um modo mais weberiano de dar início à discussão do que este. Refiro-me ao fato de encontrar o sintagma "desencantamento do mundo" cercado de noções weberianas que eu chamaria de metodológicas, marcadores reflexivos da *sociologia* compreensiva, próprios de sua peculiar embocadura na concepção do objeto e do *modus operandi* de uma sociologia *compreensiva* — a sociologia como ciência do sentido subjetivo da ação social. Essas noções refletem tomadas de posição que, segundo Gabriel Cohn, Weber assumira já "na fase decisiva do amadurecimento" de suas concepções metodológicas, a saber, "entre 1903 e 1906" (Cohn, 1979a: 77). Insisto neste aspecto: é relevante para os objetivos de meu trabalho que o sintagma tenha feito sua primeira aparição em público (vale dizer, publicada) num texto de metodologia científica, uma vez que nessa espécie de trabalho costuma, ou melhor, precisa ser fortíssima a reflexividade no uso do vocabulário e, mais forte ainda, a preocupação subjetiva em "distinguir com nitidez". Tanto mais em se tratando de Weber. Não por acaso a nota de rodapé citada atrás registra explicitamente essa sua preocupação em "distinguir com nitidez" [*sharf zu scheiden*].

Mas há mais. Se considerarmos o ensaio inteiro do ponto de vista de sua novidade conceitual — pois afinal de contas *Entzauberung der Welt* figura aí novinho em folha e já como um conceito "desenvolvimental" —, cresce consideravelmente a lista de novos conceitos aí elaborados e trabalhados por Weber, alguns deles cruciais, fundacionais, muitos deles vindo à luz pela primeira vez, exatamente como *Entzauberung der Welt* está vendo aí seu

---

[36] Sobre o conceito de sentido enquanto "sentido subjetivo", ver principalmente Cohn, 1979a, e Oakes, 1982.

66   O desencantamento do mundo

primeiro sol. Tudo se passa como se Weber quisesse, com todo esse dispositivo de conceitos novos, marcar posição num momento importante do debate metodológico na Alemanha, com a questão do *juízo de valor* na berlinda. Relação com os valores nas ciências da cultura e nas culturas vividas, na ação social [*soziales Handeln*]. A qual, não custa lembrar, em 1913 ainda era designada por Weber de ação em comunidade [*Gemeinschatfshandeln*] (cf. Turner, 1983).

Exemplos de novos conceitos desenvolvidos no ensaio de 1913: *Gemeinschaftshandeln* (ação em comunidade), *Gesellschaftshandeln* (ação associativa), *Massenhandeln* (ação de massa), *Einverständnishandeln* (ação por acordo), *Verbandshandeln* (ação organizada), *Amstaltshandeln* (ação institucional), *Vergemeinschaftung* ("comunitarização", relação comunitária), *Vergesellschaftung* ("societarização", socialização, relação associativa), *Einverständnisvergemeinschaftung* (relação comunitária por acordo), estes dois últimos pensados também enquanto auxiliares conceituais do conceito-chave de *Rationalisierung* (racionalização) da ação social, do mesmo modo como já vem pensado o conceito de *Entzauberung*, a saber, determinando a *Rationalisierung*.

É curioso, por outro lado, ao mesmo tempo que revelador da simultaneidade dos diferentes interesses de conhecimento efetivamente tocados por Max Weber nos anos 1912-14, o fato de que, ao lado e no meio do esforço de elaboração sistemática de todo um conjunto de conceitos gerais e categorias formais, ao redigir o ensaio da *Logos* Weber se lance a certos desenvolvimentos bem interessantes, ainda que passageiros, sobre temas religiosos: a irracionalidade do êxtase e da experiência mística, a contemplação budista, a ascese cristã da disposição íntima, o "acosmismo" do amor místico, os procedimentos mágicos, o comportamento religioso, a perda de racionalidade da religião contemporânea, a lógica psicológica da ação religiosa e, de repente... o desencantamento do mundo. Que, é bom que se anote mais uma vez, aparece como um conceito "desenvolvimental", quer na escolha do

Passo 1: *Sobre algumas categorias da sociologia compreensiva*   67

adjetivo para qualificá-lo (*zunehmend*, crescente), quer na forma lexical de um substantivo formado com a desinência -*ung* denotativa de movimento, dinamismo, processo, algo em expansão ou crescimento [*Entzauberung*], e não um estado fixo. Um conceito, portanto, que remete a *um determinado* processo histórico, um conceito idiográfico, singularizante, não nomotético, não geral; não universal, nem mesmo histórico-universal.[37]

Indo agora ao miolo mesmo do conteúdo da passagem: é como se eu tivesse sorteado o ponto mais difícil para começar a falar de desencantamento do mundo em Max Weber. Confesso que começar por aí me desconcerta um pouco. É como começar a puxar o fio pelo avesso do avesso. Um enunciado que contrasta magia e religião é normal em Weber. Agora, um enunciado que contrasta as duas a fim de ressaltar na religião o que esta apresenta de (cada vez mais) irracional, e realçar na irracionalidade da magia o que ela tem de racional, é deveras insólito em Weber. Uma joia rara, preciosidade inestimável. Começar por aí, sem ser por um ato de escolha mas obedecendo ao acaso de uma ordenação cronológica cujo ponto de partida não se sabia de antemão qual seria, significa de fato começar por um Weber surpreendente, quase estonteante, não só diante das interpretações correntes, mas em face também da maior parte de suas análises do fenômeno do magismo. É que, no esquema "desenvolvimental" com que Weber trata a religiosidade, a magia normalmente representa o polo (mais) irracional e a religião, o polo (mais) racionalizado.

---

[37] "Desencantamento do mundo" não é um conceito de alcance universal em hipótese alguma, nem mesmo se se quisesse limitar sua pretensa universalidade tão somente à história das religiões, como equivocadamente pretendeu a primeira tradução francesa d'*A ética protestante*: "*Ainsi, dans l'histoire des religions, trouvait son point final ce vaste processus de 'désenchantement' du monde* [...]" (EPfran: 121). Weber nunca estendeu o desencantamento do mundo à história das religiões! Dá para adivinhar por aí as armadilhas que espreitam o leitor da tradução francesa d'*A ética protestante* (cf. Grossein, 1999).

No *Kategorien* as coisas vêm invertidas, e não só aparentemente, há uma ambiciosa teorização por trás.

Comecemos, portanto, do começo do começo. Para Weber, a Sociologia da Religião se ocupa de duas formas de religiosidade, que no jargão durkheimiano seriam duas formas de relação com o "sagrado": magia e religião. Duas estratégias que o sujeito tem para acessar o "suprassensível" (cf. Pierucci, 2001). Duas espécies de um mesmo gênero. A elas Weber se apressa em dar o tratamento conceitual de *tipos ideais*, porquanto na realidade vivida magia e religião andam misturadas, não havendo assim magia em estado puro, apenas enquanto conceito-limite (Isambert, 1986: 84), ao mesmo tempo que ele as presenteia com sua visada "desenvolvimental", tratando-as como dois momentos de um processo de desenvolvimento cultural, que não é único nem unívoco, a *racionalização religiosa*. Neste sentido, a magia representa para Weber o momento anterior da religião, com nítida afinidade eletiva com o estágio "animista" de uma humanidade imersa num mundo cheio de espíritos, não essencialmente bons nem essencialmente maus, apenas capazes de influir "favorável" ou "prejudicialmente" nos *affaires* humanos, povoando invisivelmente um universo concebido de forma não dual (pois dual é o mundo pensado pela religião). Uma visão de mundo monista — e só neste sentido a magia constitui uma "imagem de mundo" em categorias weberianas [*ein magisches Weltbild*] (GARS I: 564; FMW: 350) — para a qual o mundo dos espíritos faz parte do mundo dos humanos tanto quanto os animais e vegetais, e onde inanimados não há, uma vez que tudo quanto existe tem "alma", ânima, animação. Um mundo animado, em suma. Um jardim encantado, dirá Weber. Que, por definição, é um mundo indiferenciado, "massivo". Estágio "primitivo" da humanidade e da religiosidade, segundo Weber, ou, para melhor usar de seu vocabulário, *primordial*, recortado típico-idealmente da religião, mas não só idealmente, às vezes também efetivamente, às vezes até mesmo violentamente como nos episódios de "caça às bruxas", uma vez que a religião no Ocidente tenderá a se demarcar por ativa vontade de diferença em relação à magia, assim como por razões práticas e interesses específicos o sacerdote tenderá a se diferenciar, demarcando-se ativamente, do mago, bruxo ou feiticeiro.

Magia é coerção do sagrado, compulsão do divino, conjuração dos espíritos; religião é respeito, prece, culto e sobretudo *doutrina*. Sendo principalmente *doutrina*, a religião representa em relação à magia um momento cultural de racionalização teórica, de *intelectualização*, com nítidas pretensões de controle sobre a vida prática dos leigos, querendo a constância e a fidelidade à comunidade de culto. A normatividade que corresponde à magia é o tabu; a normatividade que vai resultar da religião é a ética religiosa. Por isso, a passagem da magia à religião corresponde termo a termo à travessia do império do tabu ao domínio do pecado, no qual o conceito do "mal" se separa da noção de "desfavorável", "nocivo" ou "prejudicial". Em termos fielmente weberianos extraídos da Sociologia da Religião sistematizada em *Economia e sociedade*, a transição da magia para a religião pode ser diversamente especificada: transição do tabu para o pecado; da coerção divina para o serviço divino; da chantagem e do conjuro para a súplica e a oração; de uma *fratellanza* mal e mal garantida por tabus para o amor fraterno garantido pela "consciência" do indivíduo orientada por convicção nos princípios. Mas o que melhor define, e a meu ver decide, a transição da imagem mágica do mundo para a visão ético-religiosa do mundo é a rejeição da equação "favorável x prejudicial = bem x mal" (cf. Habermas, 1987: 64ss), é a aceitação da heterogeneidade crucial dessas esferas de valor, acrescida de autonomização e estranhamento recíprocos dos dois pares de oposição. Deleta-se o sinal de igual.

Eis um típico processo de racionalização das "imagens de mundo religiosas", processo "desenvolvimental" nos termos de Weber, mas nem por isso unidirecional. Multidirecional que é, *uma* das direções historicamente possíveis foi o desencantamento *religioso* do mundo. O processo de sistematização teórica e, portanto, de intelectualização que conduz do tabu ao pecado, noutras palavras, da magia à religião, pode vir a se tornar, como ocorreu com os monoteísmos ocidentais, um processo de racionalização religiosa que radicaliza o registro da "eticização", tornando-se assim, nos termos fortes de Bourdieu, um "processo de moralização" (cf. Bourdieu, 1974a: 85). Em outros passos analisados adiante, Weber vai designar o outro lado da moeda da moralização religiosa como sendo o desencantamento *religioso* do mundo, ou seja, a desmagificação da religiosidade. É como se a religiosidade, de gênero que é com duas espécies, se reduzisse paulatinamente a uma espécie só, a uma espécie genérica: a moral religiosa. Sem lugar para a magia — *von Magie freie* (GARS III: 6).

Em diversos escritos Wolfgang Schluchter se dedica a elucubrar *per longum et latum* em torno dessa transição de uma imagem mágica do mundo, *monista*, para uma imagem de mundo metafísico-religiosa, que é *dualista* (cf. sobretudo 1996: 69ss). Para a metafísica religiosa existem "este mundo" e o "outro mundo", dois mundos, portanto. Já a magia concebe o mundo como sendo "um só com duas bandas" [*the "two-sided" world of magic*], um mundo visível que traz consigo, imanente e pouco diferente, uma espécie de *Hinterwelt* de deuses e demônios povoando invisivelmente o mundo visível. São espíritos que gozam de ligeira superioridade sobre os humanos, uma superioridade muito relativa, tão precária que não consegue isentá-los de serem subjugados pela potência oculta das fórmulas mágicas estereotipadas quando corretamente manipuladas pelo feiticeiro em transe. No magismo, os espíritos podem ser conjurados, e isso significa: coagidos pelo carisma do feiticeiro, poder extraordinário que entretanto só é eficaz se somado ao carisma próprio de um ritual mítico-mágico cristalizado, estereotipado, inalterável, tradicionalisticamente respeitado e iniciaticamente transmitido, na medida do possível sem adulterações, perigosíssimas estas se vierem a ocorrer. Tabu é isso, afinal.

Já a religião, ela tem lá os seus *intelectuais*. Não existiria religião se não existissem os intelectuais — esse é um dos ensinamentos mais caracteristicamente sociológicos da Sociologia da

Passo 1: *Sobre algumas categorias da sociologia compreensiva*   71

Religião assinada por Weber. Certos intelectuais, segundo ele, são dotados de um "ouvido musical" religioso [*religiös musikalisch*] que as massas estão longe de possuir — assim como *nosotros*, reles mortais, também não, *y compris* o próprio Weber, seu pai, sua mulher e tantos e tantos outros membros do grande círculo de amigos e amigas do ilustre casal Max e Marianne Weber (Roth, 1995) — e é esse tal de "ouvido musical para religião" uma espécie de carisma reservado a alguns, que de saída os capacita a se tornarem verdadeiros virtuoses em matéria de religião. E eles de fato assim se tornam. Historicamente é a eles que devemos as elucubrações metafísico-religiosas, e é destas que vai resultar a visão de mundo dualista, e, porque dualista, suscetível de racionalização ética e intelectualização sublimante. No dualismo construído e proposto pelos profissionais da religião, a superioridade e a autonomia do "mundo superior" são progressivamente exponenciadas em sua própria lógica até se tornarem absolutizadas — como se pode verificar, por exemplo, na ideia da relação entre o Deus único e o mundo posta em termos de "Providência Divina", crença religiosa que, segundo Weber, outra coisa não é senão "a racionalização consistente da adivinhação mágica" e, por isso mesmo, "antagonista de toda magia", tendo-se constituído em passo estratégico na direção do desencantamento do mundo:

> A "crença na Providência" é a racionalização consistente da adivinhação mágica e dela provém, mas que pela mesma razão ela desvaloriza o mais completamente possível [*am vollständigsten entwertet*], como uma questão de princípio. Nenhuma outra concepção da relação religiosa poderia ser tão radicalmente contrária a toda magia [*so radikal aller Magie entgegengesetzt*], teórica e praticamente, quanto essa crença na Providência que foi dominante nas grandes religiões teístas da Ásia Menor e do Ocidente. [...] Não há nenhuma outra concepção da relação religiosa que sustente tão firmemente [...] a condenabilidade da "divi-

nização das criaturas" como atentado à majestade de Deus. (WuG: 317; E&S: 523; EeS I: 353-354)

O dualismo religiosamente intelectualizado produzido pelo intelectualismo religiosamente interessado primeiro se põe a separar "este mundo" do "outro mundo", a afastar o "além" do "aqui embaixo", a descentrar (piagetianamente falando) o "sobrenatural" do "natural", e vice-versa. Conheço uma passagem bíblica que parece feita de encomenda para ilustrar o descentramento operado pela religião de Israel entre o divino e o natural, entre o Criador e as criaturas. É a passagem do primeiro Livro dos Reis, em que se relata a subida do profeta Elias ao monte Horeb — ah, esses profetas de Israel desencantadores do mundo! —, sítio no qual vai se dar seu grande encontro com Javé:

> E Deus disse: "Sai e fica na montanha diante de Javé". E eis que Javé passou. Um grande e impetuoso furacão fendia as montanhas e quebrava os rochedos diante de Javé, *mas Javé não estava no furacão*; e depois do furacão houve um terremoto, *mas Javé não estava no terremoto*; e depois do terremoto um fogo, *mas Javé não estava no fogo*; e depois do fogo o murmúrio de uma brisa suave. Quando Elias o ouviu, cobriu o rosto com o manto, saiu e se pôs à entrada da gruta. Veio-lhe então uma voz, que disse: "Que fazes aqui, Elias?". (I Reis 19, 11-13, grifos meus)

Desencantamento = descentramento. A intelectualização também se pode abrir numa direção eticizante de tornar cada vez mais nítido o desenho da diferença entre a ação e a norma. Nos termos da "Introdução" à *Ética econômica das religiões mundiais*: rumo à "diferenciação entre o normativamente 'válido' e o empiricamente dado" (Einleit/GARS I: 266; ESSR I: 260). Noutras palavras, entre o que "deve ser" e o que simplesmente "é" e "acontece" (WuG: 308; EeS I: 344). E, em se tratando de éticas

Passo 1: *Sobre algumas categorias da sociologia compreensiva*   73

religiosas monoteístas, heteronômicas por definição, o "dever ser" decerto que coincide cem por cento com a vontade divina, com tudo aquilo que o Deus único e pessoal deseja, quer e ordena (cf. Schluchter, 1979; 1984, cap. IV/B; 1996, cap. I/n° 2).

Fica muito difícil, por isso mesmo, acompanhar Max Weber no uso um tanto quanto insólito da terminologia "ética mágica" — expressão encontradiça em vários textos seus — uma vez que no principal de sua teorização a "ética mágica" não pode ser uma ética no sentido estrito da palavra, porque simplesmente lhe falta, lembra Schluchter, a clareza da distinção entre uma regra técnica e uma regra normativa, além de faltar-lhe, de quebra, a diferenciação entre a utilidade e o dever, incapaz que é de separar logicamente o mau do prejudicial, aquilo que "é mau" daquilo que "faz mal". Falta, pois, à magia abrir mão da eficácia em nome do abandono e da entrega de si a um poder superior que salva por amor. Falta-lhe, enfim, a concepção de que a benevolência divina pode ser ganha, não pelo conjuro dos deuses, pela execução à risca da fórmula ritual que funciona fatidicamente *ex opere operato*, mas tão somente pela devoção obsequiosa. Que, no fundo, no fundo, é *pietas*, piedade filial, obediência, submissão.

Magia, ao contrário, implica a vontade de subordinar os deuses, o oposto do proposto pela religião eticizada, a qual requer a vontade de obedecer aos mandados de um Deus que premia e castiga. Submissão *dos* deuses e demônios, na primeira; submissão *aos* deuses, na última. Há que se admitir, claro, que a maior parte das éticas religiosas permanecem eivadas de tabus e práticas mágicas. Weber vai à minúcia ao descrever os casos da Índia e da China, mas até mesmo no caso do judaísmo, típico-idealmente definido por ele como religião "hostil à magia", as práticas mágicas resistiam e persistiam não só entre as massas, mas recorrentemente nos círculos palacianos e sacerdotais (cf. Weber, 1952). É que a magia em determinados ambientes é mesmo pertinaz, inextirpável, inerradicável [*unausrottbar*].

Quando alguém apela para a intervenção mágica, a ideia já é a de *garantir* o resultado que se quer com aquela ação extraordinária — eis um outro aspecto importante da racionalidade da magia. No gesto de coagir os espíritos com uma fórmula mágica, e não de lhes fazer um pedido, está embutida a certeza de obter deles uma intervenção que vá no sentido desejado pelo cliente e ordenado carismaticamente pelo feiticeiro. Embora possa parecer que o ato de magia, por não corresponder aos termos da lógica do nosso conhecimento, não seja exatamente o que costumamos chamar de racional, Weber aqui o classifica como uma ação *subjetivamente racional* com relação a fins, ou seja, subjetivamente racional também em sua preocupação com os efeitos imediatos que o ritual mágico diz ter sobre as coisas e os eventos, os quais por sua vez são percebidos unicamente em termos de sua mera facticidade (cf. Tenbruck, 1980: 337). Um mundo mágico assim tão pragmático como de fato é, só pode aparecer (paradoxalmente?) como pobre em significação, pois afinal os bens que as pessoas procuram obter com a magia preenchem realmente a definição do que sejam fins indiscutivelmente racionais: dinheiro, comida, saúde, longevidade e descendência. A magia tem a seu favor essa racionalidade dos fins. Ela tem fins racionais — fins "econômicos", dirá Weber no início de sua Sociologia da Religião em *EeS*.

E, no entanto, são incontáveis as vezes em que Weber associa magia ao *irracional*. Ele realmente encarava o mundo da magia como o reino do *irracional* e do *tradicional*. Há uma passagem curta e grossa das considerações finais do estudo sobre a Índia que merece ser citada. Ele está falando da Ásia, das velhas culturas do Oriente. Os antigos impérios orientais, como se sabe, eram uma das pontas de sua tipologia triangular de estruturas do mundo pré-capitalista, sendo as outras duas pontas a antiguidade mediterrânea e a Europa medieval. Três grandes contextos culturais-civilizacionais, três autênticos "jardins encantados". Pois muito bem. Em duas frases, não mais que isso, ao procurar resumir sua visão geral da religiosidade asiática, ele enuncia o ponto de partida contrastivo e a pergunta que percorre toda a sua sociologia comparada da religião:

Passo 1: *Sobre algumas categorias da sociologia compreensiva*

A este mundo altíssimamente antirracional do feitiço universal pertencia também o dia a dia econômico, e dali nenhum caminho partia para uma conduta de vida intramundana racional [*Dieser höchst antirationalen Welt des universellen Zauber...*]. (GARS II: 370, ver ESSR II: 353)

Não é preciso conhecer muito da sociologia de Weber para daí deduzir, seguindo as regras básicas de seu pensamento, que não há racionalização possível da conduta de vida — e é isto que no fundo interessa a ele como indagação sociológica significativa — sem que se quebre não só o feitiço, mas o poder do feitiço sobre a mente das pessoas. "As massas por si mesmas" — diz ele na "Introdução" — "permaneceram em toda parte mergulhadas no crescimento maciço e arcaico da magia, a menos que uma profecia que apresente promessas específicas as tenha arrastado para um movimento religioso de caráter ético" (Psico: 320). O magismo, para Weber, é uma "forma *irracional* de busca da salvação". Isso ele faz questão de escrever ali no comecinho do estudo sobre o judaísmo antigo, que se tornou, pela ação dos profetas, uma religiosidade "livre da magia" [*von Magie freie*], uma "ética religiosa altamente racional" (AJ: 4; GARS III: 6).

A essa altura, cabe então olhar a magia de um outro ponto de vista ainda ao lado de Weber, olhando-a junto com ele. Na "Introdução", assim como em *Economia e sociedade* (E&S: 468-469; EeS: 321-322), Weber tende a jogar a magia antes de mais nada para a vida no campo. Para a "natureza", noutras palavras. E para o passado. Em ambos os ensaios, ele faz dos camponeses os portadores por antonomásia dessa "forma de religiosidade primordial" que é a magia. É que, segundo ele, o contato constante com a natureza a que se veem obrigados os camponeses por sua atividade econômica específica, a qual os submerge nos "processos orgânicos e fenômenos naturais", puxa irresistivelmente pela magia. Pesa ainda o fato de ser uma vida econômica "muito pouco suscetível de uma sistematização racional".

Os *camponeses*, cuja vida econômica por inteiro esteve especificamente ligada à natureza e foi sempre dependente das forças elementares, deixaram-se ficar tão perto da magia — a saber, o encantamento coercivo [*der zwingende Zauber*] contra os espíritos que regiam por sobre e por trás das forças naturais, ou mesmo a simples compra da benevolência divina — que somente transformações tremendas na orientação da vida, vindas de outros estratos ou de profetas poderosos legitimados como feiticeiros pelo poder dos seus prodígios, conseguiram arrancá-los [*herausreissen*] de seu apego a essa forma de religiosidade que é por toda parte primordial. (GARS I: 255; ESSR I: 250)

Temos aí nessa passagem relativa ao estrato social dos camponeses, na qual eles são descritos como imersos num mundo homogeneamente encantado, habitado por espíritos que dominavam as forças elementares e, por trás delas, interferiam constantemente em sua existência econômica já de si pouco sistematizada racionalmente, temos aí, repito, uma modalidade a mais de visualizar com os olhos de Weber o significado do desencantamento: serem os indivíduos arrancados do domínio de seu passado mágico, e, consequentemente, da dominância de uma imagem de mundo inteiramente colada aos acontecimentos naturais, a qual, prodigamente capaz de "pragmatismo religioso", é totalmente incapaz de racionalização do agir. Não é apenas resistente ou refratária: é incapaz. Por ser monista. Porque não concebe a diferença entre o "ser "e o "dever ser", distinção que abre a possibilidade para toda e qualquer pretensão de moralização duradoura da conduta diária (cf. Schluchter, 1996: 62-73). Na "Introdução" Weber se refere de maneira muito expressiva ao monismo do pensamento mágico quando fala da "homogeneidade da imagem de mundo primitiva, na qual tudo era magia concreta [...]" [*die Einheitlichkeit des primitiven Weltbildes, in welchem alles konkrete Magie war*] (Einleit/GARS I: 254; ESSR I: 248). E "só raramente

Passo 1: *Sobre algumas categorias da sociologia compreensiva*   77

o campesinato serviu de portador de uma outra sorte de religiosidade que não fosse a [sua] magia original" [*ursprünglich*] (EeS I: 322; E&S: 470), a qual lhes propiciava a experiência da irracionalidade extracotidiana dos "estados orgiásticos e extáticos de possessão", provocados "pelo uso de meios tóxicos, ou pela dança", estados que, diga-se de passagem, a nobreza guerreira considerava destituídos de dignidade e que, ironiza Weber, ocupavam entre os camponeses o lugar que a experiência mística sói ocupar entre os intelectuais — o sagrado extracotidiano (Einleit/GARS I: 254; ESSR I: 248).[38]

Mas não é somente junto aos camponeses que a magia tem (e mantém) seu império — ela o tem, e o preserva, junto às massas de modo geral: "As massas deixadas a si mesmas, como veremos, permaneceram por toda parte embaraçadas na sólida primordialidade da magia, a menos que uma profecia com promessas específicas as tenha capturado num movimento religioso de caráter ético" (Einleit/GARS I: 248-249; ESSR I: 243-244). Por isso meu espanto inicial diante de uma afirmação como a do passo 1, que ressalta a racionalidade prática da magia e mostra a religião tomando o rumo do irracional. É que o significado com que o significante desencantamento do mundo aí aparece — e desencantamento "crescente", é bom frisar — não parece tão simples. Desencantamento do mundo não se apresenta aí carregando um significado de definição clara e direta, nem rumando numa direção unívoca, que seria — como veremos mais tarde — o da racionalização religiosa especificamente ocidental desmagificando a religiosidade por incremento de sua racionalidade axio-

---

[38] Percebe-se, por esse último ângulo classificatório sugerido por Weber, a maior afinidade interna que o misticismo mantém com a magia e sua distância em relação à pretensão ética de regulamentar a vida cotidiana, sugestão que me parece deveras interessante e apropriada para ajudar a embasar um diagnóstico crítico da atual configuração do campo religioso no Brasil dinamizado pelo crescimento dos pentecostalismos místicos.

lógica, mas algo mais complicado, um processo mais complexo no qual é a magia que de repente aparece em sua indiscutível *racionalidade teleológica de curto prazo*, em sua racionalidade prático-técnica só que teoricamente irracional, tosca, bem pobre em significação, contrastando com a abundância de sentido de que são portadoras as metafísicas religiosas. A religião, agora, aparece como sem saída racional, desgarrada de sua velha orientação em direção a uma racionalização teórico-doutrinária sempre mais sofisticada e uma prática religiosa sempre mais sublimada racionalmente em termos éticos. Agora, a religião afunda no irracional, "à medida que avança o desencantamento do mundo".

Eis-nos assistindo à religião abrir mão de suas pretensões racionalistas, inclusive da pretensão ético-prática de regulamentar racionalmente a vida cotidiana dos fiéis e de implantar o religiosamente válido nas ações do dia a dia. Ei-la que se vê, ao contrário, "obrigada a aceitar referências de sentido cada vez mais subjetivamente irracionais com relação a fins" (Kat: 181; WL: 433), "à medida que avança o desencantamento do mundo". Referências de sentido cada vez mais "fora do comum", extracotidianas, extraordinárias, místicas, deslocando-se da ascese intramundana para o misticismo extático extramundano, paradoxalmente fazendo, "à medida que avança o desencantamento do mundo", o caminho inverso ao percorrido pelo desencantamento ético-religioso do mundo. E isso tudo sem conseguir reverter, por sua conta, por sua própria capacidade motivacional agora desorientada, o processo de desencantamento, que continua "avançando", adjetiva Weber: *zunehmend*, montante e sem destino. Como ficamos, então, se o processo de racionalização ético-religiosa de alguma forma se faz em detrimento da magia, mais precisamente, em contraste com a irracionalidade da magia? Já que Weber nessa nossa listagem de passos acaba nos presenteando com um novo ângulo de onde olhar para o mundo da magia, aceito a provocação que adivinho aí contida e passo agora a considerar o fato por ele apontado: a ação mágica tem, do ponto de vista (subjetivo) de quem a executa e pratica, uma forte característica (intramundana) de ra-

Passo 1: *Sobre algumas categorias da sociologia compreensiva*   79

cionalidade com relação a fins (intramundanos), vinculados portanto a *interesses* (intramundanos), não a *ideias*.

Os interesses mágicos são totalmente *deste mundo*. Toda ação mágica tem sempre um objetivo pragmático muito claro e bem definido, e seus resultados são esperados para o aqui e agora. Nada aí é metafísico, nada é para o outro mundo, nada é para o lado de lá. Nem mesmo para um futuro longínquo à moda milenarista ou messiânica: simplesmente agora (Wilson, 1973: 484ss). É por isso que em termos tipológicos "uma ética deve ser conceitualmente distinguida em sentido estrito não só das tecnologias científicas, mas também da magia, a qual pode ser considerada como uma técnica baseada numa relação meios-fins subjetivamente avaliada" (Schluchter, 1996: 70). Essa observação de Schluchter me ajuda a retomar o fio inicial puxado pelo primeiro uso weberiano da expressão desencantamento do mundo, que me fez descobrir em Weber a admissão destemida de que a magia, ao lado de toda a sua acachapante irracionalidade, também é dotada de racionalidade. Magia não porta racionalidade teórica, nem sistêmica, mas sim prática. Não prático-ética, mas prático-técnica. Uma racionalidade *subjetivamente* significativa apenas se encarada e avaliada de modo avulso, desconexo, desconjuntado. Uma racionalidade elementar, não sistêmica. Os atos mágicos não se perfilam numa sequência significativa, não se ordenam num plexo homogêneo de sentido, não são capazes de travejar coerentemente uma *conduta de vida*. Não "fazem sentido", um sentido que arregimente a vida de sua dispersão constitutiva. Porque o magismo tem vista curta. "Os interesses mágicos", sublinha Bourdieu comentando Weber, "distinguem-se dos interesses propriamente religiosos pelo seu caráter *parcial e imediato* [...]" (Bourdieu, 1974a: 84-85, grifo do original).[39]

---

[39] "[...] e cada vez mais frequentes quando se passa aos pontos mais baixos na hierarquia social, fazendo-se presentes sobretudo nas classes populares e, mais particularmente, entre os camponeses [...]. O campesinato,

Este mundo, este lado — *Diesseits*, é como se diz em alemão, e curiosamente o som dessa palavra é quase como no inglês *this side* — o lado de cá, o Aquém. É neste mundo, afinal, é nesta vida que, segundo Weber, estamos todos "religiosamente" interessados, se é que se pode apropriadamente aditar essa conotação ao conceito de religioso para abarcar os interesses apontados em seta não para o Além, o além-túmulo, o outro mundo, a vida após a morte, o "andar de cima", como hoje se ouve dizer no Brasil televisivo — *Jenseits*, se diz em alemão. O ponto de vista de Weber, que é muito atual para a sociologia contemporânea da religião, é este: a demanda "religiosa" sempre foi, é e segue sendo constituída essencialmente de interesses voltados antes de mais nada para o *ici bas*, como dizem os franceses, seja este aqui embaixo o aqui e agora, seja ele um aqui futuro, futuro messiânico ou milenarista, um aqui posto lá na frente, um futuro, mas aqui, futuro desde que aqui, não no outro mundo, não lá em cima.

Em diversos momentos, em vez de qualificar essa demanda como *religiosa*, Weber vai preferir dizê-la *mágica*. Religiosa propriamente dita é a oferta que vem da parte dos profissionais religiosos, via de regra intelectuais, *literati*, que respondem à demanda pragmática com promessas metafísicas. Este mundo: só assim faz sentido falar-se empiricamente, e não normativamente como o fazem alguns, em *homo religiosus*. Porque o homem não nasce religioso, ele se torna. *No nace, se hace*. Tal qual a mulher da famosa frase que Simone de Beauvoir cunhou lá no fim dos anos 1940, frase prenúncio (depois tornada ícone) da segunda onda do feminismo, sua expressão idiomática, sua frase feita, passo eu aqui a cunhar a minha, inspirado em Weber: ninguém nasce religioso — torna-se religioso. O *homo religiosus* é algo que se produz,

---

comumente circunscrito ao ritualismo meteorológico ou animista, tende a reduzir a religiosidade ética a uma relação estritamente formalista do *do ut des* (tanto em relação ao deus quanto em relação ao sacerdote)" (Bourdieu, 1974b: 84-85).

Passo 1: *Sobre algumas categorias da sociologia compreensiva*

aprendemos com Weber e reaprendemos com Bourdieu. Ele é produzido por profissionais da religião, por especialistas em religião, pelos peritos do discurso mítico, pelos *experts* da metafísica, pelos virtuoses de ouvido musicalmente religioso.

No capítulo de Sociologia da Religião em *Economia e sociedade*, o ser humano que comete um ato mágico ou "religioso" não está imediatamente interessado no *outro* mundo. Esta, sem sombra de dúvida, é uma das boas ideias que Weber crava no parágrafo de abertura de sua sociologia sistemática da religião, ideia que hoje, nos meios sociológicos e afins em que se estudam as religiões, muita gente se esquece de registrar com a devida ênfase. Nosso pretendido *homo religiosus* tem os olhos fitos antes de mais nada na "vida real" e não na "vida após a morte". Tanto assim, que talvez fosse melhor que, na qualidade de sociólogos científicos, nós evitássemos conceber, supor, pressupor, *take for granted* que o ser humano pode ser pensado como *homo religiosus*. Evitar "dar de barato" que o ser humano é um animal essencialmente religioso, um ser que busca espontaneamente o Além, um animal metafísico que *de per si* tem necessidade do Eterno, busca o Absoluto, almeja abandonar-se em oblação ao Absolutamente Outro. Evitar, como um princípio de método — método científico e também método anticoncepcional — conceber o chamado "interesse religioso" como sendo *especificamente religioso já no ponto de partida*, como sendo *prima facie* religioso. Evitar proceder como se o interesse religioso não fosse um produto do *trabalho religioso*, que, como todo trabalho, está sempre-já constitutivamente cindido por uma *divisão do trabalho religioso* que opõe de um lado os produtores de religião e, da outra banda, os consumidores religiosos.

Antes de tudo, este mundo. No princípio, este mundo. De saída, este mundo. A ação dita religiosa é *mundana* nos bens que ela visa, *intramundana* no fim subjetivamente visado. Eu quero saúde, tu queres dinheiro, ele e ela querem reconhecimento. E quase todos nós, como os chineses, queremos vida longa. Queremos viver bem e muito, neste mundo. "*This world... then the fireworks*", diz o nome daquele filme. "Para que tudo te corra bem e tenhas vida longa sobre a Terra", diz o Antigo Testamento (WuG I: 317). Isso sim, isso é Weber. Isso é básico na Sociologia da Religião weberiana. O ser humano, quando age religiosamente, age com o objetivo de permanecer o maior tempo possível *sobre a face da Terra*. Todo mundo quer sempre adiar a hora da morte, empurrar para depois a despedida deste mundo. Pede, suplica, conjura, sacrifica, chantageia e até se submete "para que tudo lhe corra bem e ele viva muitos anos de vida sobre a Terra", segundo os generosos termos da promessa bíblica aos patriarcas de Israel (e a todos os que honram seus pais e antepassados).

Pierre Bourdieu estava muito atento a essa boa ideia de Max Weber quando escreveu seu famoso ensaio sobre a gênese e estrutura do campo religioso.[40] Bourdieu chama a atenção para o fato de que Weber, no texto sobre Sociologia da Religião de *Economia e sociedade*, "coloca de chofre que as ações mágicas ou religiosas são *mundanas* [*diesseitig*][41] em seu princípio e devem ser realizadas 'para se ter uma vida longa'" (Bourdieu, 1974b: 32). "De chofre", diz Bourdieu, e é assim mesmo; Bourdieu notou corretamente esse gesto de Weber, que logo de cara introduz esse seu poderoso *insight* sociológico, quase tão materialista-histórico quanto um enunciado marxiano tirado do núcleo d'*A ideologia alemã*, e que o editor põe em destaque no frontispício: *Ursprüngliche Diesseitigkeit religiös und magisch motivierten Gemeinschaftshandelns*. Em português: "A primordial mundanidade[42] da ação comunitária motivada religiosa ou magicamente" (WuG: 245).

---

[40] Publicado em 1971 na *Revue Française de Sociologie* (vol. 12, nº 3, jul.-set. 1971: 295-334), o alentado artigo *Genèse et structure du champ religieux* foi traduzido para o português por Sérgio Miceli e publicado na coletânea Bourdieu (1974), *A economia das trocas simbólicas* (São Paulo, Perspectiva: 27-78).

[41] Ênfases de Bourdieu, tanto o grifo quanto o vocábulo em alemão.

[42] Ou, quem sabe, não daria para dizer "aquendidade"? Ou "terrena-

Quanto mais velho vou ficando e mais maduro na profissão, mais me convenço de que nunca se é excessivamente materialista quando o que se pretende honestamente fazer é, com todas as letras e todas as exigências epistemológicas e implicações deontológicas, *sociologia* da religião. A ciência científica como vocação, afinal.

Já na fachada de sua sociologia sistemática da religião, Max Weber deixou evidente seu ponto de vista *sem-religião* sobre a religião, seu ouvido *unmusikalish* para as coisas da religião, sua perspectiva materialista e decididamente intramundana sobre aquilo que outros autores teriam preferido chamar de sentimento religioso, ou senso do sagrado, ou necessidade do absoluto, ou então, na esteira de Rudolf Otto (1917), de busca do *numinosum ac tremendum*, mas que Weber preferiu chamar, sempre com os pés no chão, de interesse religioso. Vejamos:

> A ação religiosa ou magicamente motivada, em sua existência primordial, está orientada para *este mundo* [*diesseitig ausgerichtet*]. As ações religiosa ou magicamente exigidas devem ser realizadas "para que vás muito bem e vivas muitos e muitos anos sobre a Terra". Mesmo rituais como sacrifícios humanos, extraordinários sobretudo entre uma população urbana, eram realizados nas cidades marítimas fenícias sem qualquer expectativa dirigida ao Além. A ação religiosa ou magicamente motivada é, ademais, precisamente em sua forma primordial, uma ação racional [...] orienta-se pelas regras da experiência. [...] A ação ou o pensamento religioso ou "mágico" não pode ser apartado, portanto, do círculo das ações cotidianas ligadas a um fim,

---

lidade", "terraquidade"... Este último soa muito bem, que tal? A tradução brasileira supervisionada por Gabriel Cohn preferiu o sintagma "caráter intramundano original" (EeS I: 279).

uma vez que também seus próprios fins são, em sua grande maioria, econômicos. (EeS I: 279; WuG: 245; grifo do original)

Mesmo reduzido às formas elementares mais irracionais da magia, o comportamento religioso apresenta em Weber um ponderável conteúdo de racionalidade. Primeiro, a racionalidade do interesse (alegadamente) "religioso" nos resultados visados para o aqui e agora pela ação mágica ou religiosa, seus fins "econômicos"; depois, a racionalidade que podemos situar um pouco além da mera adaptação tópica entre fins e meios, uma vez que procede pelo menos de um mínimo de regularidade da experiência comunitariamente acumulada. "A ação religiosa ou magicamente motivada é, ademais, precisamente em sua forma primordial, uma ação racional [...] orienta-se pelas regras da experiência" (EeS I: 279; WuG: 245).

Na *Consideração intermediária*, ao tratar da tensão que na modernidade ocidental se instala na relação entre o moderno cosmos econômico e a religião moralizada pela ética do amor fraterno, Weber volta à carga e retoma essa ideia: em sua forma primordial, a ação religiosa ou magicamente motivada tem fins racionais absolutamente intramundanos, totalmente condizentes e nada tensionados com os interesses econômicos dos agentes; pelo contrário, os fins visados em primeira mão, originalmente, são indiscutivelmente materiais e econômicos. Vamos lá:

Toda forma originária, seja mágica ou mistagógica, de influenciar os espíritos e deuses em favor de interesses particulares visou como objetivo autoevidente a riqueza, além de vida longa, saúde, honra, descendência e, apenas eventualmente, melhora do destino ultraterreno. Assim ocorreu com os mistérios de Elêusis, com a religião fenícia e védica, com a religião popular chinesa, com o judaísmo antigo, com o antigo islã e com as promessas feitas aos leigos piedosos hinduístas e budistas. Em contraste com isso, a religião sublimada de salvação [ou seja, a religião propriamente dita, AFP] e a economia racionalizada entraram em crescente tensão uma com a outra. (ZB/GARS I: 544)

Na "Introdução" à *Ética econômica das religiões mundiais*, redigida na mesma época que o *Kategorien*, Weber torna a insistir nesse seu ponto de vista materialista a respeito do interesse religioso nos "solidíssimos bens deste mundo":

> Para o estudioso empírico, os bens de salvação, que são diferentes entre si, não devem ser interpretados apenas, e nem mesmo preferencialmente, como voltados para o "outro mundo". Isso ocorre à parte o fato de que nem toda religião, e nem toda religião mundial, conhece o "Além" como um centro de promessas definidas. A princípio, os bens de salvação das religiões primitivas, bem como das cultas, proféticas ou não, com a única exceção parcial do cristianismo e de uns poucos credos especificamente ascéticos, eram os bens sólidos deste mundo [*ganz massiv diesseitige*]: saúde, vida longa e riqueza. Eram essas as promessas feitas pelas religiões chinesa, védica, zoroastriana, hebraica antiga e islâmica; e da mesma forma pelas religiões fenícia, egípcia, babilônica e alemã antiga, bem como eram essas as promessas do hinduísmo e do budismo aos devotos leigos. Somente o virtuose religioso — o asceta, o monge, o sufi, o dervixe — lutava por um bem de salvação extramundano, em comparação com aqueles solidíssimos bens deste mundo [*massivsten Diesseitsgutern*]. E nem mesmo esse tal bem de salvação extramundano de modo algum era apenas *do Além*. Não era este o caso, nem mesmo quando ele era percebido como tal. Psicologicamente considerado, quem busca a salvação está interessado primariamente no *habitus*

voltado para o aqui e agora. (Einleit/GARS I: 249; Psico: 320-321)

[...]

No passado, coube aos intelectuais sublimar a posse de bens de salvação numa convicção de "redenção". A concepção da ideia de redenção, como tal, é muito antiga, se por ela entendermos uma *libertação da desgraça, da fome, da seca, da doença e, em última análise, do sofrimento e da morte.* Não obstante, a redenção só alcançou significação específica quando expressou uma "imagem de mundo" sistemático--racionalizada e representou uma tomada de posição perante o mundo, pois o significado bem como a qualidade pretendida e real da redenção dependeram dessa imagem e dessa posição. (Einleit/GARS I: 252; Psico: 323, grifos meus)

Resumindo. Weber trata a distinção entre magia e religião de uma perspectiva histórica fortemente travejada por uma visada evolutiva (evolucionista, dirão outros), que Schluchter sugere seja chamada de *developmental*, palavra intraduzível para o português (Schluchter, 1979b). O processo de racionalização religiosa é também, de um outro ponto de vista, um processo de intelectualização da oferta religiosa. A religiosidade mágica vem desde o princípio, deste tempos imemoriais, literalmente *primordiais*; a religiosidade ética, por sua vez, ainda não tem três milênios de existência. Essa emerge no período histórico que Karl Jaspers chamou de *Achsenzeit*, "era axial", quando surgem e se definem as chamadas religiões mundiais (cf. Eisenstadt, 1982; 1987; Gauchet, 1985), e desde então a religiosidade se intelectualiza e, de cima para baixo na estratificação religiosa, moraliza. O desenvolvimento da ética religiosa no período axial implica uma guinada axiológica, *an axiological turn*, a saber: a distinção estrita entre o estado natural e o estado cultural, entre o ser e o valor. A Sociologia da Religião de Weber fica inconcebível sem a consideração argumentada dessa emergência gradual da ética religiosa para fora do universo do magismo, sem a ideia — mesmo que *avant la lettre*, mesmo que antes do achamento de sua marcante nominação — do desencantamento do mundo com sua contraface, a eticização da religiosidade e a resultante moralização da conduta.

Um ato de magia é um ato de racionalidade prática subjetivamente racional com relação a fins, ainda que irracional nos meios. O problema com a magia é que sua validade salvífica "aguda" não instala no indivíduo a racionalidade "crônica" de uma "conduta de vida" [*Lebensführung*]. Ela não fixa um "estado duradouro" [*Dauerzustand*], não assenta um "*habitus* sagrado permanente" [*heiliger Dauerhabitus*] (cf. ZB/GARS I: 540; RRM: 242; ESSR I: 531). Por inconstante e avulsa, a magia para Weber é incapaz de vida cotidiana,[43] assim como ela é, para Durkheim, incapaz de igreja: "*il n'existe pas d'Église magique*" (Durkheim, 1998: 61).

Insinuando-se de modo perturbador ou, quando menos, intrigante nessa *co-incidência* dos processos de desencantamento e intelectualização religiosa, estamos começando a perceber um certo paradoxo viajando na ideia de desencantamento do mundo. É como se o desencantamento significasse justamente o contrário do que dele se esperava, a saber, a saída de um mundo incapaz de sentido e o ingresso num universo significativamente ordenado pelas *ideias* religiosas e, com isso, tornado ele próprio pleno de sentido, *sinnvoll, meaningful.* Faz sentido isto, pensar como desencantamento justamente o entrar para um mundo cheio de sentido? Para Weber, faz. Se não entendemos isto, é porque ainda não estamos entendendo o que quer dizer, para Weber, desencantamento do mundo.

---

[43] Diferentemente da magia, o conteúdo da profecia "era a orientação da conduta de vida para a busca de um bem sagrado. Neste sentido, portanto, ao menos relativamente: uma sistematização racional da conduta de vida. Seja sob certos aspectos, seja em sua totalidade" (ZB/GARS I: 540; RRM: 242; ESSR I: 531).

7.
PASSO 2:
"INTRODUÇÃO" À *ÉTICA ECONÔMICA DAS RELIGIÕES MUNDIAIS* (1913)

> O asceta intramundano é um racionalista.
>
> Max Weber, EeS I: 366

BREVE NOTÍCIA DA OBRA

A "Introdução" [*Einleitung*] à *Ética econômica das religiões mundiais* foi escrita em 1913 e só foi publicada dois anos depois, em outubro de 1915, já em plena Grande Guerra, no vol. 41 (nº 1) do *Archiv für Sozialwissenschaft und Sozialpolitik*. Também aqui há uma nota de rodapé inserida já na abertura, na qual Weber atesta claramente a data da redação do ensaio, ao declarar que suas palavras ali aparecem "inalteradas, tal como foram escritas e lidas a amigos *dois anos antes*" (Einleit/GARS I: 237; ESSR I: 233, nota 1, grifo meu).

O tema da "Introdução" é a própria Sociologia da Religião, agora definitivamente trazida para o centro do ambicioso esforço de análise comparativa das grandes culturas religiosas do Ocidente e do Oriente, intitulado *Ética econômica das religiões mundiais*, aventura intelectual de grande fôlego em que Weber se lançara pelo menos desde 1911 (cf. Schluchter, 1989: 419). Em inglês, na coletânea *From Max Weber* publicada em 1946, esse ensaio introdutório recebeu o inexplicável título de "A psicologia social das religiões mundiais" e assim ficou conhecido também em português. Aqui eu vou citá-lo sempre sob a forma "Introdução" (com aspas) para distingui-lo de outra introdução weberiana, também muito importante, o prólogo geral aos *Ensaios reunidos de Sociologia da Religião*, chamado em alemão *Vorbemerkung* e conhecido internacionalmente como "Introdução do autor" [AIntro], herança de seu difundido uso em inglês como *Author's Introduction* (cf. Nelson, 1974). Ao lado da *Introdução do autor*, da *Consideração intermediária* e d'*A ciência como vocação*, a "Introdução" [*Einleitung*] compõe o quarteto de ouro da sociologia teórico-reflexiva de Max Weber.

COMENTÁRIO

Na "Introdução", Weber emprega o sintagma desencantamento do mundo uma única e decisiva vez. Decisiva porque enuncia de forma explícita e sucinta a correlação direta entre o desencantamento do mundo e o protestantismo ascético, isto é, a ascese intramundana como via de salvação contraposta a outras vias possíveis. Decisiva, ainda, porque remete o processo de desencantamento também ao plano das *ideias*, fazendo dele o que Habermas chamou de "desencantamento das imagens de mundo[44] metafísico-religiosas", condição cognitiva *sine qua non* para a "emergência das estruturas de consciência modernas" (Habermas, 1987: 200), enfoque este que põe em relevo, em Weber, a importância atribuída por ele às camadas intelectuais e, com isso, à intelectualização da religiosidade. Decisiva, finalmente, porque mostra o processo de desmagificação da experiência religiosa como o outro lado da moeda da escalada da moralização religiosa, noutras palavras, da "eticização" [*Ethisierung*] da conduta religiosa e, por conseguinte, se é que se trata mesmo de moralizar, como o outro lado da moeda da arregimentação consciente e alerta da vida individual num todo unificável, referido a uma "personalidade"

---

[44] A expressão "imagens de mundo" [*Weltbilder*] é usada por Weber o mais das vezes para se referir às "visões de mundo" [*Weltanschauungen*] religiosas, às "imagens de mundo metafísico-religiosas"; mas ele chega a falar também em "imagem de mundo mágica", como veremos.

consciente de sua identidade única, equipada assim para fazer frente às demandas de um mundo dominado por crescente racionalização... e desencantamento (cf. PE/GARS I: 115-117; Goldman, 1988: 42s, 118).

O sintagma desencantamento do mundo aparece aí em seu sentido estrito: uma operação *religiosa* (eu diria mesmo *intrarreligiosa*) pela qual uma determinada religiosidade é retrabalhada por seus intelectuais no sentido de "se despojar ao máximo do caráter puramente mágico ou sacramental dos *meios* da graça", meios esses que, segundo Weber, sempre desvalorizam [*entwerten*] o agir no mundo, impedindo com isso que se chegue à noção de que o trabalho cotidiano, com sua racionalidade técnico-econômica, pode ser o lugar por excelência da bênção divina, essa ideia puritana.

O ponto culminante dessa teorização compacta da evolução religiosa (Bellah, 1970) que Weber desenvolve na "Introdução" é conhecido. É a famosa fórmula sobre a eficácia histórica diferencial de "ideias e interesses". Essa fórmula é lembrada também por trazer em seu enunciado mais uma boa metáfora de Weber, a dos *switchmen*, em alemão *Weichensteller*, manobristas de linha de trem (cf. Pierucci, 2002: 96), função determinante de definir rumos que ele atribui às "ideias" na história. Eis a fórmula memorável:[45]

> Não as ideias, mas os interesses (materiais e ideais) é que dominam diretamente a ação dos humanos. O mais das vezes, as "imagens do mundo" criadas pelas "ideias" determinaram, feito manobristas de linha de trem, os trilhos nos quais a ação se vê empurrada pela dinâmica dos interesses. (Psico: 323; FMW: 280; ESSR I: 247)[46]

---

[45] Fórmula que Bendix, não se sabe por que razão, considerou uma "enigmática observação", uma *cryptic remark* (Bendix, 1986: 65; 1960: 68).

[46] "*Interessen (materielle und ideelle), nicht: Ideen, beherrschen un-*

Para o nosso específico objeto e objetivo de pesquisa, o que interessa ressaltar nessa passagem-chave é a importância prioritária que Weber confere aos interesses materiais e ideais, e nós já vimos o quão materiais e terra a terra podem ser para ele os interesses ditos "religiosos", ao mesmo tempo que ele não tira os olhos do papel de "vetor", "direcionador" e "inflector" que têm as ideias, no caso, o "racionalismo teórico-religioso", na condução dos interesses assim chamados "religiosos", melhor dizendo, na conformação "religiosa" dos interesses salvíficos da massa, dos que não são, por qualquer razão, virtuoses em religião.

"Não obstante o fato de que a ação humana é motivada diretamente por interesses", — comenta Tenbruck, e logo mais eu vou me permitir citá-lo extensivamente, como também o faz Habermas (1987: 209-210) — "ocorrem períodos na história cuja direção a longo prazo é determinada pelas ideias de tal maneira que os homens podem se esfalfar até a morte na persecução dos seus interesses, mas no longo prazo a água da história é conduzida pelo moinho das ideias, e as ações dos homens permanecem sob a influência das ideias." E o que é que Weber chama aqui de "ideias", ele mesmo pondo as aspas? Tenbruck explica: "O uso de Weber é o do século XIX. Ideias são aqueles pontos de vista suprapessoais que articulam os aspectos fundamentais da relação do homem com o mundo. Em sentido amplo, elas são 'imagens de mundo', mais precisamente, elas devem sua existência à necessidade, e à busca, intelectual de uma narrativa coerente do mundo e, como tal, são criadas predominantemente por grupos religiosos, profetas e intelectuais" (Tenbruck, 1980: 335-336). Noutras palavras, a evolução das imagens de mundo responderia a coações predominantemente racionais, obedeceria a uma "legalidade própria" [*Eigengesetzlichkeit*], e a gênese da religião (pro-

---

mittelbar das Handeln der Menschen. Aber: die 'Weltbilder', welche durch 'Ideen' geschaffen wurden, haben sehr oft als Weichensteller die Bahnen bestimmt, in denen die Dynamik der interessen das Handeln fortbewegte" (Einleit/GARS I: 252).

priamente dita) teria portanto como conteúdo um progresso antes de tudo na *racionalidade teórica*, um avanço na consistência interna e na articulação sistêmica de sua imagem de mundo. É um verdadeiro processo de aprendizagem, que obedece primeiro a uma lógica interna que é própria de cada grande religião e que se desdobra sob pressão também de fatores externos, dentre os quais sobressaem as demandas do intelectualismo dos leigos, isto é, dos leigos intelectualizados.

A linha ao longo da qual o pensamento mágico-mítico das religiões tribais vai se racionalizando progressivamente até se transformar numa ética religiosa universalista, trajeto que Weber ilustra pormenorizadamente, Tenbruck a resume da seguinte maneira:

> Quando, a um certo momento, as potências misteriosas contra as quais os homens se debatiam no meio ambiente não dominado passam a ser olhadas não mais como forças imanentes nas próprias coisas, mas como seres que se escondem por trás das coisas, para Weber, uma nova ideia apareceu no mundo, e se os homens fazem desses seres que agem por trás das coisas entidades pessoais, estamos diante de mais uma nova ideia. Do mesmo modo, para Weber, o conceito monoteísta de um Deus supramundano era uma ideia que tinha de nascer num momento determinado, mas que, uma vez admitido, teve consequências de grande porte. Finalmente, uma ideia completamente nova forjou a representação dessa divindade como um Deus que recompensa e castiga, especialmente quando daí se desdobrou esta representação suplementar, a saber, a de que os destinos dos homens neste mundo e no Além dependem essencialmente da observância dos preceitos éticos. Uma nova ideia apareceu uma vez mais com a profecia emissária, ou seja, precisamente no judaísmo, pois desta vez o homem devia compreender-se a si mesmo como o instrumento de Deus

agindo no mundo. E foi ainda uma nova ideia quando
o protestantismo acrescentou a isso a predestinação.
(Tenbruck, 1980: 336; 1975: 658)

Algumas ideias, sob a compulsão de sua própria lógica interna [*Eigengesetzlichkeit*], desenvolvem suas consequências racionais a tal ponto, que chegam a inflectir empírica e decisivamente a dinâmica dos interesses humanos. Feito *agujeros*[47] de estrada de ferro, *switchmen* da racionalização religiosa. A qual vem sempre de cima, dos intelectuais.

A linha de "evolução religiosa" (Bellah, 1970) que vai da imagem mágico-mítica do mundo à imagem metafísico-religiosa do mundo, Weber a descreve como um processo de racionalização e intelectualização que adquire, a partir de um determinado momento devidamente periodizado e num ponto perfeitamente localizado do mapa cultural da Terra, a inflexão singular de um processo de desencantamento do mundo. Pois bem, se olharmos a mesma evolução nos seguintes termos: de um mundo povoado de espíritos aos panteões politeístas e destes ao monoteísmo ético-universalista, o desencantamento vai se mostrar aos nossos olhos como uma verdadeira *"política de despovoamento"*, como inspiradamente notou o sociólogo François Isambert. Pois "o mundo da magia", escreve Isambert, "por prosaico que seja, por acanhadas que sejam suas finalidades, por pobre que seja sua simbólica, não deixa de ser essencialmente um mundo *animado*. E o aspecto mais tangível do desencantamento é precisamente o *despovoamento* [*dépeuplement*] que ele efetua" (Isambert, 1986: 86, grifos do original).

As práticas mágicas, além do mais, não são de toda hora. Os etnólogos atestam isso à exaustão. Ninguém faz magia o tem-

---

[47] Também em português, e não só em espanhol, os carris de ferro móveis usados para facilitar a passagem dos trens de uma via para outra são chamados de agulhas.

po todo e a todo momento, nem os povos que nós conhecemos como os mais animistas, nem os indivíduos que depreciamos como os mais "macumbeiros". Os rituais mágicos são atividades extraordinárias e, como sabem os leitores de Weber, o que é extraordinário é literalmente extracotidiano [*ausseralltäglich*], em que pese o pleonasmo embutido nesta ênfase. No passo 2 em exame, o desencantamento do mundo é entendido como desvalorização dos meios mágicos de salvação na medida em que, em sua extracotidianeidade constitutiva, essas práticas "desvalorizam" religiosamente o trabalho profissional cotidiano no mundo como *locus* das boas relações com o invisível. De modo aparentemente paradoxal, porém, a desmagificação puritana do mundo se faz acompanhar, também ela, de uma atitude de desvalorização do mundo: este mundo é inerentemente corrupto! Ou seja, o mundo não tem sentido em si mesmo. É que "a fé na *predestinação* [...]", explica Weber, "[ess]a reconhecida impossibilidade de medir [*sic*] os desígnios divinos com critérios humanos, implica uma renúncia em fria clareza a um sentido do mundo acessível ao entendimento humano" (ZB/GARS I: 573, ESSR I: 561). Em seu estado pecaminoso de criatura, se ele tem sentido é exclusivamente como objeto do cumprimento dos deveres em ações racionais executadas segundo a vontade de um Deus absolutamente supramundano e insondável (cf. EeS I: 373).

O personagem do asceta intramundano — que Weber começou a descobrir e a descrever já na primeira versão d'*A ética protestante* de 1904-05, no esforço por demonstrar pela primeira vez sua tese pessoal acerca da relação entre o protestantismo ascético e o "espírito" do capitalismo — equilibra-se por assim dizer num fio de navalha quando deposita toda a sua expectativa de estar salvo pelo Deus único no estreitíssimo intervalo que medeia entre sua concepção negativa do mundo *d'ici bas*, visto como pecaminoso e sem valor, sempre perigoso para os bons, e sua concepção positiva da ação racional no mundo, vista como sinal ou prova de salvação. Dada a sutileza na combinação lógica dos seus componentes, o conceito típico-ideal de ascese intramundana constitui assim um dos grandes tentos marcados por Weber em sua prolífera capacidade de construir conceitos sociológicos abstratos logicamente coerentes, empiricamente referidos, culturalmente significativos, capazes ainda de evocar figurativamente uns personagens de carne e osso. Vamos conferir sem muita pressa:

> O mundo como um todo permanece, do ponto de vista ascético, uma *massa perditionis* [...] que, justamente por ser o irremediável vaso natural do pecado, torna-se, em vista do pecado e da luta contra ele, uma "tarefa" para a comprovação da disposição ascética. O mundo permanece em seu desvalor de criatura: uma gozosa entrega a seus bens põe em perigo a concentração no bem de salvação. [...] Despreza-se, portanto, o desfrute da riqueza, considerando-se como "vocação" a economia gerida de modo ético-racional e levada sob rigorosa legalidade, cujo êxito, isto é, o lucro, torna visível a bênção de Deus ao trabalho do homem piedoso e, portanto, a benevolência para com sua conduta de vida econômica. Despreza-se todo excesso de sentimento nos homens, como expressão da divinização das criaturas que nega o valor único da dispensação divina da graça [...]. Despreza-se toda erótica divinizadora da criatura, considerando-se como "vocação" desejada por Deus a "procriação desapaixonada de filhos" (conforme expressão puritana) dentro do matrimônio. Despreza-se a violência do indivíduo contra os outros, por paixão ou sede de vingança, em geral por motivos pessoais [...]. O asceta intramundano é um racionalista, tanto no sentido de uma sistematização racional de sua própria conduta de vida pessoal, quanto no sentido da rejeição de tudo o que é eticamente irracional, seja artístico, seja pessoal-sentimental, dentro do mundo e de suas ordens. Fica, porém, antes de tudo, a meta específica: o domínio metódico "vigilante" da

própria conduta de vida. (WuG: 329-330; ver EeS I: 365-366; EyS I: 429-430)

O asceta intramundano é um racionalista, sintetiza Weber. E, na medida em que esse seu racionalismo, cujo objetivo específico é o "domínio metódico da conduta de vida", exige dele "a rejeição de tudo o que é eticamente irracional", fica dito que o conceito de ascetismo intramundano implica necessariamente a rejeição da magia como um de seus componentes básicos. A pormenorizada descrição do asceta intramundano em *Economia e sociedade* assim resumida ilumina incisivamente o conteúdo do passo 2 encontrado na "Introdução", que nos remete ao desencantamento do mundo levado a cabo pelo protestantismo ascético.

No desenrolar de suas pesquisas em Sociologia da Religião, Weber volta várias vezes aos conceitos tipológicos de *ascetismo* e *misticismo*, que pouco a pouco vão se tornando mais bem delineados e vigorosos como tipos ideais das possíveis "vias de salvação" historicamente experimentadas pelas diferentes culturas religiosas. A ascese intramundana torna-se com o tempo referência inescapável para a compreensão do processo de racionalização religiosa tal como ocorrido no Ocidente. Conforme exigência explícita de Weber, para poder ser classificada como ascese intramundana uma religiosidade precisa *ter-se despojado ao máximo* do caráter mágico ou sacramental dos *meios* da graça, uma vez que esses meios mágico-sacramentais representam em si mesmos uma desvalorização [*Entwertung*] da ação cotidiana neste mundo. Isto é, eles a põem como algo de importância apenas relativa em sua significação religiosa, e isto na melhor das hipóteses. O que, no limite, implica condicionar "a decisão sobre a salvação" ao sabor de processos pertencentes à esfera do extraordinário. Vida religiosa despojada [*abgestreift*] dos meios mágicos de salvação? Só no protestantismo ascético. Só então a atividade ético-ascética do trabalho vocacional se valoriza por si mesma e se afirma "separada [*abgeschnitten*] de todos os meios mágicos de salvação", autoimpondo-se ali o crente a exigência de "pro-

Passo 2: "Introdução" à *Ética econômica das religiões mundiais*   97

var-se" como salvo, santo, eleito "instrumento de Deus" no mundo. Ora, agir como instrumento de Deus outra coisa não é que pretender "racionalizar eticamente" o mundo segundo o mandato divino, define Weber.

> E além do mais, a religiosidade devia ser o mais possível despojada do caráter puramente mágico ou sacramental dos *meios* da graça. Pois estes sempre desvalorizam [*entwerten*] a ação no mundo como tendo um significado religioso na melhor das hipóteses relativo e ligam a decisão a respeito da salvação ao êxito de processos racionais *não* cotidianos. As duas condições, desencantamento do mundo e deslocamento da via de salvação, da "fuga do mundo" contemplativa para a "transformação do mundo" ascético-ativa, só foram plenamente alcançadas [...] nas grandes formações de igreja e seita do protestantismo ascético no Ocidente. (Einleit/GARS I: 262-263; ver Psico: 334)

Quando o puritano da modernidade clássica mergulha de cabeça no trabalho profissional em meio ao mundo, ele o faz sob forte tensão. Porque o mundo simplesmente está podre: *massa perditionis* é só o que este mundo é (WuG: 329). A eloquência moralista dos pregadores puritanos não poupa esforços na busca de evidências da depravação humana e da indigna miserabilidade da criatura (ver Delumeau, 1978; Greven, 1977; Hill, 1987; 1988; Thomas, 1985; Walzer, 1987). Não por acaso a idolatria enquanto divinização da criatura [*Kreaturvergötterung*] volta a ser, como nos profetas do Antigo Testamento, a pior das ofensas a Deus e o maior de todos os riscos que um crente neste mundo pode correr. Incontáveis são os riscos de desandar na idolatria e assim perder a *certitudo salutis*. Desse ponto de vista, ser um asceta intramundano por missão divina, experimentar o grande júbilo interior de ter recebido do "Altíssimo" a bênção desse chamamento [*calling*], é na verdade um constante tormento, um constante estado de alerta. Constante vigília. Acresce a isto a impossibilidade de abandonar-se inteiramente à união mística, pois no protestantismo radical a *unio mystica* não é possível, dado o "golfo intransponível" que separa de nós a absoluta transcendência do "Altíssimo", detonadas que foram todas as pontes "sacramentais", vale dizer, toda a magia, já que em jargão calvinista sacramento é magia. Desmagificada assim a religião, não resta outra saída ao renascido santo a não ser a ascese intramundana, dirá Weber em 1920 a propósito dos anabatistas tardios, a ascese do trabalho profissional e nada mais.

Ascese intramundana = domínio metódico "desperto" da própria conduta de vida (WuG: 330; EeS I: 366). O asceta intramundano é um racionalista prático todo dia, não de segunda a sábado, mas de segunda a segunda. Daí a importância do binômio cotidiano-extracotidiano na sociologia sistemática de Weber, importância que eu diria acrescida em sua sociologia sistemática da religião, na medida em que a oposição "ética x magia" replica diretamente esta outra dicotomia básica também em sua sociologia da dominação, "cotidiano x extracotidiano", "ordinário x extraordinário", "rotina x carisma".

Passo 2: "Introdução" à *Ética econômica das religiões mundiais*

8.
PASSO 3:
ECONOMIA E SOCIEDADE
(1913, 1914)

> São incontáveis as coisas que "acontecem" e que jamais entrarão na "história".
>
> Wilhelm Windelband, *Prelúdios filosóficos*: 111

BREVE NOTÍCIA DA OBRA

No dia 30 de dezembro de 1913, em carta a seu editor Paul Siebeck, Max Weber informou-lhe que tinha terminado uma primeira versão do capítulo de *Economia e sociedade* sobre a Sociologia da Religião. Pouco menos de quatro meses depois, em carta de 21 de abril de 1914, tornaria a informar ao editor que o texto completo de *Economia e sociedade* — o qual, como se sabe, era para ter outro título, algo como *Compêndio de economia social*, e do qual fazia parte um capítulo de Sociologia da Religião — iria demorar ainda uns cinco meses para ficar pronto e poder ser enviado para a gráfica. "Meu manuscrito", escreveu ele a Siebeck em abril, "vai estar pronto em 15 de setembro, para poder começar a composição tipográfica." Por essa razão, até hoje o ano de 1914 tem sido normalmente aceito como a data final da composição da primeira versão de *Economia e sociedade* (cf. Schluchter, 1989: 392).

A pesquisa para os ensaios que iam compor a *Ética econômica das religiões mundiais* levara-o a mudar o esboço original que havia traçado anos antes, provavelmente já em 1909, conforme fica evidente quando se compara o primeiro sumário com o segundo, que ele finalmente redigiria em 1914. Hoje já não restam dúvidas quanto à estreitíssima relação, intelectual e temporal, entre *Economia e sociedade* e a *Ética econômica das religiões mundiais* (cf. Schluchter, 1989: 433ss; Schmidt-Glintzer, 1995), o que leva a zerar também as dúvidas quanto à íntima relação entre sua sociologia tipológico-sistemática e sua sociologia histórico--comparativa. Que haja concomitância temporal é um dado básico nessa relação entre as "especialidades sociológicas" de Max Weber nessa "nova fase de sua produção" (Marianne Weber, 1984: 318ss; 1995: 306ss). Que cientista ou acadêmico já não experimentou isso? Pois não se há de esquecer, ademais, que as duas "especialidades" supracitadas constituem a base vital, a base *sine qua non* de sua sociologia teórico-reflexiva (formada pelo "quarteto de ouro" elencado no passo 2. E isso é uma boa notícia para quem trabalha como sociólogo da religião e além disso quer saber "qual é a" da sociologia da religião de Weber: tanto sua vertente sistemática (*Economia e sociedade*) quanto sua vertente histórico-comparativa (*Ética econômica das religiões mundiais*) podem ser lidas como mutuamente ilustrativas, e uma ajuda muito a entender a outra, bem como as reflexões que ambas provocaram. Quando isso tudo pode ser lido do ponto de vista dos interesses intelectuais e temáticos contemporâneos da sociologia "científica" da religião, fica tudo muito interessante.

Economia e sociedade teve uma história atribulada. Mas não foi só sua redação que enfrentou problemas, também sua edição foi cheia de idas e vindas, muitas reconsiderações, alterações e adiamentos. Tanto, que acabou virando obra póstuma. Em 1914 explodiria a Primeira Guerra Mundial, e dois anos depois da guerra Weber viria a falecer. Morreu no verão de 1920, quando *Economia e sociedade*, finalmente depois de tanta espera, estava já a meio caminho da composição tipográfica. O volume que saiu publicado em 1921 estampava na página de rosto: *Compêndio de economia social. Divisão III — Economia e sociedade — A economia e as ordens e poderes sociais tratados por Max Weber*.[48]

---

[48] Ver a reprodução do original em alemão na edição brasileira (EeS I: xviii).

Economia e sociedade só foi traduzido para o português setenta anos depois: somente em 1991 saiu o primeiro volume, publicado pela Editora da Universidade de Brasília, em boa tradução de Regis Barbosa e Karen Elsabe Barbosa, com revisão técnica de Gabriel Cohn. O volume dois saiu em 1999.[49] A tradução foi feita com base na quinta edição revista da versão-padrão. Versão-padrão de *Wirtschaft und Gesellschaft* é considerada a segunda edição, de 1925, organizada por Johannes Winckelmann. A primeira, de 1921, fora organizada pela viúva de Max, Marianne Weber.

COMENTÁRIO

Em *Economia e sociedade* aparece uma vez o termo, na forma do particípio passado do verbo *entzaubern*, adjetivando o sintagma "os processos do mundo" no parágrafo 7 do capítulo dedicado à Sociologia da Religião (vol. I, parte II, cap. V).[50] O

---

[49] A demora em vermos uma versão de *Economia e sociedade* em língua portuguesa não impediu que os estudantes universitários tivessem acesso a essa obra monumental, uma vez que desde 1944 existe a versão em espanhol de *Economía y sociedad* [EyS], editada pela Fondo de Cultura Económica, do México, aliás a primeira tradução integral dessa obra em todo o mundo. Se o Brasil esperou setenta anos, a França também esperou demais (pasme o leitor, cinquenta anos) para ter uma tradução francesa do primeiro volume de *Economie et société*, organizada sob a direção de Jacques Chavy e Eric de Dampierre, lançada em 1971. Até hoje, trinta anos depois da publicação do primeiro volume em francês, ainda não saiu o segundo (ver Willaime, 2000: 3). No Brasil, já.

[50] O título dado ao tratado sistemático de Sociologia da Religião varia: na edição brasileira de *Economia e sociedade*, com tradução supervisionada por Gabriel Cohn, é o capítulo V da parte II do volume I, e se chama "Sociologia da Religião (tipos de relações comunitárias religiosas)", que traduz ao pé da letra o título alemão que consta da 5ª edição revista por Johannes Winckelmann de 1972, "*Religionssoziologie (Typen religiöser Vergemein-*

parágrafo 7 trata das afinidades eletivas entre as diferentes modalidades de religião e os estamentos e classes aos quais Weber atribui o papel de "camadas portadoras" [*Träger*] das diferentes atitudes ou mentalidades religiosas, ideia que ele desenvolve em visada comparativa e de forma condensada na "Introdução" da *Ética econômica das religiões mundiais* (cf. Pierucci, 2002: 87-92). É quando analisa a religiosidade dos estratos *intelectuais* que Weber introduz a noção de desencantamento do mundo. No passo 3, o recuo da crença na magia está diretamente relacionado ao avanço do intelectualismo no interior das comunidades religiosas.

A sociologia sistemática da religião desenvolvida em *Economia e sociedade*, em tese mais preocupada com a definição típico-ideal de conceitos básicos que sirvam ao tratamento sociológico da religiosidade em geral, traz também pronunciado pendor comparativo, remetendo sempre a fatos das mais diversas culturas e épocas. Muitas questões cruciais para nossa temática aí estão em jogo, e eu procurarei evitar tornar longo demais meu comentário, abordando os temas mais diretamente implicados no conteúdo do passo 3: a religiosidade ética, o monoteísmo, o judaísmo, a profecia emissária... em poucas palavras, o processo de moralização religiosa, deixando para os passos seguintes o tratamento mais detido da questão do sentido. A propósito, nem bem começamos nossa caminhada e Weber já está falando pela segunda vez de desencantamento e sentido. É que a questão do sentido

---

schaftung)"; na versão americana em três volumes organizada por Guenther Roth e Claus Wittich (1968), é o capítulo VI do volume II, e se chama "*Religious groups (The Sociology of Religion)*"; na versão em espanhol de *Economía y sociedad* (1944) é o capítulo V da parte II do volume I, e se chama "*Sociología de la comunidad religiosa (Sociología de la religión)*". Em 1963, o compêndio ganhou uma tradução para o inglês feita por Ephraim Fischoff que mereceu uma edição como livro à parte, *The Sociology of Religion* (Weber, 1963, abrev.: SR), que tem de quebra uma introdução assinada por Talcott Parsons. O que sempre valoriza uma publicação.

está indissociavelmente ligada ao processo de racionalização ético-metafísica da religiosidade, ou, para usar um termo que Weber pouco usa (ZB/GARS I: 547) mas Habermas destaca (1987: 209; 424), ao processo de "eticização" [*Ethisierung*] das imagens de mundo religiosas.

Vimos nos passos 1 e 2 que a Sociologia da Religião de Weber é bem sensível ao fato *sociológico* de que os interesses "religiosos" se formam e se distribuem desigualmente numa população: as massas costumam ter necessidades ou interesses "religiosos" na verdade muito "materiais", ao passo que letrados e intelectualizados de modo geral são capazes de interesses "ideais" que podem ser traduzidos diretamente em linguagem religiosa sublimada, quando não teológica. Linguagem apropriadamente dita religiosa justamente porque intelectualizada. Nessa linguagem intelectualmente sofisticada eles expressam não suas necessidades terrenas, mas sua "ânsia de salvação nobre", sua busca de salvação da "aflição interior", sua "necessidade (metafísica) de sentido". Concepções holísticas, totalizantes, do sentido do mundo e da vida — vetores de novas orientações axiológicas — são produzidas seminalmente por figuras carismáticas, especialmente os profetas, e mesmo depois de desenvolvidas e sistematizadas elas não falam, para Weber, de outra coisa senão da "natural necessidade racionalista do intelectualismo de compreender o mundo como um cosmos pleno de sentido" (EeS I: 343; E&S II: 505):

> A salvação que o intelectual busca sempre é uma salvação da "aflição interior" [*Erlösung von "innerer Not"*] e, por isso, por um lado, de caráter mais estranho à vida, porém, por outro, de caráter mais profundo e sistemático do que a salvação da miséria exterior [*Erlösung von äusserer Not*] que é própria das camadas não privilegiadas. O intelectual, por caminhos cuja casuística chega ao infinito, procura dar a seu modo de viver um "sentido" coerente, portanto, uma "unidade" consigo mesmo, com os homens, com o cosmos.

Para ele, a concepção do "mundo" é um problema de "sentido". (EeS I: 343-344; E&S II: 506; WuG: 307-308)

É na sequência imediata desse trecho que se engata nosso passo 3, que não custa reapresentar ao leitor:

> Quanto mais o intelectualismo repele a crença na magia, e com isso os processos do mundo ficam "desencantados", perdem seu sentido mágico e doravante apenas "são" e "acontecem" mas não "significam" mais nada, tanto mais urgente resulta a exigência, em relação ao mundo e à "conduta de vida" como um todo, de que sejam postos em uma ordem significativa e "plena de sentido". (EeS I: 344; E&S II: 506)

Daí para a desvalorização das realidades do mundo e uma sedutora fuga do mundo, é um passo. Weber disseca: é a "específica fuga do mundo dos intelectuais" (EeS: 344). Com efeito, as dificuldades que encontra neste mundo um modo de vida que se pretende em conformidade com uma ordem unificada do eu individual, da vida pessoal e do mundo natural, levam no mais das vezes os intelectuais religiosos à fuga mística "para fora" do mundo, pelo mergulho na mais pura imanência divina. Mas não é exatamente disso que eu quero falar agora, e sim deste outro aspecto importantíssimo que Weber não deixa de anotar nesse momento: a religiosidade intelectual que valoriza a contemplação mística e procura a iluminação extática, na medida em que é uma religiosidade *extracotidiana*, é de si incapaz de desencantar o mundo, e aí, por este viés, se casa perfeitamente bem, no nível das massas populares, no nível dos "não intelectuais" [*die Nicht-intellektuellen*], com esta outra forma de religiosidade extra-cotidiana que é a magia. Weber cita aqui exemplos concretos tirados das religiões da China e da Índia. São metafísicas religiosas que não se conectam com a ação prática no dia a dia dos "re-

Passo 3: *Economia e sociedade*

ligiosamente não musicais", no cotidiano das massas. São religiões universais que reproduzem éticas estamentais e aconchegam toda forma de magia:

> Isso ocorre na ética estamental confuciana da burocracia, totalmente estranha à salvação, ao lado da qual continuam existindo a magia taoista e a graça sacramental budista como religiosidades populares petrificadas [...]. O mesmo se dá com a ética de salvação budista do estamento monacal, ao lado da feitiçaria e da idolatria dos leigos, da persistência da magia de tabu e do novo desenvolvimento da religiosidade soteriológica hinduísta. (EeS I: 343; E&S II: 506)

O monoteísmo não é o único a poder reivindicar a qualificação ética da divindade. Weber reconhece que entre as divindades do politeísmo existem alguns deuses que têm um caráter especificamente ético, nos lembra Paul Ladrière (1986: 105), coisa que a gente muitas vezes esquece. Só que, enquanto no politeísmo o deus ético não passa de um entre vários deuses, no monoteísmo o deus ético é o único Deus. Aqui não existe noção de divindade que não implique de saída sua qualificação ética. E é então que o elo entre religião e ética se torna decisivo — no monoteísmo. E os monoteísmos são três: o judaísmo, o cristianismo e o islã.[51] O deus ético não suscita nem maior nem menor religiosidade que um outro deus aético, mas, segundo Weber, aquele terá como característica própria a capacidade de levar o sentido religioso "para dentro" do dia a dia, fora do espaço e do tempo extracotidianos dos ritos religiosos, de suscitar — pelo medo, nos contará Delumeau (1978) — uma verdadeira *condução da vida* [*eine Lebensführung*], ou seja, uma maneira coerente, duradoura e previsível de agir na vida ordinária. E essa conduta de vida terá a peculiari-

---

[51] Ver parágrafo 12 da "Sociologia da Religião" (EeS: 404-418).

dade de ser racional antes de mais nada por referência a valores religiosos nem sempre racionais.

Os traços especificamente éticos do Deus monoteísta aparecem cada vez mais claramente à medida que se desenvolve a concepção racional da economia (a meteorologia na agricultura, por exemplo). Segundo essa concepção racionalizadora, o mundo obedece às leis naturais e se constitui como tal num *cosmos*, um universo ordenado no interior do qual o agir humano pode sistematicamente ter em conta fenômenos racionalmente previsíveis (cf. Ladrière, 1986). A divindade se confirma como deus ético que pune e recompensa à medida que cresce a importância dos laços éticos que ligam o indivíduo a um mundo ordenado de "obrigações", tornando assim sua conduta regular e previsível, suscetível portanto de interação fundada na racionalidade normativa. Concebe-se a divindade como um deus ético quando a ordem da natureza e a ordem das relações sociais deixam de estar situadas acima dos deuses e se tornam uma criação — criatura — desse deus supramundano, concebido como a fonte e a autoridade mesma da conduta moral (Roshwald, 1991). Tal concepção pressupõe que o deus protegerá de toda violação a ordem justa que ele criou. As relações com o deus passam a ser provadas na maneira justa de um agir ordinário que se conforma à ordem justa da qual o deus é o criador: "Se de fato obedecerdes aos meus mandamentos [...]" (Deuteronômio 11, 13).

Não é mais uma questão de submeter pela magia as potências suprassensíveis da "natureza" aos desígnios desconexos e inconstantes dos homens, nem de pacificá-las ritualmente sem considerações minimamente universalizáveis de ordem ética. Trata-se agora de observar a lei de Deus. A observância da lei, considerada como expressão da vontade do Deus único e de sua divina justiça, torna-se agora o meio específico de atrair para si e para todo o povo a bênção divina. No monoteísmo, ao contrário do politeísmo, há Uma Só Lei, que se aplica a todos igualmente. Um só Deus, uma só lei, uma ordem cósmica e social. O Uno, em suma. A metafísica propriamente dita. Eis, pois, como surge no mun-

Passo 3: *Economia e sociedade*

do, segundo Weber, a ética religiosa. Eis senão quando a religiosidade *se eticiza*. "Tu és justo demais, Javé, para que eu entre em processo contigo. Mas falarei contigo sobre questões de direito" (Jeremias 12, 1).

Se a religião que assim se transformou em ética religiosa racional agora porta consigo o princípio de uma ruptura radical com a magia, então o judaísmo antigo é a expressão definitiva dessa decisiva ruptura cultural que teve lugar no mundo antigo. É isso que faz dessa religião ético-profética, na terminologia weberiana, uma "individualidade histórica" (Burger, 1987; Oakes, 1989).

Senão, vejamos. A lei dada por Moisés ao povo de Israel situa o judaísmo na origem de um processo de racionalização ética da religiosidade que só se completará com a emergência do que Weber chama o Ocidente moderno. O racionalismo ético de Moisés, que consistentemente se oporá aos cultos agrários e aos ritos orgiásticos, vai se desenvolver no sentido de uma desvalorização crescente, na verdade uma repressão recorrente, dos momentos efêmeros e extracotidianos de emoção e embriaguez religiosas, procurando se internalizar nos indivíduos como um *habitus* permanente de natureza ético-racional. Esse processo se radicaliza com o advento dos profetas pré-exílicos, os "profetas da desgraça", lembra Burger (1987), fenômeno que em Israel se inicia ainda no período pré-exílico, a partir do século VIII a.C. Só o protestantismo ascético, dois mil anos depois dos profetas bíblicos, compartilhará com o judaísmo ético-profético a mesma repulsa à sacralização de toda e qualquer mediação entre Deus e o homem, de toda graça mágico-sacramental. E essa atitude, radicalizada ao máximo no período heroico de constituição da modernidade, vai se revelar capaz de exercer uma influência extraordinariamente forte sobre a totalidade da vida de uma pessoa no decorrer não dos anos, mas dos dias, de cada dia, e favorecerá o desenvolvimento de uma arregimentação ético-racional da estrutura de consciência, que passa a operar como fator aglutinador e unificador da personalidade e da conduta de vida "como um todo". "Conduta de vida como um todo": são palavras do passo 3. A exigência (sistêmica) é dirigida não só ao mundo, mas "à conduta de vida como um todo" [als Ganzen], uma "demanda interior" de que o mundo e a vida sejam sistematizados, tornados coerentes e preenchidos de sentido. Voltaremos a isto, pois Weber também sempre volta.

A profecia emissária do judaísmo antigo é praticamente sinônimo de desencantamento do mundo como projeto. E na segunda versão d'*A ética protestante*, como veremos, Weber vai agregar a ela o pensamento científico grego na cadeia causal do processo de desencantamento. (Veja-se o passo 14, embora aí se faça essa junção de forma elíptica.) A atenção de Weber parece mesmo estar toda voltada para a profecia emissária peculiar ao judaísmo pré-exílico como o fator crucial de sistematização racional da imagem de mundo ético-religiosa. Não se trata apenas de postular que o mundo *é* ordenadamente significativo, que ele *é* um cosmos, pois disso também foram capazes as imagens de mundo religiosas da Ásia Oriental — trata-se, além disso, de exigir que também e principalmente a vida cotidiana *seja* em tudo e por tudo submetida a uma ordem dotada de sentido, que ela *seja* essa ordem significativa. Trata-se de transformar o "acontecer" diário numa "condução da vida" no sentido forte da expressão [*eine Lebensführung*].[52] E do ponto de vista dos profetas éticos bíblicos, a vida, o mundo vivido, os acontecimentos sociais e políticos transfiguram-se em fatos da "História da Salvação" (cf. Berger, 1963) e, enquanto tais, tomam a frente dos fenômenos naturais como portadores de um sentido unificador que os articula, os engrandece e os ultrapassa.

Ao conceber o "mundo" como um problema de sentido ético-metafísico, o intelectualismo repele — *zurückdrängt* —, quer

---

[52] Os tradutores brasileiros de *Economia e sociedade*, com o aval de Gabriel Cohn, revisor técnico da tradução, preferem dizer *condução da vida* em vez de *conduta de vida*. E não custa nada registrar que Thomas Burger traduz *Lebensführung* para o inglês como *governance of life* (Burger, 1987: 190).

Passo 3: *Economia e sociedade*

dizer, afasta, faz recuar as práticas mágicas, porquanto de saída ele já tornou teoricamente impossível a crença num "sentido mágico", por desconexo e incongruente, dos processos e sucessos naturais e sociais, que, "reencaixados" numa outra ordenação inteiramente heterogênea ao monismo mágico indiferenciado, se tornaram agora religiosamente desencantados. Os acontecimentos da vida tiveram seu encanto quebrado pela exigência ético--metafísica de que sejam dispostos numa ordem significativa, que, ela sim, lhes confere um sentido agora unificado e totalizante; ela, sim, faz dos fenômenos naturais e dos eventos sociais, antes tomados separadamente como coisas que aconteciam "a favor" ou "contra" e tinha cada qual uma explicação tópica suficiente, um *Kosmos*; ela, sim, faz dos atos humanos avulsos uma "conduta de vida", uma vida governada. A estrutura dessa atribuição prática de sentido implica sempre uma sistematização e, portanto, a unificação congruente das ações antes pensadas isoladamente, a concatenação coerente das "boas obras" antes avulsas e contabilizadas uma por uma na mentalidade do catolicismo medieval (aliás fartamente magificado nos traços com que Max Weber o pinta n'*A ética protestante*) ou, melhor dizendo, na mentalidade comum às religiões mágico-rituais, ao ritualismo mágico, numa palavra, à magia. Essa preocupação em conferir à ação ordinária um sentido que a ultrapassa, preocupação tornada disposição permanente e vigilante, reflexiva e articulante, é identificada por Weber com o termo "intelectualismo".

Diz Weber que os acontecimentos do mundo se tornaram *entzaubert*: desencantados, desenfeitiçados. O emprego da voz passiva se oferece como uma oportunidade para alertar os mais açodados quanto ao fato de que não é o mundo (o mundo moderno, *hélas!*) que "nos desencanta" por alguma razão, mas é o mundo ele mesmo que "se torna desencantado". São os processos e sucessos deste mundo [*die Vorgänge der Welt*] que "ficam desencantados", não nós, os sujeitos modernos, tardomodernos, pós--modernos, pós-metafísicos, pós-históricos, *en bref*, pós-tradicionais, que teríamos nos desencantado "com" a vida moderna e, ainda por cima, assim "desiludidos com o mundo", talvez nos imaginássemos estar sendo retratados quando Weber fala em desencantamento... do mundo. Na realidade estamos simplesmente *confundindo* desencantamento "do" mundo com "sentimentos" ou "estados de espírito" de desencanto, decepção, desilusão, desengano, desapontamento. Desolação?, também. E desamparo, *disempowerment*, desespero, depressão... nada a ver com Weber, para quem desencantamento do mundo rimava com ascetismo intramundano, que por sua vez e ao contrário do ascetismo invectivado por Nietzsche, rimava com muita coisa, menos com *disempowerment*, conforme têm demonstrado os trabalhos de Harvey Goldman (1988 e 1995) com bons e fartos argumentos, inclusive textuais.

Para terminar este passo: no brevíssimo ensaio comparativo sobre "As religiões mundiais e o 'mundo'" inserido como parágrafo 12 no final do capítulo dedicado à Sociologia da Religião, há uma passagem extraordinariamente densa e estilisticamente forte em que Weber se refere ao desencantamento do mundo — sem usar o sintagma — como realização histórica *única e exclusiva* do protestantismo puritano. Ele usa o advérbio "somente" [*nur*], abrindo com ele o período cujo predicado será a locução verbal idiomática alemã "*den Garaus machen*" + dativo, cujo significado é fortíssimo: significa nada menos que "aniquilar".[53]

> Somente o protestantismo ascético efetivamente
> aniquilou a magia [*Nur der asketische Protestantismus*

---

[53] É interessante notar que Weber emprega aqui a mesma expressão idiomática "*den Garaus machen*" que usa na conclusão do estudo sobre a China (ver passo 4), quando diz lá que "as manifestações mais características (do protestantismo ascético) eliminaram a magia do modo mais completo" (GARS I: 513; CP: 151), frase que, na versão em espanhol, vem traduzida também por uma outra expressão idiomática: "*han dado el más completo golpe de gracia a la magia*" (ESSR I: 505), que em português seria o golpe, ou tiro, de misericórdia.

Passo 3: *Economia e sociedade*

machte der Magie... wirklich den Garaus]. (EeS I: 416; WuG: 378)

Vejamos a passagem toda para melhor saborear o contraste que Weber estabelece entre o protestantismo ascético com sua vontade de extermínio da magia e a "religiosidade popular asiática", retratada como um permanente "jardim encantado":

> Somente o protestantismo ascético efetivamente aniquilou a magia, a extramundanidade da busca de salvação e a "iluminação" contemplativa intelectualista como sua forma mais elevada; somente ele, precisamente em meio ao esforço dedicado à "profissão" intramundana — na verdade o oposto da concepção de profissão hinduísta, que era estritamente tradicionalista — criou os motivos religiosos para buscar a salvação no desempenho profissional metodicamente *racionalizado*. Para a religiosidade popular asiática de qualquer tipo, ao contrário, o mundo permaneceu um grande jardim encantado [*blieb dagegen die Welt ein grosser Zaubergarten*]: a veneração ou a coação dos "espíritos", a busca de salvação ritualista, idolátrica, sacramental, continuaram sendo o caminho para se orientar e se garantir na prática. (WuG: 379; ver EeS I: 416; grifo do original)

Para que uma religião racionalizada desencante o mundo, ela precisa ser portadora de um senso de dever ser que vincule a vida cotidiana de forma duradoura, e não eventual, como faz a magia; é preciso que a racionalização religiosa tome o rumo da moralização religiosa do cotidiano. E para que o desencantamento se cumpra plenamente como racionalização *religiosa*, para que ele chegue a seu termo *religioso*, a tendência intelectualista do virtuose *religioso* a fugir do mundo deverá ser superada por uma ética intramundana que faça incidir o valor *religioso* diretamente sobre a organização racional do trabalho e da produção industrial, acreditando-se que *aí reside* a bênção do Altíssimo sobre os que ele, por puro amor, escolheu e predestinou à salvação eterna.

Segue-se disso, portanto, justamente o oposto do que podia esperar da ideia de desencantamento o senso comum acadêmico, e em especial o senso comum "impuramente acadêmico" dos sociólogos "religiosos" da religião (Pierucci, 1997a; 1997b; 1999): para Weber, dar um sentido unificado e unificador à totalidade da vida e do mundo é a melhor maneira de desencantá-los, de afirmar sua inerente carência de sentido imanente. Parece desconcertante, mas é isso aí. É que o desencantamento da religiosidade abre-a para a exigência ética no meio do mundo e isso assume, de imediato, a forma de um conflito sem trégua entre essa "necessidade metafísica" e "os processos do mundo" em seu estado presente e puramente fáctico, puramente existente. A eticização da conduta é um verdadeiro "desencaixe", como hoje se diz na sociologia contemporânea, um *disembedment*.

Passo 3: *Economia e sociedade*

9.
PASSO 4:
A RELIGIÃO DA CHINA
(1913, 1915)

> Cada conto de fadas chinês revela o enraizamento popular da magia irracional. Pululam pelo mundo ferozes deuses *ex machina* que por capricho são capazes de *tudo*. A única ajuda é o contrafeitiço.
>
> Max Weber, China: 200

BREVE NOTÍCIA DA OBRA

Weber iniciou em 1915 a publicação da grande série de ensaios de sociologia comparativa chamada *Ética econômica das religiões mundiais*, e a monografia sobre a China foi a primeira a sair. *Konfuzianismus*, este era o título, saiu no volume 41 (nº 1 e 2) do *Archiv für Sozialwissenschaft und Sozialpolitik* de outubro e dezembro de 1915. Viu a luz bem acompanhado, é bom que se diga, na medida em que vinha intercalado entre dois ensaios teórico-reflexivos de escopo geral, de um lado a "Introdução" [*Einleitung*] e do outro a *Consideração intermediária* [*Zwischenbetrachtung*]. Segundo o próprio Weber, *Konfuzianismus* foi escrito em 1913 (Einleit/GARS I: 237; ESSR I: 233).

O texto foi todo retrabalhado para uma segunda edição em 1920, passando a integrar o primeiro dos três volumes dos *Ensaios reunidos de Sociologia da Religião* [GARS], que, como sabemos, foi o único dos três que Weber teve tempo de apresentar completo ao editor, tendo falecido em seguida. Na segunda versão, Weber introduziu adaptações, interpolações e adendos, ampliou consideravelmente as partes dedicadas aos aspectos econômico-estruturais da sociedade chinesa, basicamente de estratificação social e organização política, remanejou certos trechos e, o que mais chama a atenção, aumentou muito o número de capítulos, que de quatro na versão de 1915 passaram a ser oito na de 1920. Até o título do ensaio foi mudado. Espichou, ficando assim mais completo: *Konfuzianismus und Taoismus*. Falar, pois, do estudo sobre a China é falar de uma obra com duas versões distintas, a de 1915, do *Archiv*, e a de 1920, dos *Ensaios reunidos de Sociologia da Religião*.

Se a versão definitiva é de 1920, e se aqui estamos procurando seguir a ordem cronológica de redação dos textos de Weber, por que não jogar mais para a frente o tratamento da passagem sobre desencantamento extraída do estudo sobre a China? A razão é uma só: porque o capítulo de conclusão em que se encontra a referida passagem — texto famoso por traçar antológico paralelo de duas condutas religiosas de vida, o confucionismo e o puritanismo, salientando sua abissal diferença cultural — permaneceu praticamente intacto na segunda versão do ensaio. Os pequenos ajustes deixaram inalterado o conteúdo original. Baseio-me aqui em estudo de Schluchter,[54] para afirmar que não houve nenhuma alteração de monta no *Resultat*, e que, por conseguinte, a passagem relativa ao desencantamento do mundo foi escrita por Weber "dois anos antes" de 1915.

COMENTÁRIO

No estudo sobre as religiões originárias da China, conhecido mundialmente pelo título em inglês *The Religion of China*, o sintagma desencantamento do mundo também aparece uma vez só. E parece que vem com tudo: sua definição é esclarecedora,

---

[54] "Confucianism and Taoism: World Adjustment" (Schluchter, 1989: 85-116), publicado em alemão em 1985.

Passo 4: *A religião da China*   115

didática mesmo, além de superlativamente enfática na explicitação do sentido "literal" que lhe foi conferido nessa aventura sociológica em que Weber se lançou, tendo em vista a localização de nexos multicausais na relação entre economia e cultura; não um dos sentidos, não um sentido a mais, dentre uma infinidade de significações e efeitos de sentido possíveis, mas *o sentido estrito*, tal como construído logicamente por seu autor que assim o designou para funcionar como ferramenta válida e útil em sua sociologia comparada dos racionalismos das visões de mundo [*Weltanschauungen*] e das condutas de vida [*Lebensführungen*]. Não custa nada relembrar neste momento a programática afirmação que Weber deixou expressa no início da *Consideração intermediária*, segundo a qual sua sociologia comparada das religiões mundiais queria e devia "ser ao mesmo tempo uma contribuição à tipologia e à sociologia do próprio racionalismo" (ZB/GARS I: 537; ESSR I: 528; RRM: 240; EnSoc: 372).

Antes de adentrar a encantada Ásia weberiana a começar de "sua" encantadíssima China, convém nos determos no contexto textual no qual ocorre o passo 4, e este contexto se encontra nos dois primeiros parágrafos alemães da conclusão do ensaio, o *Resultat*, que vale a pena revisitar na tradução brasileira de Gabriel e Amélia Cohn:

> Para apreciar o nível de racionalização que uma religião representa podemos usar dois critérios básicos, que se inter-relacionam de várias maneiras. O primeiro é o grau em que uma religião despojou-se da *magia*; o outro é o grau de coerência sistemática que imprime à relação entre Deus e o mundo e, em consonância com isso, à sua própria relação ética com o mundo.
>
> No tocante ao primeiro ponto o protestantismo ascético nas suas várias manifestações representa um grau extremo. As suas manifestações mais características eliminaram a magia do modo mais completo

[*haben der Magie am vollständigsten den Garaus gemacht*].[55] [...]

O pleno *desencantamento do mundo* foi levado, *apenas* aí, às suas últimas consequências. [...]

A caça às feiticeiras também floresceu na Nova Inglaterra. Mas, enquanto o confucionismo deixava intacta a magia em sua significação *positiva* de salvação, aqui toda a magia tornou-se *demoníaca* e apenas tinha valor religioso o racionalmente ético: a ação conforme ao mandamento divino, e mesmo isso, apenas a partir do sentimento piedoso. (GARS I: 512-513, grifos do original; CP: 151-152; China: 226-227)

Eis-nos diante de uma definição explícita de desencantamento do mundo, agora como resultado, não como processo: *o grau em que uma religião se despojou da magia.*

Caso o leitor ainda se sentisse relutante em acatar a conceituação estrita de desencantamento do mundo, ao atentar para essa explicação (*ex-plicatio* = des-dobra) do sentido literal do termo, diante de formulação tão enxuta e precisa, tão bem recortada e aprumada, não teria mais como deixar de acolhê-la. Na luta encarniçada do puritanismo com o catolicismo que inaugura a modernidade, *Entzauberung der Welt* perfila-se na teorização weberiana nomeando exatamente a *"remoção da magia sacramental"* (atitude mais consequente nalgumas denominações, como os calvinistas e os anabatistas tardios, em especial os quakers, menos radical noutras). Isto em primeiro lugar. Em primeiro lugar, insisto, essa atitude de varrer a magia do exercício da religião, posicionamento agonístico em tudo e por tudo afim ao iconoclasmo, isto é, à destruição das imagens, essa outra marca registrada da puritana rebelião anti-idolátrica "no Big Bang da

---

[55] No passo 3 já comentamos sobre esta expressão alemã e suas traduções (ver nota 53).

Passo 4: *A religião da China*

modernidade".[56] Mas não só. O que no fundo importa é que aqui se nega à magia, qualquer que seja, todo valor salvífico *positivo*, toda vigência religiosa, toda eficácia e poder como meio de salvação ou até mesmo apenas enquanto busca de salvação, valor religioso que se vê totalmente transferido para a boa conduta diária, uma vida de trabalho secular "santificada", o agir cotidiano em conformidade com princípios éticos exarados na forma de mandamentos divinos indiscutíveis. E internalizados, introjetados, operando como acicates da ação religiosamente normatizada *from within*. É nessa chave que Weber vai poder olhar para a religiosidade ético-ascética do Ocidente, depreciadora [*entwertend*] e perseguidora implacável da magia,[57] só que agora de um ponto de vista comparativo com a religião dos mandarins chineses, que nesses precisos termos nunca peitou as práticas mágicas, nem na base da argumentação, nem violentamente.

O passo 4 nos leva diretamente aos dois eixos possíveis de racionalização das imagens de mundo religiosas que Weber isola e enumera, distinguindo-os sem no entanto os desenlaçar completamente: *dois critérios básicos* para se averiguar, num estudo comparativo das várias religiões, o grau de racionalização alcançado por uma forma histórica de religiosidade: (1) o grau em que "se despojou da magia"; (2) o grau de unidade sistemática que imprime à relação entre Deus e o mundo e, em consonância com isso, à sua própria relação ética com o mundo. O enunciado sistemático-formal dessa passagem-chave constitui verdadeira *regra do método sociológico* para a análise comparada das imagens de mundo religiosas e seus correspondentes modos de vida.

---

[56] A ideia de aplicar a expressão "Big Bang da modernidade" à confluência histórica entre capitalismo no sentido moderno da palavra e protestantismo ascético, tal como interpretada por Weber, é de Serge Moscovici (1990: 143).

[57] Weber não deixa de mencionar os *Hexenprozesse*, os processos condenatórios das feiticeiras (cf. CP: 152; GARS I: 513).

Despojar-se, despir-se, desembaraçar-se da magia [*die Magie abstreifen*]: a noção de desencantamento, está-se vendo, tem uma significação muito mais restrita e muito menos polissêmica do que a de racionalização. Sempre que possível eu tenho procurado chamar a atenção para o campo de ação mais contido do conceito de desencantamento do mundo, sua menor circunferência, seu alcance menos indeterminado, e cuidadosamente delimitado pelo próprio Weber (ademais de fortemente sinalizado pela própria etimologia), que o restringe àquele específico espaço da esfera religiosa no qual desponta em antagonismos efetivos a sempre tensa relação da religião com a magia, ou, se quiserem, da religiosidade ético-ascética com a religiosidade mágico-ritualista. Um verdadeiro campo de luta[58] cultural se abre no Ocidente por razões inteiramente históricas. É importante fazer essa delimitação, não só para que se possa ter maior clareza quanto aos tortuosos caminhos percorridos pelo processo geral de racionalização cultural do Ocidente, mas é importante também — e eu diria, também e principalmente — para as teorizações que atualmente se produ-

---

[58] Sobre a luta sem trégua "religião *versus* magia", ver também Durkheim (1998) [1912] e Mauss (1950). Quando Émile Durkheim chama a atenção para "a aversão profunda da religião pela magia e, consequentemente, [para] a hostilidade da segunda com a primeira", embora esteja se referindo a fenômeno que ele considera universal, suas considerações na verdade se aplicam — tipicamente — ao caso particular da história ocidental. Acrescente-se aos arrazoados de Durkheim o complemento de lugar "no Ocidente", e eis que eles imediatamente entram nos eixos weberianos. Se não, vejamos: "A magia [no Ocidente] põe uma espécie de prazer profissional em profanar as coisas santas — por exemplo, na missa negra a hóstia é profanada — e nos seus ritos ela assume posição oposta à das cerimônias religiosas. A religião, por sua vez, embora não tenha sempre e em todo lugar condenado e reprimido os ritos mágicos, olha-os de modo desfavorável. [...] Há nos procedimentos do mago [ocidental] algo de profundamente antirreligioso. Ainda que possa haver alguns pontos de contato entre essas duas espécies de instituições, é, entretanto, difícil que [no Ocidente] elas não se oponham nalgum ponto, e é tanto mais necessário encontrar o ponto em que se distinguem" (Durkheim, 1998: 75, cf. Pierucci, 2001).

Passo 4: *A religião da China*

zem, com louvável pretensão sistematizadora, na área cada vez mais especializada de Sociologia da Religião (cf. Stark & Bainbridge, 1985; 1996). É básico para um cientista social que pretende se especializar no estudo das religiões entender, por exemplo, que desencantamento em sentido técnico não significa perda para a religião nem perda de religião, como a secularização, do mesmo modo que o eventual incremento da religiosidade não implica automaticamente o conceito de reencantamento, já que desencantamento em Weber significa um triunfo da racionalização religiosa: em termos puramente tipológicos, a vitória do profeta e do sacerdote sobre o feiticeiro: um ganho em religião moral, moralizada, isto é, expandida em suas estruturas cognitivas e fortalecida em sua capacidade de vincular por dentro os indivíduos.

Weber dedica toda uma seção do estudo sobre a China a discutir a importância e a enorme presença da magia naquela cultura, importância também quantitativa. É muita magia na China, e magia por todo canto, em todos os níveis sociais. O próprio imperador é concebido como um fazedor de chuva (China: 31 e 261, nota 60). Por isso, o primeiro aspecto dessa sua pesquisa histórica a interessar o sociólogo da religião que habita em mim, além, é claro, da caudalosa e inerradicável presença da magia numa cultura superior como a chinesa, foi o destaque dado por Weber ao impacto *positivo e alentador* que o surgimento de uma metafísica religiosa do porte do taoismo de Lao Tsé acabou tendo sobre as tradições mágicas populares. Com o taoismo, estamos diante do exemplo máximo de uma racionalização metafísica de caráter holístico e unificador que, ao contrário do que ocorreu com a racionalização profético-metafísica do judaísmo, só fez aumentar o fôlego do magismo, em vez de o afastar, ou pelo menos de o contradizer e depreciar. Desconfio que isso queira dizer que, em última análise, a metafísica taoista não conseguiu trazer à tona em sua imagem de mundo a distinção entre o que é natural e o que é cultural. Isso se deve ao fato de não ter conseguido conceber de maneira forte, nem fundamentar consistentemente, a existência de um mundo transcendente que valesse a pena. Foi portanto por insuficiência de dualismo em seu arcabouço teórico que o taoismo colou sua "imagem de mundo" ao mundo desde sempre existente, à pura imanência, o que o levou a se ajustar harmoniosamente ao velho pensamento mágico, *y compris* o magismo arcaico das camadas populares, reabastecido agora e revalorizado por um racionalismo de tipo holístico-metafísico de aceitação e afirmação do mundo.

Diferentemente do confucionismo dos *literati*, religião oficial e "irreligiosa" que, se não perseguia a magia popular, pelo menos a discriminava e desvalorizava, o taoismo a acolheu generosamente e, nutriz, nunca a deixou de retroalimentar. Na seção "Racionalização sistemática da magia" do capítulo VII, Weber descreve a longa duração e permanência dessa amigável relação entre religião e magia como uma relação de recíproca polinização, que de fato se mostra muito distante, na forma e na direção, do antagonismo que entre ambas se desenvolveu no Ocidente judaico-cristão. Reinhard Bendix, no comentário que dedicou a esse ensaio em seu livro pioneiro[59] de 1960, *Max Weber: An Intellectual Portrait*, deu a devida atenção à referida seção, dela fazendo um resumo que vale a pena transcrever:

> Com essa expressão — racionalização sistemática da magia — Weber queria dizer que o conhecimento empírico e a habilidade dos artesãos [chineses] se desenvolveram no sentido das ideias e práticas mágicas. Devido a seu suposto significado mágico, o conhecimento do calendário foi utilizado em primeiro lugar na alocação do trabalho agrícola segundo as estações apropriadas, mas subsequentemente tornou-se a base para a alocação das tarefas e deveres rituais concernentes ao Cosmos. A utilização mágica do calendário

---

[59] Pioneiro, pelo menos, no generoso tratamento que dava aos ensaios de Weber sobre o judaísmo antigo e as grandes religiões do Oriente.

Passo 4: *A religião da China*

tornou-se fonte de lucro para os adivinhos oficiais. Embora a astronomia fosse cultivada, a astrologia floresceu na medida em que magos e feiticeiros usavam fenômenos tais como a visibilidade de Vênus, terremotos, nascimentos monstruosos e muitos outros como sinais reveladores em cima dos quais decifravam se os espíritos estavam ou não pacificados. Do mesmo modo, a medicina e a farmacologia chinesas desenvolveram-se no sentido mágico, caracterizado pela busca de plantas que prolongavam a vida e pela crença de que o corpo humano estava relacionado com elementos naturais, como o clima e as estações. Acreditava-se também na possibilidade de obter curas por meio de ginásticas e de técnicas respiratórias destinadas a armazenar o fôlego, considerado como o portador da vida. A geomancia, ou a prática de adivinhação por meio de desenhos aleatórios compostos por poeira, pontos ou pedregulhos, era empregada para determinar não só a época apropriada para a construção dos edifícios, mas também sua forma e localização. Isso, por sua vez, levou à ideia de que as formas das montanhas, das pedras, das árvores, das águas e de outros objetos tinham significado premonitório. [...] Weber acreditava que o taoismo, ao encorajar essas crenças populares, ajudou a criar uma imagem de mundo, uma cosmovisão, segundo a qual espíritos caprichosos eram capazes de, sem qualquer motivação, praticar ações de todo tipo, e que a fortuna ou infortúnio das pessoas dependia da *eficácia de encantamentos e desencantamentos*. Esta imagem de um "jardim encantado" tinha significado especial para a vida econômica: por questão de princípio, o taoismo era contrário a quaisquer inovações, pois elas tendiam a provocar a ira dos espíritos. Com efeito, a crença nos espíritos levou à ideia de que todo artifício técnico e todo empreendimento do tipo construção de estradas, canais ou pontes era perigoso e requeria precauções mágicas especiais. (Bendix, 1986: 124-125, grifo meu)

Chamar de "jardim encantado" a essa encantaria em profusão não me parece nenhum exagero literário-sensorial da parte de Max Weber. É concisão. Não bastasse a exuberância toda do magismo ali, que é popular e de elite, as grandes doutrinas religiosas asiáticas (e quando diz asiáticas Weber está se referindo empiricamente apenas à China e à Índia, se bem que às vezes ao Japão) foram criação de intelectuais inseridos em estratos social e politicamente privilegiados, com a vantagem, portanto, de não se verem suas elucubrações intelectualistas expostas à competição da parte da profecia ética, cujos portadores, segundo Weber, são sempre os estratos plebeus das cidades, os estratos "cidadãos". O conhecimento que os intelectuais religiosos das camadas privilegiadas asiáticas produziam era, antes de mais nada, cosmológico-reflexivo e não teleológico-produtivo, para usar aqui antigas sugestões de Habermas (1987a: 45s). Weber refere-se a eles como "intelectuais que encaram a vida e ponderam seu sentido como pensadores, mas não compartilham suas tarefas práticas como fazedores" (India: 177). Sua atitude perante o mundo está tipificada na figura do brâmane indiano que se vê e se porta como "mago ordenador do mundo" (E&S: 512). Na Índia, a própria casta sacerdotal é composta de magos: sacerdotes que pensam magicamente, agem magicamente, ameaçam magicamente, administram magicamente os bens de salvação. Um pouco como ocorria, *mutatis mutandis*, na Idade Média católica, cultura na qual — lascou Weber sem rodeios n'*A ética protestante* — "o sacerdote era um mago" [*der Priester war ein Magier*] (PE/GARS I: 114; EPbras: 81; ESSR I: 117).[60]

---

[60] "Com efeito", comenta Paul Ladrière, "para Weber a Idade Média europeia é a época do contraste entre uma religiosidade cristã genuinamente

Também no budismo popularizado ocorreu um processo de "magificação" do serviço divino, à semelhança do catolicismo medieval. E, se prestarmos atenção, vamos ver que enquanto no judaísmo antigo e no moderno cristianismo Weber identifica um processo de "desmagificação" da relação religiosa, na Índia, na China e na Europa medieval e até mesmo no Islã, ele identifica o processo inverso, de *Magisierung* [magificação] da religiosidade (cf. WuG: 284; EeS I: 320). Exemplos máximos: o taoismo desde o princípio e o budismo tardio.

A intelectualidade plebeia heterodoxa acabou secretando na China uma camada de mistagogos totalmente indulgentes com a magia popular. Religiosamente ambíguos, eles eram sacerdotes-magos que, por baixo do pano de uma autoproclamada heterodoxia taoista, na verdade condescendiam largamente com o entranhado apego das massas aos expedientes da feitiçaria, cuja casuística há milênios acolhia interesses "religiosos" intraterrenos tipicamente representados em demandas do tipo: "como alcançar longevidade", essa obsessão oriental quase tipo ideal. Diferentemente dos profetas de Israel, o que os intelectuais taoistas fizeram em última análise foi sistematizar a magia popular, incorporando-a numa metafísica religiosa inclusiva que na origem parecia caracteristicamente "intelectualista", e por isso, lembra Weber, mística e escapista, tão incapaz quanto a magia de racionalizar a vida cotidiana (China: 199ss; cf. Sadri, 1992: 61-64).

ética (que tinha as cidades como sedes e os estratos cidadãos como portadores) e um cristianismo que assume os traços característicos de uma religião ritualista e formalista — mágica, numa palavra — moldado de acordo com os interesses materiais e ideais dos estratos feudais dominantes. A nobreza guerreira e as forças feudais não tinham nenhuma propensão a se tornar portadoras de uma ética religiosa ativa. É próprio do guerreiro afrontar com coragem e valentia a morte e a irracionalidade do destino. Ele não exige de sua religião senão que ela o proteja contra aquilo que a seus olhos são feitiços maus, magia negra, e lhe assegure os ritos cerimoniais adequados à ideia que ele faz da dignidade de seu status social" (Ladrière, 1986: 111).

Na China, tanto a ortodoxia (o confucionismo) quanto a heterodoxia (o taoismo) foram originalmente religiões de intelectuais, não da massa (cf. Molloy, 1980). O primeiro exemplificava a indiferença burocrática para com os sentimentos religiosos, e o segundo condensava a fuga do mundo individualista para a torre de marfim (China: 143ss), assim como, de sua parte, também o fazia uma ala do budismo. A ortodoxia confuciana, de um lado, tolerava os traços mais arraigados da religiosidade popular, tais como o culto dos antepassados e a coação mágica dos espíritos, e do outro, menosprezava (e só em raríssimas ocasiões chegou a combater) o escapismo individualista promovido pelo budismo e pelo taoismo. Este último, por sua vez, procurou cevar formas bem-sucedidas de compromisso risonho e franco com a religiosidade mágica do povo. O taoismo, anota Weber, procedeu a uma farta e radical incorporação da magia em sua própria identidade religiosa (China: 152-153; 191-192). Entre taoismo e magia havia — e há *todavia* — mais que afinidade eletiva: há conivência, cumplicidade, colaboração e incentivo mútuo. Ou mais que isso até: interpenetração, fusão, indiferenciação. Esse é o efeito de sentido que me sugere, em relação ao taoismo por sua visão mágico-monista-simpática do universo, a metáfora do jardim encantado.

Do meu ponto de vista ocidental — e, portanto, contaminado de "orientalismo" (cf. Said, 1990; Turner, 1994) — o que mais surpreende dentre os aspectos trazidos à baila pela análise que Weber faz da China, repito, é a descrição das *boas relações* da magia com as duas grandes religiões chinesas, o confucionismo e o taoismo. Relações diferenciais com uma e com outra, mas de todo modo positivas, relações de boa vizinhança no mínimo, e quase sempre. Tanto a religião oficial quanto a heterodoxa manifestaram complacência, quando não benevolência, com o magismo constitutivo da religiosidade das massas. As racionalizações religiosas que tiveram lugar na China não chegaram a desenvolver, nem teórica nem praticamente, motivos de desvalorização da magia em sua significação positiva de salvação. E o medo dos inúmeros tabus que imperavam sobre a vida cotidiana das massas continuou a emperrar de tradicionalismos irracionais a vida econômica.

"E permaneceu com valor religioso apenas o racionalmente ético" é uma frase que diz tudo. É exatamente esse o meu ponto neste ensaio, e a definição literal de desencantamento me permite desenvolvê-lo com muito menos subjetivismo interpretativo e uma dose bem maior de objetividade intersubjetiva no trato com as formulações de Weber. É disso mesmo que se trata quando Weber enuncia o conceito. A saber, que no processo de desmagificação do mundo está mais do que imbricado como fator causal *sine qua non* o processo de eticização da religião; implicados ambos os processos, intricados e, até onde vai a ideia de Ocidente em Weber, inextricáveis. Em termos weberianos, parece-me que tem todo cabimento dizer que o processo de desencantamento do mundo está sobredeterminado pela empreitada de moralização religiosa em seu formato judaico-cristão: em parte causa, em parte consequência. Pois que a religião só se moraliza efetivamente, só se torna em seu cerne uma ética religiosa consequente, consistente e vinculante se se extirpa de seu seio não só a ação isolada orientada magicamente, mas principalmente a magia como atitude e mentalidade. Não é outro o sentido de fundo deste ensaio como um todo, o primeiro a aparecer na composição deste vasto painel tipológico-comparativo de sua grande obra substantiva da maturidade, a *Ética econômica das religiões mundiais*. Quando a religião se moraliza "para valer", ela desencanta o mundo; e vice-versa, quando uma religião se desmagifica "até o fim", não resta outro caminho àqueles que a seguem a não ser o ativismo ético-ascético no trabalho profissional cotidiano. A China não conheceu isso, pois permaneceu encantada.

Zaubergarten — jardim encantado — é a feérica imagem com que Weber se permite pintar metaforicamente a China pelo menos duas vezes (GARS I: 484[61] e 513). No estudo sobre a Ín-

---

[61] "Essa filosofia e cosmogonia chinesa 'universista' transformava o

dia há o mesmo número de menções, duas (GARS II: 278 e 371). Numa delas, ao tratar da popularização do budismo em sua vertente Mahayana, Weber parece tão empenhado em sublinhar retoricamente esse processo de "magificação" em escalada, que ele não resiste a um pleonasmo: alude a "todo um mundo" que o excesso de ritualismo desse budismo popularizado transformou "num imenso jardim *encantado mágico*" (grifo meu) [*in einem ungeheuren magischen Zaubergarten*] (GARS II: 278). Na monografia sobre o judaísmo antigo, ao contrastar a religião de Israel com a religião da Índia, ele fala uma vez em jardim encantado: "O mundo do indiano permaneceu um jardim encantado irracional" [*ein irrationaler Zaubergarten*][62] (GARS III: 237). Na conclusão do estudo sobre a Índia, é digno de nota o fato de Weber aplicar a imagem do jardim encantado a toda a "religiosidade asiática", e não apenas à da Índia. Na cultura asiática em seu conjunto, generaliza ele, "não havia nem uma ética prática nem uma metódica de vida racionais que conduzissem para fora desse jardim encantado da vida toda, para dentro do 'mundo'" [*aus diesem Zaubergarten allen Lebens innerhalb der "Welt"*] (GARS II: 371).

Esse enunciado sobre o "jardim encantado da vida toda" que mais afasta do que aproxima as pessoas de sua tarefa intramundana, que mais retira do que mergulha os indivíduos na "demanda do dia", funciona como o fechamento lógico-explicativo de todo um parágrafo de grande força estilística, no qual a palavra *Zauber* (encantamento, *spell*, feitiço) é insistentemente repetida.

---

mundo num jardim encantado [*Zaubergarten*]. Cada conto de fadas chinês revela o enraizamento popular da magia irracional. Pululam pelo mundo ferozes deuses *ex machina* que por capricho são capazes de *tudo*. A única ajuda é o contrafeitiço" (China: 200; GARS I: 484; ESSR I: 478).

[62] A frase "*ein irrationaler Zaubergarten*" adquiriu em inglês um novo charme, na tradução de Hans Gerth e Don Martindale: "*a garden of irrational charm*" (AJ: 222). A polissemia é sempre uma charmosa tentação.

Passo 4: *A religião da China*

É como se Weber quisesse mimetizar, com a repetição e o esparrame obsessivo do vocábulo, a onipresença da magia nas grandes culturas asiáticas, o "encantamento universal(izado)" para todos os setores da vida, invadindo também "a vida econômica cotidiana". A repetição vocabular cria a impressão imagética e encantatória do alastramento geral, ubíquo e contumaz, das crenças e práticas de feitiçaria.

> A esse mundo sumamente antirracional do encanto mágico universal [*des universellen Zaubers*] pertencia também a vida econômica cotidiana, e nenhum caminho daí partia rumo a uma conduta de vida intramundana racional. O encantamento [*Zauber*] não só era meio terapêutico, como também servia para produzir nascimentos, e particularmente nascimentos masculinos, para passar nos exames ou para assegurar a consecução de todo tipo de bens terrenos imagináveis — encantamento [*Zauber*] contra o inimigo, contra os competidores eróticos ou econômicos; encantamento [*Zauber*] para o orador ganhar a causa jurídica, encantamento [*Zauber*] do credor para pressionar a execução do devedor, encantamento [*Zauber*] para conseguir do Deus da riqueza o sucesso das empresas. Tudo isso na forma grosseira da magia de ataque [*Zwangsmagie*] ou na forma refinada da persuasão de um Deus ou demônio funcional por meio de oferendas. Com tais meios, a vasta massa dos asiáticos iletrados e mesmo dos letrados procurava levar a vida de todo dia. Não havia nem uma ética prática nem uma metódica de vida racionais que conduzissem para fora desse jardim encantado [*Zaubergarten*] da vida toda, para dentro do "mundo". (GARS II: 370-371; ver ESSR II: 353)

Ora, magia implica necessariamente tabu ritual, ritualismo dos brabos, e tabu ritual é estereotipia de formas, diz Weber, de formas estéticas sem dúvida, mas não só: normas alimentares, regulação do espaço físico, alocação de tarefas, proibições de toda ordem. Estereotipia é fixação, é apego congelante ao que sempre foi e sempre será. É tradicionalismo, portanto. Pois muito bem, que melhor lugar do que a China para se observar de perto as implicações e consequências não antecipadas do respeito absoluto ao ritual e às tradições? Magia implica isto: *tradicionalismo*. E se a racionalização religiosa específica da China, a ortodoxa e a heterodoxa, não rompe com a magia, não quebra o feitiço porque não consegue, isto significa que o tipo de racionalismo religioso que se desenvolveu na China foi incapaz de injetar nos indivíduos a motivação interior suficiente — e sabemos desde a primeira versão d'*A ética protestante* que para Weber o fator motivacional tem peso explicativo crucial — para antagonizar o tradicionalismo e com ele romper. Veja-se o paralelismo de ideias: romper com a tradição = quebrar o feitiço.

Para romper o círculo mágico dessa pura imanência animada,[63] só mesmo a profecia eticamente exigente enviada "de fora" por um Deus "*outsider*" a esse jardim povoado de potências invisíveis — e irracionais, porquanto "capazes de tudo por puro capricho" — um Deus único supramundanamente ético. Monoteísmo é básico para a erradicação da magia. Para romper a inércia da racionalidade mágico-prática que faz do mundo um jardim de maravilhas mas também de medo, aguçando no indivíduo o desejo de se livrar do medo do feitiço [*Befreiung von der Angst vor den bösen Zauber*] (WuG: 320; EeS I: 356), só mesmo a racionalidade ético-prática da ascese pedida pelo Deus ético em meio a um mundo "desvalorizado" como corrupto: sem Deus, sem valor. E isso, somente com a alavanca da profecia ético-emissária tal como narrada no Antigo Testamento, peculiar invenção da

---

[63] "Desencantar o mundo é destruir o animismo", vão definir Adorno e Horkheimer nos anos 40 (1985: 20).

Passo 4: *A religião da China*

cultura religiosa judaica, elo-chave na cadeia causal histórico-
-explicativa do desenvolvimento do racionalismo ocidental.

Ao contrário, pois, do que afirma Randall Collins (1986), parece que com o passar do tempo a ênfase de Weber sobre as consequências econômicas das crenças e práticas religiosas só fez crescer, conforme se depreende da leitura atenta dos estudos sobre a religiosidade da China e da Índia. A análise tipológica que Weber faz dessas altas culturas asiáticas comparando-as com o *mainstream* da cultura ocidental reprocessa uma vasta casuística de exemplos heterogêneos, mostrando que a religião e a magia geram, sim, lá como aqui, consequências sobre a atividade econômica.[64] Consequências indiretas, vá lá, mas aos olhos de Weber as consequências indiretas não são necessariamente menos importantes que as consequências diretas. Autor do conceito histórico-cultural de "paradoxo das consequências" (que, diga-se de passagem, recebe sua definição mais explícita justamente na conclusão do estudo sobre a China, cf. GARS I: 524; China: 238), não seria em Weber — e em nenhuma de suas "fases" produtivas — que iríamos encontrar qualquer menoscabo das consequências indiretas. Muito pelo contrário. Não só toda a análise da influência do protestantismo puritano sobre a conduta de vida dos empresários capitalistas na fase do "capitalismo heroico" está perpassada de ponta a ponta pela noção de "consequências não antecipadas" de duas ou três ideias religiosas sobre o desenvolvimento racional da técnica e da economia modernas, como também todos esses seus estudos comparativos sobre a "ética econômica" das grandes religiões, para não falar do ensaio sistemático de Sociologia da Religião em *Economia e sociedade*.

---

[64] Apenas um exemplo a mais: na Índia, a proibição de mudar de ocupação imposta pelo tabu do sistema de castas foi um fator que impediu a destruição da organização das guildas (Birnbaum, 1953: 137), um obstáculo importante ao desenvolvimento mais racional de uma economia livremente capitalista, baseada nos impulsos econômicos individualistas do *ethos* capitalista burguês (ver FMW: 322; SPro: 370).

Correlacionando diretamente magia com estereotipia[65] e, por conseguinte, com estagnação e tradicionalismo, à medida que avançam seus estudos histórico-comparativos entre as altas culturas Weber passa a considerar sempre mais a questão da "remoção da magia" na chave da "remoção de obstáculos" ao desenvolvimento do capitalismo. Essa tese, aliás, não custa lembrar, tem-se constituído desde então num dos eixos da teoria da modernização (cf. Eisenstadt, 1968). Em diferentes momentos dos estudos comparativos sobre a religiosidade da China, da Índia e do Oriente Médio, esta é uma outra chave a partir da qual a magia passa a ser tratada: como obstáculo que é [*Hindernis*], barreira [*Schranke*]; entrave [*Hemmung*] a uma racionalização ética da conduta de vida "eletivamente afim" à racionalidade econômica do capitalismo moderno.

No estudo sobre a China Weber não se cansa de apontar para esta outra verdade sociológica da magia, a saber, que olhada do ponto de vista do potencial de desenvolvimento econômico, a irracionalidade prática do magismo aparece, aos olhos do observador europeu, a um "filho da moderna civilização europeia" (AIntro/GARS I: 1), sob a forma do *tradicionalismo magicamente sancionado*. Esse efeito de estereotipagem próprio de todo apego mágico à eficácia da fórmula representa na verdade o grande "obstáculo" a uma racionalização da vida dotada de consistência e "motivos constantes" (cf. PE/GARS I: 117; EPbras: 83), na medida em que "emperra" a instalação, nos indivíduos, de uma personalidade ativa unificada identitariamente por dentro. Olhada desse ponto de vista, a magia não é apenas irracional, mas "anti"-racional. O enraizamento da magia atravanca o fluxo racional da vida cotidiana.

Através do que já expusemos ficou perfeitamente claro: que no jardim encantado [*Zaubergarten*] da

---

[65] Weber faz isso explicitamente na *História geral da economia* (ver adiante, passo 13).

Passo 4: *A religião da China*

doutrina heterodoxa (o taoismo), sob o poder dos cro-
nomantes, geomantes, hidromantes, meteoromantes,
a par de uma abstrusa e tosca concepção universística
da unidade do mundo e *faltando todo conhecimento
científico-natural*, em parte causa e em parte consequência daqueles poderes elementais, com tantos prebenda-
dos dando apoio à tradição mágica em cujos rendimen-
tos estavam interessados, estava simplesmente barrada
uma economia racional e uma técnica de tipo ocidental moderno. A *manutenção* desse jardim encantado
[*dieses Zaubergartens*] era uma das tendências mais
íntimas da ética confuciana. (China: 227; ESSR I: 505-
506; GARS I: 513, grifos do original)

O nome "desencantamento" pode às vezes não ser mencio-
nado, e de fato não aparece no estudo sobre a Índia, nem no estudo (pasme o leitor!) sobre o judaísmo antigo, mas sua ideia está
sempre ali, o tempo todo, vivamente presente. Pois está lá, o tempo inteirinho, a magia como obstáculo, entrave, travação, pedra
no caminho a ser removida da mentalidade ou atitude ou orientação econômica.[66]

A consideração da magia como obstáculo, estorvo, entrave
permite a leitura do desencantamento como *desembaraço*. Se assim é, fica terminantemente descartada do sentido literal de desencantamento do mundo toda a carga melancólica que o conceito muitas vezes assume em comentaristas com pendor para o *Kulturpessimismus*. Desencantamento é desatravancamento, livra-
mento, liberação. *Befreiung, release*. Como o carisma, aliás. Que
irrompe para romper, para escancarar portas, abrir caminhos de
saída. Como a profecia.

---

[66] "Mentalidade", "atitude", "orientação" são, todas, traduções possíveis, e boas traduções, de um termo alemão usadíssimo por Weber, *Gesin-
nung*. Pode também ser traduzido por "convicção", como em "ética de convicção", *Gesinnungsethik*.

Em poucas palavras, a tese de Weber no ensaio comparativo sobre a China era a seguinte: sem a desmagificação que o judaísmo operou e hereditariamente transmitiu ao cristianismo, não teria havido o racionalismo de domínio do mundo que caracteriza o desenvolvimento do Ocidente. Trata-se, pois, de uma comparação entre racionalismos. Dado que no Oriente os obstáculos *mágicos* não foram removidos pela religiosidade racionalizada dos seus intelectuais típicos, fica explicada a grande diferença nos respectivos processos de racionalização e nos racionalismos resultantes.

Em Weber, vale a pena anotar, não se trata apenas de olhar para essa guerra antimagia do ponto de vista geral da "gênese e estrutura do campo religioso", da ótica nomológica de uma sociologia geral da religião à maneira de Bourdieu (1974), mas trata-se também de olhar para a magia como obstáculo histórico concreto a uma determinada forma de racionalização objetivadora das relações sociais e da atitude econômica. De todo modo, não dá para esquecer que, do ponto de vista que Weber nos oferece em seus estudos comparativos, magia é fixidez, é inércia ritualista, é tradicionalismo: "a crença na magia conduz à inviolabilidade da tradição" [*die Unverbrüchlichkeit der Tradition*]. Vejamos:

> O contraste [do puritanismo] com o confucionismo é claro. Ambas as éticas tinham suas raízes irracionais: lá a magia, aqui os desígnios finalmente inescrutáveis de um Deus supramundano. Mas, tendo em vista que os meios mágicos já comprovados e, finalmente, todas as formas adquiridas de conduta de vida, permaneciam inalteráveis sob pena de atrair a ira dos espíritos, *a crença na magia conduz à inviolabilidade da tradição*. Em confronto com isso, a consequência da relação [puritana] com o Deus supramundano e com o mundo eticamente irracional e corrompido em sua condição de criatura foi a absoluta não sacralidade da tradição, e a tarefa absolutamente infinita do trabalho reiterado no controle e domínio eticamente racional do

Passo 4: *A religião da China*

mundo dado: a objetividade racional do "progresso". Portanto, em face da adaptação ao mundo, ali, punha--se aqui a sua transformação racional. (GARS I: 527; CP: 155, grifo meu)

Afirmação do mundo lá, aqui desvalorização do mundo = jardim encantado lá, aqui mundo desencantado = adaptação ao mundo lá, aqui dominação do mundo.

Sabe quanto dista o Oriente do Ocidente? Weber parece que sabia.

10.
PASSOS 5 E 6:
CONSIDERAÇÃO INTERMEDIÁRIA
(1913, 1915)

> Quem quiser "visões", que vá ao cinema! [...]
> Quem quiser "sermões", que vá ao convento!
>
> Max Weber, AIntro: 14

BREVE NOTÍCIA DA OBRA

Em inglês, a *Zwischenbetrachtung* vem sendo chamada de *Intermediate Reflexions,* no plural. Não vejo necessidade do plural. Os tradutores para o espanhol preferiram dar-lhe o anódino título de *Excurso* (cf. ESSR I: 527), mas também essa não me parece uma boa solução, já que deita a perder a ideia de um módulo "inter"-calado, efeito de sentido visado com o uso do prefixo alemão *zwischen*, uma preposição que tem correspondência direta no inglês *between*, "entre duas coisas ou pessoas", mas não nas línguas latinas. A *Consideração intermediária*, título no singular já adotado por muitos no Brasil, foi propositalmente colocada por Weber "entre" o ensaio sobre as religiões da China e o ensaio sobre as da Índia, e isso já na primeira edição, em 1915. Neste espírito, solução melhor que a castelhana foi encontrada em francês, onde, em tradução publicada nos *Archives de Sciences Sociales des Religions* (vol. 61, nº 1; cf. Weber, 1986), o ensaio leva o nome de *Parenthèse théorique.* Já ouvi alguém dizendo em português "interlúdio teórico", o que me pareceu uma forma justa de traduzir *Zwischenbetrachtung*, ainda mais depois que Weber acrescentou-lhe ao subtítulo a palavra "teoria", deixando com isso o subtítulo ainda mais forte, que forte já era por falar não só dos "estágios" mas também das diferentes "direções" da rejeição do mundo pelas grandes religiões.

Na versão final em alemão, que fez publicar em 1920 no volume I dos *Ensaios reunidos de Sociologia da Religião* ainda sob sua supervisão, Weber acrescentou ao subtítulo a palavra *"Theorie"*, e o título definitivo ficou sendo o seguinte: *Zwischenbetrachtung: Theorie der Stufen und Richtungen religiöser Weltablehnung* (cf. GARS I: 536-573). Em português seria, ao pé da letra: "Consideração intermediária: teoria dos estágios e direções da rejeição religiosa do mundo". O subtítulo anterior, de 1915, dizia apenas "Estágios e direções da rejeição religiosa do mundo". O fato de decidir estampar a palavra "teoria" na fachada da última versão do ensaio mostra muito da crescente estatura que Weber passou a lhe atribuir no decorrer dos últimos cinco anos de sua vida. Da ótica da presente pesquisa, o fato de que o vocábulo desencantamento seja usado por duas vezes num texto desse porte teórico e com tal significação biográfica constitui por si só uma informação factual nada desprezível.

Já ficou dito nos passos 2 e 4, relativos à "Introdução" e à *Religião da China*, que a *Consideração intermediária* veio a público na revista *Archiv für Sozialwissenschaft und Sozialpolitik* no final de dezembro de 1915, tendo sido escrita "dois anos antes", em 1913. Em 1919-20, enquanto preparava sua coletânea de ensaios em Sociologia da Religião em três volumes, Weber revisou pela última vez a versão da *Zwichenbetrachtung* que havia aparecido no nº 41 do *Archiv* em dezembro de 1915. Ou seja, "Weber trabalhou nesse texto até bem pouco tempo antes de sua morte", salienta Schluchter (1979c: 61), embora haja muitas evidências de que justamente as passagens que mencionam o desencantamento foram redigidas para a segunda versão, escrita em 1913 (cf. Grossein, 1996: 51-129). Ensaio altamente teórico, cabendo-lhe com toda a justiça o elogio de ensaio filosófico,[67] a

---

[67] São os intérpretes e comentaristas atuais do pensamento de Weber que em sua quase totalidade avaliam a *Consideração intermediária* como o texto mais altamente filosófico de sua vasta produção, só comparável em

Zwischenbetrachtung não se produziu de imediato na forma como a conhecemos, não sobreveio assim de estalo. É fruto de diversas composições e recomposições. Existem *três versões* sucessivas (cf. Schluchter, 1979c: 60), sendo que só as duas últimas receberam tal título. A versão definitiva, de 1920, figura nas últimas páginas (536-573) do volume I dos *Ensaios reunidos de Sociologia da Religião* [GARS I], o único totalmente preparado por Weber ainda em 1920, logo antes de morrer.

COMENTÁRIO

É na *Consideração intermediária* que Weber desenvolve sua tipologia das esferas de valor [*Wertsphären*]. E o faz de um duplo ponto de vista, o de sua bem conhecida teoria da diversidade dos processos de racionalização e o de uma teorização sua, menos conhecida, sobre a cultura como conflito dos valores. Isso resulta numa teoria da modernização cultural enquanto autonomização das esferas de valor crescentemente racionalizadas, e racionalizadas em diferentes direções e sob diferentes pontos de vista. Desse modo, o tema central da *Consideração intermediária* é a racionalização cultural do Ocidente, que Weber disseca em termos de diferenciação, autonomização e institucionalização das diferentes ordens de vida [*Lebensordnungen*] e condensa em termos plásticos, metafóricos, na imagem helenizante de um "politeísmo dos valores" (cf. tb. Neutr: 141s; SWert: 507s).

É por isso que desde já me interessa marcar o rumo desse comentário fazendo a seguinte observação: *politeísmo* em Weber é uma metáfora para representar a modernidade cultural na medida mesma em que remete ao "mundo encantado" da Antiguidade clássica, ao mundo das "altas culturas" [*Hochkulturen*] do

---

ambição filosófica e *pathos* existencial à conferência de 1917 sobre *A ciência como vocação.*

mundo antigo. Na conferência sobre *A ciência como vocação* feita quatro anos mais tarde, ele vai deixar transparecer mais ainda esse seu ponto de vista quando cita aqui e ali nomes de deuses da mitologia grega. Ele aqui vê o *politeísmo* helênico de uma perspectiva histórico-evolutiva, mas o faz olhando-o pelo avesso, isto é, da perspectiva da crescente imposição e autoafirmação do *monoteísmo* judaico-cristão, o detonador histórico do desencantamento religioso do mundo. Com efeito, na ideia de desencantamento há efetivamente essa faceta de despovoamento dos panteões, de esvaziamento e deslegitimação do politeísmo pelo monoteísmo.

O desencantamento do mundo pelo monoteísmo *ético* atravessa como um vetor o Ocidente no bojo da milenar dominância cultural de uma imagem de mundo metafísico-religiosa crescentemente unificada e internamente sistematizada, que terminou por se impor como fundamento legítimo da ordem social como um todo. Com o advento da modernidade e a ruptura dos laços tradicionais por uma série de fatores, inclusive no plano cultural e no da personalidade, Weber diagnostica uma importante inflexão no processo de racionalização ocidental: agora é possível conceber a esfera doméstica e a economia, a política e o direito, a vida intelectual e a ciência, a arte e a erótica, independentemente das fundamentações axiológicas religiosas. Cada esfera de valor, ao se racionalizar, se justifica por si mesma: encontra em si sua própria lógica interna — uma legalidade própria [*Eigengesetzlichkeit*] — que a leva a se institucionalizar autonomamente e a se consolidar e se reproduzir socialmente pela formação de seus próprios quadros profissionais, encarregados de garantir precisamente sua autonomia.[68]

Vimos no passo 1 que em Weber o mundo encantado se assemelha antes de tudo ao caos, ao caos indiferenciado, ao impé-

---

[68] Cabe assinalar desde já que as esferas culturais de valor autonomizadas devem ser compreendidas em termos típico-ideais, cada qual "agrupada artificiosamente numa unidade racional" (ESSR I: 527).

rio do monismo mágico que submerge deuses, espíritos, seres humanos e tudo o mais "na pura imanência" de um homogeneizado jardim de energias anímicas "povoado" de espíritos não tão superiores assim aos outros seres viventes, e quase tudo aí é ser vivente, pois há sempre um ser "divino" que se encantou nalgum elemento mineral, na água, na pedra, no raio. Mas mundo encantado em Weber tem a ver também com o mundo já razoavelmente diferenciado e incipientemente hierarquizado dos deuses funcionais dos panteões politeístas, com seus inúmeros e desencontrados caprichos apesar de uma inegável hierarquização intraolímpica entre as figuras principais e secundárias e assim por diante até o mais reles dos semideuses. A guerra dos antigos deuses funcionais mantinha o mundo imanentemente encantado, ao mesmo tempo que tentava teoricamente racionalizar a vida, sem contudo alcançar muito sucesso nisso, dada a volubilidade das emoções das divindades em permanente desconcerto. Hoje, no mundo que o monoteísmo triunfante no Ocidente desencantou, porque lhe "unificou" e "despovoou" a imagem de mundo religiosa, destituindo os deuses de seu panteão e moralizando radicalmente a religiosidade na base do pecado e da internalização do senso de culpa, precipitou-se em consequência a instalação de um estado de tensão "permanente" e "insolúvel" (dois adjetivos usados recorrentemente por Weber nesse contexto). Tensão entre os cálidos "valores deste mundo" objetivados em ordens de vida correspondentes e "o frio escárnio da ética da fraternidade universal de base genuinamente religiosa" (cf. RRM: 259; GARS I: 562). Com isso, voltamos a viver num permanente "estado de guerra", e "guerra de deuses". É isso que significa estar sob a égide do "politeísmo dos valores" (cf. Neutr: 141; SWert: 507).

De novo, portanto, no mundo *duplamente desencantado* pela religião e pela moderna atitude científica, uma guerra politeísta. Ordens de vida conflitantes, valores últimos inconciliáveis, deuses intramundanos irredutivelmente plurais e autodeterminados, só que se trata agora, Weber vai dizer n'*A ciência como vocação*, de deuses "desencantados", e os valores últimos agora em luta são "valores deste mundo" [*Werten der Welt*], sublinha a *Consideração intermediária* (GARS I: 544). Valores "deste mundo", mas exigentes, como só os deuses do velho Olimpo sabiam ser. Desencontrados em suas vontades e desconcertados ao lançar seus dardos, como só os deuses de qualquer politeísmo sabem ser.[69] É o que pede e impõe a lógica interna da falta de lógica unitária própria do politeísmo. "Deuses", diz Weber, porém "desencantados", mas nem por isso menos encantadores do que o foram em seus dias Apolo, Dioniso, Hera, Hermes, Afrodite... desencantados, mas nem por isso frios, glaciais, pelo contrário, ardentes, inflamados, dardejantes na luta sem trégua que encetam uns contra os outros. E todos contra "o Uno" (cf. WaB/WL: 605), contra a pretensão monopolista do monoteísmo ético. No mundo moderno radicalmente desencantado, mundo "desdivinizado" pela profecia monoteísta (GARS I: 254), mundo "sem Deus e sem profetas" (WL: 610), os melhores valores mundanos vêm se apresentar a nós como deuses sempre-já guerreiros, "mortalmente hostis entre si" (Neutr: 142; SWert: 507s), leais apenas a si mesmos, obedientes apenas à "sua legalidade própria". E, enquanto tais, guerreiam sem paragem, sem repouso, sem trégua uns contra os outros e a um só tempo contra "o Uno", o sentido objetivo e unificado que um dia expulsou do mundo a magia, e lá se foi o "sentido mágico" de cada acontecimento da vida.

A ideia de esferas de valor autonomizadas e obedientes a uma lógica interna própria, Weber vai voltar a trabalhá-la duplamente em 1917, e ambas as vezes em contextos cujo assunto principal é a ciência: no ensaio metodológico sobre *O sentido da "neutralidade axiológica" nas ciências sociais e econômicas*, cujo primeiro manuscrito data de 1913, mas que foi revisado para impressão em 1917 (cf. Neutr), e na conferência sobre *A ciência como vocação*. Em diversos momentos nesses trabalhos emerge também esta que é uma das grandes metáforas de Weber, a me-

---

[69] Haja vista, entre nós brasileiros, os orixás do candomblé.

táfora do politeísmo — o "irredutível politeísmo dos valores" — que imediatamente se desdobra nesta outra, a metáfora da "inconciliável guerra dos deuses".[70] Daí o comentário de Schluchter, para quem a *Consideração intermediária* nos oferece "uma perspectiva iluminadora [...] sobre *A ciência como vocação*, e contém o diagnóstico da modernidade e seus problemas de sentido" (Schluchter, 1979c: 64). Schluchter concorda com a avaliação de Mitzman quando este, embora lançando mão de datas erradas, escreve que "as últimas páginas das *Rejeições religiosas* (1916) [NB: erro de data] e a segunda metade d'*A ciência como vocação* (1919) [NB: segundo erro de data] revelam suas reflexões mais atormentadas sobre o problema da falta de sentido na sociedade moderna" (Mitzman, 1971: 219). Associado à ciência moderna, o conceito weberiano de desencantamento se refere inescapavelmente à "perda de sentido".

Não foi, portanto, na conferência de 1917 sobre *A ciência como vocação* que Weber trabalhou pela primeira vez o conceito de desencantamento do mundo *pela ciência*. Pelo menos quatro anos antes dessa sua fala em Munique, ele dedicou toda uma seção da *Consideração intermediária* a este que a seu ver é o mais radical de todos os conflitos axiológicos: a luta entre a ética religiosa da fraternidade e a esfera do conhecimento racional-intelectual, cuja expressão máxima é a ciência empírica moderna. No passo 5 Weber expõe a lógica própria do moderno conhecimento científico que, numa atitude experimentalista-instrumental, potencializada pelo emprego do cálculo matemático, reduz o mundo natural a mero "mecanismo causal", desembaraçando-o com

---

[70] "Qualquer meditação empírica sobre estas situações nos levaria, como bem observou o velho Mill, ao reconhecimento do politeísmo absoluto como única metafísica que lhe convém. [...] Porque no fim das contas e no que se refere à oposição entre valores, não só se trata sempre e em todas as circunstâncias de alternativas, mas de uma luta mortal e insuperável, comparável à que opõe 'Deus' e o 'diabo'" (Neutr: 141).

isso daquele sentido metafísico objetivo de "cosmos ordenado por Deus" (GARS I: 564; RRM: 261). Imediatamente em seguida ao passo 5, Weber acrescenta, explicando:

> A consideração empírica do mundo, e de resto aquela matematicamente orientada, desenvolve em termos de princípio a rejeição de toda forma de consideração que de modo geral pergunte por um "sentido" do acontecer intramundano [*nach einem "Sinn" des innerweltlichen Geschehens fragt*]. (ZB/GARS I: 564; ESSR I: 553)

Vou me permitir aqui um pequeno excurso antes de prosseguir nos comentários. Quero chamar a atenção para esse dado "biográfico" dos escritos weberianos: se, por um lado, de conformidade com o testemunho do próprio Weber, a *Consideração intermediária* já se achava escrita em 1913 e se, por outro, os anos de 1912-13 circunscrevem justamente o período que inaugura o uso do termo desencantamento (ver passo 1), e mais, se aí nesse período o termo desencantamento já é usado para dar conta também dos efeitos corrosivos da ciência experimental moderna sobre as pretensões de validade objetiva das visões de mundo que veem o mundo como dotado de um sentido objetivo, penso então que mais uma vez fica demonstrada a tese que eu defendo nesta pesquisa: a de que os dois significados do mesmo significante são coexistentes, coetâneos, concomitantes, e não sucessivos.

Em 1904, no ensaio sobre *A "objetividade" do conhecimento nas ciências sociais e na política social*, Max Weber já deixara explícito que para ele era autoevidente que, com o advento universal dos métodos científicos racionais, toda interpretação da história mundial com pretensões de aplicabilidade universal, fosse religiosa, científica ou filosófico-especulativa, noutras palavras, qualquer *Weltanschauung*, Filosofia da História ou "filosofia de vida" havia sido esvaziada em sua pretensão de objetividade, simplesmente impossível (cf. Mommsen, 1965). Quem não se lembra da famosa passagem da parte introdutória do *Objetividade* que fala da "árvore do conhecimento", cujo tema é justamente a incapacidade do conhecimento científico de gerar sistemas de sentido existencial?

> O destino de uma época que comeu da árvore do conhecimento consiste em ter de saber que não podemos colher o *sentido* do decurso do mundo do resultado da sua investigação por mais completo que ele seja, mas temos de estar aptos a criá-lo nós próprios, em ter de saber que "visões de mundo" [*Weltanschauungen*] jamais podem ser produto da marcha do conhecimento *empírico* e que, portanto, os ideais mais elevados, que mais fortemente nos comovem, somente atuam no combate eterno com outros ideais que são tão sagrados para os outros quanto os nossos para nós. (Objekt/ WL: 154; Cohn, 1979b; MSS: 57, grifos do original)

Para Weber, *objetivo* é o conhecimento científico; o sentido é *subjetivo*. O conhecimento científico objetivo, então, é radicalmente distinto do conhecimento normativo produzido pelos metafísicos e profetas, e contido nas *Weltanschauungen* [visões de mundo] ou *Weltbilder* [imagens de mundo]. A ciência não produz visões de mundo e não há orientação axiológica existencial global que possa pretender embasamento científico. A ciência esbarra aí nos seus próprios limites, limites honestamente intransponíveis para um autêntico cientista. A ciência empírica é impotente para arbitrar entre tomadas de posição valorativas diferentes e não raro conflitantes (cf. Brubaker, 1984: 67). É também neste sentido, me parece, que "a ciência é um poder especificamente irreligioso" (FMW: 142), ou seja, o cientista no papel profissional de cientista não precisa ter "ouvido musical para religião". Weber por diversas vezes confessou que não tinha "ouvido musical" para religião. Nesse ponto e nesse aspecto, ele foi sempre muito enfático.

Em 1913, quando redige a segunda versão da *Consideração intermediária*, sua antiga convicção de que a ciência não substitui a religião e nem a nenhuma outra forma de imagem holística do mundo vai se casar perfeitamente com sua nova concepção do processo de racionalização religiosa ocidental como "descentramento" do mundo cultural humano em relação ao mundo natural das coisas e, portanto, como "naturalização" radical do "mundo natural" (cf. Habermas, 1987: 64).

> Mas ali onde o conhecimento racional empírico realizou de maneira consequente o desencantamento do mundo e sua transformação num mecanismo causal, instala-se de uma vez por todas a tensão contra a pretensão do postulado ético: que o mundo seja um cosmos ordenado por Deus e, portanto, orientado eticamente de modo *significativo*, em caráter definitivo daí para frente. (GARS I: 564; ESSR I: 553)

A metafísica religiosa, em consequência da atmosfera geral criada por essa atitude-método da ciência moderna especializada [*Fachwissenschaft*], acaba sendo redirecionada para o reino do irracional. "Aquele grande processo histórico-religioso" de racionalização teórica e prática das verdades e normas de agir divinamente reveladas estaciona num determinado ponto, chega a seu termo, e de repente é como se todo aquele edifício aparentemente coerente principiasse a não mais fazer sentido no âmbito do racional e, diante desse outro valor (que) mais alto se alevanta, começasse a se desnudar, então, como um processo "sem sentido" de intelectualização com pretensão à doação de sentido e à validade racional.

Weber não perde a chance de fazer interessante paralelismo vocabular entre o conteúdo de significado historicamente mais moderno que o processo de desencantamento do mundo assumiu sob o domínio crescente da ciência e o desencantamento enquanto remoção da magia da prática religiosa, este muito anterior àquele como fenômeno histórico-civilizacional. Ele emprega para ambos os processos o mesmo verbo "desalojar" [*verdrängen*]:[71] primeiro a religião (monoteísta ocidental) *desalojou* a magia e nos entregou o mundo natural "desdivinizado", ou seja, devidamente fechado em sua "naturalidade", dando-lhe, no lugar do encanto mágico que foi exorcizado, um sentido metafísico unificado, total, maiúsculo; mas depois, nos tempos modernos, chega a ciência empírico-matemática e por sua vez *desaloja* essa metafísica religiosa, entregando-nos um mundo ainda mais "naturalizado", um universo reduzido a "mecanismo causal", totalmente analisável e explicável, incapaz de qualquer sentido objetivo, menos ainda se for uno e total, e capaz apenas de se oferecer aos nossos microscópios e aos nossos cálculos matemáticos em nexos causais inteiramente objetivos mas desconexos entre si, avessos à totalização, um mundo desdivinizado que apenas eventualmente é capaz de suportar nossa inestancável necessidade de nele encontrar nexos de sentido, nem que sejam apenas subjetivos e provisórios, de alcance breve e curto prazo.

A ciência, na verdade, obriga a religião a abandonar sua pretensão de nos propor o racional. Assim acuada, ela tem de se conformar em nos oferecer o irracional, melhor, em retirar-se ela mesma no irracional. A ciência remove a religião *aus dem Reich des Rationalen ins Irrationale*, "do reino do racional para o irracional", reservando-lhe como prêmio de consolação, "pura e simplesmente", sublinha Weber, o *status* de "potência irracional ou antirracional por excelência".[72] Se a ciência está "em luta eterna com a religião" (WL: 154), não é na qualidade de "visão de mundo científica", uma visão de mundo que estivesse em concorrência

---

[71] Conferir adiante, no comentário sobre o passo 13, o uso da expressão *"die Magie zu verdrängen"* (Wg: 309).

[72] Weber emprega o artigo definido grifado: *a* potência irracional ou antirracional por excelência [die *irrationale oder antirationale Macht*] (ZB/ GARS I: 564).

Passos 5 e 6: *Consideração intermediária*

com a imagem de mundo religiosa no mesmo nível de pretensão, mas apenas como aquele ímpio fado que desmente — "a totalidade é uma mentira", dirá um dia Adorno — a existência real de sentido objetivo do mundo e da ação humana. E ainda por cima Weber vem e acrescenta no fim da frase um "pura e simplesmente" [*schlechthin*] (GARS I: 564). É o mesmo princípio que opera por trás da veemente recusa em reconhecer à ciência qualquer aptidão para produzir cosmovisões doadoras de sentido ao mundo e à vida dos humanos (cf. Mommsen, 1965; Cohn, 1979a). "Quem quiser 'visões', que vá ao cinema! [...]. Quem quiser 'sermões', que vá ao convento!", escreverá ele em 1920, separando mais uma vez, não sem uma ponta de humor, as esferas do ser e do valor.[73]

Mas a *Consideração intermediária* nos entrega ainda, com o passo 6, uma outra chave de interpretação. Com mais essa chave penso que vamos estar aptos a afirmar que em Weber o significado literal de desencantamento do mundo como desmagificação da busca da salvação talvez seja mesmo seu sentido mais forte e decisivo, na medida em que nada mais é que a outra face do processo de moralização da prática religiosa, um processo histórico-religioso tipicamente ocidental e de sérias consequências para o viver humano. Além do mais, com essa chave, vamos nos convencer um pouco mais de que, em sua sociologia comparada das religiões, o que de fato lhe interessava não era principalmente a racionalização teórica, a racionalização do conhecimento, a especulação teológica, o racionalismo filosófico, nem mesmo a racionalidade científica enquanto tal, mas sim, e antes de mais nada, "a racionalização do agir", como dizem os franceses (cf. Ladrière, 1986). Do agir cotidiano, melhor dizendo, da *conduta de vida*. Noutras palavras, interessava a ele a *racionalidade prática* em seus

---

[73] Vale a pena ler na íntegra os parágrafos finais da imperdível "Introdução do autor" dos *Ensaios reunidos de Sociologia da Religião* que costuma acompanhar as traduções de *A ética protestante e o espírito do capitalismo* (cf. AIntro/GARS I: 14s; ESSR I: 23s; EPbras: 14s).

dois leitos ou cursos principais: a racionalização prático-técnica e a racionalização prático-ética. O passo 6 deixa isso muito claro:

> E não foi só o pensamento teórico que desencantou o mundo, mas foi precisamente a tentativa da ética religiosa de racionalizá-lo no aspecto prático-ético que levou a este curso. (ZB/GARS I: 571; ESSR I: 560)

A intelectualização científica é sem dúvida fator decisivo de desencantamento do mundo. A conferência de 1917 e o passo 5 na *Consideração intermediária* não deixam dúvida quanto a isso. Mas, enquanto fator histórico-genético detonador de todo esse vastíssimo processo histórico-cultural, a racionalização prático--ética da *conduta de vida* [*Lebensführung*] empalma-lhe completamente a precedência na teorização weberiana: a "desmagificação" [*Entzauberung*] radical da prática religiosa pela "eticização" [*Ethisierung*] radical da conduta de vida religiosa foi na verdade o verdadeiro Big Bang (Moscovici, 1990) do racionalismo prático ao modo do Ocidente moderno. A prioridade cronológica é dela, assim como também é dela, na "problemática" [*Fragestellung*] de Max Weber, no conjunto da obra, a prioridade analítica (cf. Hennis, 1993; 1996).

E porque assim é, vale a pena neste momento atrasar em uns anos o relógio e ir ler, com calma e atentamente, sem maiores comentários, um outro texto de Max Weber absolutamente surpreendente, porquanto praticamente inédito entre nós, que pouquíssimos conhecem. Refiro-me a uma passagem da parte final da "última palavra anticrítica" de Max Weber, publicada em 1910.

Se voltarmos agora a 1910, vamos encontrar um Weber em pleno debate escrito com seus críticos, excelente situação para o surpreendermos explicando qual é, afinal, "o" seu ponto, "a" sua grande indagação. Vamos lá:

> O enorme desenvolvimento que medeia *entre* os fenômenos de desenvolvimento capitalista tardo-me-

dievais, ainda extremamente lábeis, e a *mecanização* da técnica, tão decisiva para o capitalismo contemporâneo, completou-se com a criação de *pré-requisitos* políticos e econômicos objetivos, importantes para a emergência da mecanização, mas *sobretudo* através da criação e preparação do "espírito" racionalista e antitradicionalista e da humanidade que o assimilou para si na prática. A saber: de um lado, a história da *ciência* moderna e sua relação prática com a economia, que só se desenvolveram na idade moderna, e, do outro, a história da *conduta de vida* moderna no seu significado prático para a própria economia, eis o que vai nos fornecer, a este respeito, os elementos-chave da investigação.

Foi desse último componente que eu tratei em meus artigos e do qual eu provavelmente deverei ainda tratar ulteriormente. O desenvolvimento do método racional *prático* de uma conduta de vida é evidentemente algo muito diferente do racionalismo científico e não necessariamente associado com ele. (Anti: 1128-1129, grifos do original)

Se o que interessava basicamente a Max Weber ao longo de toda a sua obra era o processo de racionalização ocidental, *o foco* desse interesse — ei-lo aqui explicando isso a seus beligerantes adversários — dirigia-se muito nitidamente para um ponto nevrálgico, melhor dizendo, para "o" ponto nevrálgico desse processo: que não é a ciência, não, apesar de todo o *pathos* existencial que embebe o tratamento weberiano da atitude científica. Não é o racionalismo científico, e menos ainda o racionalismo teórico: é o racionalismo prático-ético, a *racionalização ético-ascética da conduta de vida*, o verdadeio xis da questão. *Hic Rhodus, hic salta!*

E se assim é, fica fácil então, extremamente fácil, entender por que nos últimos meses de sua vida é a acepção estrita de desencantamento do mundo enquanto "desmagificação da religiosidade e moralização da conduta de vida prática", e não o significado de "perda de sentido do mundo e da vida" nas malhas da ciência a acepção que se faz presente de forma tão intensa nos acréscimos à segunda versão d'*A ética protestante* que comentaremos em último lugar. Fica fácil, extremamente fácil, atinar por que o desencantamento do mundo vai voltar a se nos oferecer de modo tão inesperadamente textual como desmagificação religiosa nos passos finais dessa trajetória que empreendemos em sua busca.

11.
PASSOS 7 A 12:
A CIÊNCIA COMO VOCAÇÃO
(7 de novembro de 1917)

> O trabalho científico está atrelado ao curso do progresso. [...] Em princípio, esse progresso não tem fim.
> Com isso chegamos ao problema do *sentido* da ciência, pois não é de modo algum autoevidente que uma coisa sujeita assim à lei do progresso traga em si mesma sentido e razão.
>
> Max Weber, *A ciência como vocação*/WL: 592-593

BREVE NOTÍCIA DA OBRA

A ciência como vocação é um dos textos mais lidos de Max Weber. No decurso de sua bem-sucedida trajetória de difusão e recepção, porém, têm-se acumulado alguns equívocos de interpretação decorrentes, por sua vez, de um outro repetido equívoco, também amplamente difundido, a respeito do ano em que Weber teria proferido sua famosa e particularmente inspirada conferência aos estudantes de Munique. Até recentemente se pensava fosse datada de 1919, após portanto o fim da Primeira Guerra Mundial, em 1918, e a ideia de um texto teoricamente atormentado lido em voz alta a poucos meses de sua morte perante um público jovem levou intérpretes e biógrafos a encará-lo como se fora seu "canto do cisne" (Honigsheim, 1963), "testamento intelectual" legado às novas gerações.

Não vou aqui descer às minúcias historiográficas de como se chegou erroneamente a tomar o ano de sua publicação — esta, sim, de 1919 — como se fosse a data de sua apresentação ao vivo. Há um trabalho de Schluchter (1979d) que conta no detalhe essas vicissitudes todas. Basta por ora deixar registrado que hoje se sabe com precisão a data correta: a conferência sobre *A ciên-*

cia como vocação foi proferida por Max Weber como parte de uma série de conferências organizada em Munique pela "Freistudentische Bund in Bavaria", uma associação de estudantes liberais com tendência à esquerda, no dia 7 de novembro de 1917. O historiador Perry Anderson não me deixa esquecer que esse foi, também, "o dia em que os bolcheviques tomaram o poder na Rússia" (Anderson, 1996: 99).

COMENTÁRIO

Significativamente, e isto merece ser dito com toda força, *A ciência como vocação* (1917) é o texto weberiano em que o termo desencantamento mais aparece. Nada menos que seis vezes, deu minha contagem, mais do que em qualquer outro escrito de Weber.

Mas não é só pela frequência quantitativa do significante que *A ciência como vocação* tem sua importância acrescida para este meu exercício. Avulta sobretudo pela mudança de registro no uso do significado: aqui ele só funciona expandido, projetado, alongado em sua capacidade de expressar e conceituar, alçando voos inéditos em sua acrescida pretensão de questionar. Nisso, ocorre como que um deslizamento também em sua posição gnosiológica, digamos assim, na finalidade visada por seu uso, na espécie de conhecimento que se pretende produzir com seu emprego. Basta transitar o autor de ponto de vista, e eis que o sintagma desencantamento do mundo, usado o mais das vezes para nomear um elo causal *sine qua non* no encadeamento histórico-cultural da emergência e ascensão da forma caracteristicamente ocidental de racionalismo que iria se derramar no "espírito" do moderno capitalismo (sentido "a"), passa a funcionar também, e regiamente, para a produção de um diagnóstico de época, um "diagnóstico do nosso tempo" (sentido "b"). À perspectiva genealógica possibilitada pela conceituação estrita de desencantamento do mundo (sentido "a") associa-se nessa conferência de 1917, a princípio laconicamente e logo com crescente nitidez e prolixidade, esse outro ponto de vista, o da diagnose epocal (sentido "b"), que permite a Weber uma reflexão menos otimista e sensivelmente mais tensa ante uma determinada atualidade sociológica — a da Europa de seu tempo, tempo de paixão nacional e de guerra mundial. Em 1917, a ambiguidade do desencantamento sai portanto do registro lacônico, mostra-se mais inquieta e se solta mais no texto, que é lindo.

E é assim que, nas seis incidências registradas, o significante agora referido ao desencantamento do mundo em sua "etapa superior", digamos assim, o desencantamento provocado pela "racionalização intelectualista através da ciência e da técnica cientificamente orientada" (WaB/WL: 593; CP2V: 30), vai nos falar obstinadamente de seu significado "b", isto é, da "perda de sentido" [*Sinnverlust*]. É bem verdade que em mais da metade desses seis empregos continua a aflorar, como não poderia deixar de ser, o sentido literal de desmagificação religiosa, mas nunca sozinho; ele está sempre acompanhando a ideia mais ampla, e mais imponente porquanto mais crítica, da "perda de sentido". Uma vez que o que a ciência visa com sua racionalidade formal referente a fins [*Zweckrationalität*] é o domínio técnico do mundo natural pela tecnologia, opondo com isso aguerrida aversão e resistência à expansão, no cotidiano, da racionalidade substantiva com relação a valores [*Wertrationalität*], perde seu chão a pertinência mesma da questão do sentido, pois dele, no fim das contas, a ciência que preza seu nome não tem mesmo nada a dizer — *y compris* o sentido dela própria. Ela que pretende tudo calcular, prever e dominar, não é capaz de definir nenhum valor, sequer mesmo de dizer se vale a pena ser cientista e dedicar a vida à pesquisa.

É aí que entra em cena, no discurso de Weber, a figura de Tolstói.

"Qual é, afinal, o sentido da ciência como vocação? [...]"

Tolstói dá a essa pergunta a mais simples das respostas, dizendo:

"Ela não tem sentido, já que não consegue responder à indagação que realmente nos importa: que devemos fazer? como devemos viver?" (WaB/WL; CP2V: 35-36)

A importância que o conceito de desencantamento assume em *A ciência como vocação* pode ser imediatamente compreendida quando recordamos que praticamente desde a entrada de Weber no mundo acadêmico, marcada de saída por sua disposição ao debate metodológico de fôlego filosófico, o traço central do moderno conhecimento científico para ele sempre foi sua incapacidade constitucional de produzir sentido, ou mesmo de o fundamentar (cf. Objekt). Nos tempos modernos, com efeito, andam juntas a ciência e a "falta de sentido".[74] A ciência, sendo "objetiva", inevitavelmente termina por nos desvendar os olhos ante a "objetiva" ausência de "sentido objetivo", tanto do mundo natural quanto da existência humana. Não querendo fazer blague, tudo se passa como se para Weber "a falta de sentido empírico do acontecer natural" (KS: 227)[75] fosse de longe a maior descoberta da ciência moderna — o grande desvelamento, e *Enthüllung* me parece aqui um belo sinônimo para *Entzauberung* —, a verdadeira revolução copernicana que viria definir irremediavelmente, irrevogavelmente, "o destino do nosso tempo".

---

[74] Em inglês há duas palavras — *meaninglessness, senselessness* — para traduzir a alemã *Sinnlosigkeit*. Em espanhol, descubro de repente que se usa a substantivação da locução adjetiva *sin sentido* como "*el sinsentido*" (cf. Weber, 1958c: 113).

[75] "*[Die] empirische 'Sinnlosigkeit' des 'Naturgeschehens'*" (KS: 227). Esse texto em que Max Weber polemiza com as concepções do historiador Eduard Meyer, "Estudos críticos sobre o alcance da lógica das ciências da cultura", é de 1906.

Passos 7 a 12: *A ciência como vocação*

Se existe algo como uma "visão de mundo científica" — e em perspectiva estritamente weberiana isso daria uma contradição nos termos — ela seria o único exemplar de uma espécie de *Weltanschauung* que não doa, nem tem a pretensão de doar, sentido ao mundo, aos acontecimentos, às coisas que "simplesmente são e acontecem". O "ser", para ela, tem precedência sobre o "dever ser" e ambos já deixaram de se comportar como vasos comunicantes. O hiato entre o "ser" e o "dever ser" já havia sido exposto de modo mais incisivo na *Consideração intermediária*, onde se diz que os dois "cosmos" nutrem entre si uma "oposição irreconciliável":

> O cosmos da causalidade natural [*der Kosmos der Naturkausalität*] e o pretendido cosmos da causalidade ética compensatória mantiveram-se numa oposição irreconciliável. E embora a ciência, que criou aquele cosmos [da causalidade natural], parecesse não conseguir dar uma explicação segura de seus próprios pressupostos últimos, arvorou-se em nome da "honestidade intelectual" com a seguinte pretensão: ser a única forma possível de consideração pensante do mundo. (ZB/ GARS I: 569; RRM: 265; ESSR I: 558)

Sendo, pois, impensável que o conhecimento científico possa abrigar a pretensão de verdade sistêmica própria de uma filosofia da história, ou filosofia de vida que seja, como o faz qualquer metafísica religiosa, *todas* as visões de mundo são o que são, precisamente porque não são científicas: elas dão sentido. A moderna ciência empírica, não. "Quem ainda hoje continua a acreditar", pergunta-se Weber a um certo momento de sua conferência, "que os conhecimentos da astronomia, da biologia, da física ou da química pudessem nos ensinar algo sobre o *sentido* do mundo, ou tão somente pudessem nos apontar as pegadas de tal sentido, se é que isso existe? Se existem conhecimentos capazes de fazer secar até à raiz a crença de que existe algo que se pareça com

um 'sentido' do mundo, eles são fornecidos por ela, a ciência"
(WaB/WL: 597-598; CP2V: 34-35).

"A ciência como caminho para Deus?", pergunta o velho
mestre diante dessa plateia de jovens, para logo responder perguntando, pergunta e resposta assim juntadas: "Justo ela, essa
potência especificamente alheia ao divino?", como que a dizer,
"Claro que não!".

A atitude científica diante do mundo é especificamente
"alheia ao divino" [*spezifisch gottfremde*], da mesma forma que
a natureza é "alheia ao sentido" [*sinnfremde*] — vale dizer, o
mundo *natural* ele mesmo e o mundo social *naturalizado* pela
ciência. Isso quer dizer que antes mesmo de exibir seu caráter
"especificamente irreligioso", a atitude científica experimental
abre mão sempre-já da "pretensão [*Anspruch*] de que o acontecer do mundo seja um processo *com sentido*" (ZB/GARS I: 567;
ESSR I: 556), e prodigamente relega para as visões de mundo esse
pleito indomável, de resto sem base científico-racional. Isso cabe a elas, sejam elas religiosas ou filosóficas, metafísicas, holísticas, ideológicas.

Num texto metodológico de 1907, não muito lido e sequer
mesmo consultado, em que discute as posições epistemológicas
de Rudolf Stammler e o propósito deste de superar a concepção
materialista da história,[76] Weber já havia deixado meridiana-
mente claro, na trilha aberta por Heinrich Rickert, seu mestre e
amigo, essa concepção de que o mundo natural não traz em seu
curso, objetivamente falando, nenhum sentido, que dirá um sentido maiúsculo, em chave metafísica! Vale a pena conferir:

> Natureza é então "aquilo que não tem sentido"
> [*Natur ist dann das "Sinnlose"*]. Ou, mais exatamen-
> te: um processo qualquer torna-se "natureza" *quando*

---

[76] Max Weber, R. *Stammlers "Ueberwindung" der materialistischen
Geschichtsauffassung* [1907] (WL: 291-359).

Passos 7 a 12: *A ciência como vocação*

nós não lhe perguntamos por seu "sentido". Neste caso, o que se opõe à natureza como "aquilo que não tem sentido" não é "a vida social", mas antes "aquilo que é significativo" [*das "Sinnvolle"*], isto é, o "sentido" que é atribuído a um processo ou a um objeto, ou que *pode* "ser encontrado nele", e isso vai do "sentido" metafísico do universo dentro de uma dogmática religiosa, até o "sentido" do latido de um cachorro de Robinson Crusoé ante a aproximação de um lobo". (WL: 332-333)

Não era outra a distinção entre natureza (sem sentido) e história (com sentido) que brotara lá atrás, da pena do amigo Rickert: "A vida cultural apresenta-se sempre como um *acontecer significativo e pleno de sentido*, ao passo que a natureza se desenvolve sem significado e sentido" (Rickert, 1961, *apud* Cohn, 1979a: 61[77]). Acresce que, nos tempos de hoje, dirá Weber anos depois e carregando bem nas tintas, a cultura moderna se torna *ainda mais sem sentido* "sob as condições técnicas e sociais da cultura racional-intelectualista", e "a cada passo à frente parece condenada a redundar numa ausência de sentido sempre mais aniquiladora". "Aniquiladora" é a palavra que ele escolhe aqui: *vernichtendere Sinnlosigkeit* (ZB/GARS I: 570; FMW: 357; ESSR I: 559). Inevitável citar neste contexto a *Consideração intermediária*. Se é verdade que todo mundo que lê essa conferência sobre a ciência sente que está diante de um texto *molto particolare*, pois Weber retoma aí tudo o que já havia dito sobre a modernidade, só que num tom de gravidade e com um *pathos* de tragédia raramente presentes nos momentos anteriores em que lhe ocorrera tratar da racionalização ocidental, não é menos verdade que a leitura da *Consideração intermediária* provoca a nítida impressão de ter-

---

[77] H. Rickert, *Introducción a los problemas de la Filosofia de la Historia*, Buenos Aires, Editorial Nova, 1961: 36.

mos nas mãos a "alma gêmea" de *A ciência como vocação*. Em ambas, ciência e aniquilamento do sentido: vertigem. Ciência implica progresso, passo em frente a toda hora: vertigem, outra vez.

"O trabalho científico está atrelado ao curso do progresso" (WL: 592; CP2V: 28). Diferentemente das "visões" e "imagens de mundo", por definição não científicas e por isso pressupondo que o conhecimento tenda a uma finalidade última, a um *télos* pleno de *sentido*, para Weber o conhecimento científico propriamente dito se exercita sem confiar em qualquer fim último ou valor transcendental. E, no entanto, "progride" (cf. Aron, 1967; Schroeder, 1995). Eis aí uma razão suficiente para sentirmos vertigem: o conhecimento científico progride sem parar, Weber não tem a menor dúvida quanto a isso. Ele não só não tem um paradeiro, como não tem parada. Seu desenvolvimento é "progresso" no sentido técnico[78] da palavra, e isso quer dizer que a lógica interna da esfera científica a arrasta de modo irresistível a acumular um estoque sempre maior e sempre mais atualizado de conhecimento sobre o mundo. Cada nova descoberta é como se todo um novo continente se abrisse, intenso, trazendo promessas de outras tantas novas descobertas. A ciência, afinal, é *ars inveniendi*, a arte da descoberta. O processo de investigação é aberto por sua própria natureza. Tudo, em princípio absolutamente tudo, "sem resto", diz Weber, pode ser cientificamente conhecido, e isso quer dizer: cientificamente explicado por nexos causais isolados e apenas parcialmente encadeados, jamais totalmente esgotados. Ciência é, portanto, sinônimo de avanço da ciência. Progresso da ciência, sim, com todas as letras. E esse progresso não tem fim. Prolonga-se ao infinito: *in das Unendliche* (WaB/WL: 593; CP2V: 29). Seu percurso é revolucionário, ascendente e unidirecional, mas não se consuma, não tem repouso,

---

[78] "O uso legítimo do conceito de progresso nas nossas disciplinas está portanto sempre ligado ao aspecto 'técnico', isto é, à noção de 'meio' apropriado para um fim *dado* univocamente. Nunca se eleva até à esfera das avaliações últimas" (Neutr: 177; cf. SWert: 518ss).

Passos 7 a 12: *A ciência como vocação*

provisório que é, sempre, limitado que é, sempre, especializado que é, sempre, e por isso parcial. Sempre. Nunca total, nunca totalizante nem definitivo. Nessa constante e progressiva autos-superação reside, para Weber, o "problema de sentido" da ciência. Quem não entender isso, "melhor fará se permanecer alheio ao trabalho científico" (WaB/WL: 589; CP2V: 25).

Isso de limites da ciência, no limite, é Kant: o conhecimento do mundo não lhe confere nenhum valor *de per si* (cf. Cohn, 1979a: 60). Aliás, uma das limitações da ciência mais difíceis de aceitar é justamente essa sua incapacidade de nos salvar, de nos lavar a alma, de nos dizer o sentido da vida num mundo que ela desvela e confirma como não tendo em si, objetivamente, sentido algum. Weber volta a deixar clara sua dívida com Kant nessa verdadeira meditação filosófica que é a conferência de 1917. Nas ciências históricas da cultura, diz ele, deve-se simplesmente partir do pressuposto de que há, sim, um valor ou um sentido dos fenômenos sob investigação que é "compartilhado subjetivamente por uma comunidade de seres culturais", mas é só isso, nada mais que isso. A questão do sentido deve parar por aí, no "sentido subjetivamente partilhado pelos sujeitos", conforme vimos lá atrás, no passo 1. Outra coisa é pretender que os fenômenos da vida humana tenham valor ou sentido em si mesmos, o que "não pode ser 'cientificamente' provado a ninguém" (WL: 600; FMW: 145). Se isso vale para as ciências humanas, mais ainda para as ciências naturais, quando se pensa ademais que sua finalidade não é outra que a de dominar o mundo natural e o mundo cotidiano pela técnica: "se o domínio técnico tem qualquer sentido, isso deve ser deixado de lado" (WL: 600; FMW: 144). Ou seja, kantianamente falando, os pressupostos das ciências naturais e culturais são vazios, não se podendo delas esperar sentido algum, menos ainda que elas consigam desvendar "cientificamente" qualquer sentido do mundo, que dirá o sentido com "s" maiúsculo. Não dá, nem que fosse só para justificar, ou motivar, a dedicação "vocacional" do cientista "profissional", recado já dado na *Consideração intermediária*:

Quanto mais a atividade a serviço dos bens culturais foi erigida em tarefa sagrada, em "vocação" [*"Beruf"*], tanto mais ela apareceu como condenada a se tornar uma agitação sem sentido [*sinnloseres*] a serviço de fins sem valor [*wertloser*] e, além do mais, contraditórios em si mesmos e mutuamente antagônicos. (ZB/GARS I: 570; ESSR I: 559; RRM: 266)

É isso que a ciência moderna faz em última análise. É nisso que consiste a moderna atitude ou mentalidade científica: ela retira o sentido do mundo, agora transformado em "mecanismo causal", em "cosmos da causalidade natural", ou seja, em algo sem mistérios insondáveis, perfeitamente explicável em cada elo causal mas não no todo, fragmentário, esburacado, "quebradiço e esvaziado de valor" [*gleich brüchig und entwertet*] (*ibid.*). Ela retira o sentido do mundo e não é capaz de substituí-lo por outro. Pensando bem, isto é que é verdadeiramente radical no desencantamento *científico* do mundo, o desencantamento na acepção mais radical do termo, dimensão extremada que ele só vai assumir quando Weber em sua maturidade assumir, por sua vez e resignadamente, o ponto de vista da diagnose do tempo presente. Hoje, na medida em que nossa própria capacidade de suportar a condição humana foi ela própria desencantada e nosso próprio proceder diante de escolhas a fazer foi "despojado de sua genuína plasticidade interior" (WL: 604), o mundo real, a realidade do mundo em si mesmo, o mundo que criamos com o trabalho, a ciência e a tecnologia, resiste bravamente a todo projeto de reencantamento metafísico da Totalidade.

Além do mais, de que adiantaria reencontrar o grande sentido — "o Uno que faz falta" (WaB/WL: 605) — se o preço disso acaba sendo o "sacrifício do intelecto"?[79] Eis aí mais um dos

---

[79] "Não há absolutamente *nenhuma* religião inteira e atuante como força vital, que não tivesse tido de exigir nalgum momento o *Credo non quod,*

dilemas considerados por Weber. É curioso observar como a intelectualização científica do mundo que o despe de significado aguça em Weber o desapreço (ou seria desprezo?) pelo "sacrifício do intelecto" implicado em toda fé religiosa, noutras palavras, em toda adesão a uma imagem de mundo metafísico-religiosa [*Weltbild*] e, por extensão, em toda adoção de uma visão de mundo totalizante [*Weltanshchauung*]. O olhar científico refrata mortalmente a almejada unidade de visão. Aqui mora "o formidável problema da vida" [*das gewaltige Lebensproblem*] (WL: 604), afirma Weber, evocando o mítico e natural "ciclo orgânico da existência", ou seja, a vida propriamente dita. Que é ela quem, no fim das contas, ancora e espicaça o desenvolvimento das esferas de vida "mais irracionais", como a esfera estética e a erótica, tornando-as sempre mais promissoras de sentido. Só que elas também se desconectaram do Todo, se dispersaram do Uno, e agora procuram nos atrair cada qual com seus próprios "valores vitais" e nos envolver nas malhas de suas exigentes "legalidades internas" (cf. Pierucci, 1998b). Como fazia o grego antigo, diz Weber, hoje nós podemos escolher entre uma pluralidade de deuses, sacrificando ora para um ora para outro desses valores últimos tornados potências intramundanas, mas o fazemos cientes tanto do poder quanto dos limites sempre repostos de nossa razão e nosso entendimento. Desde a Grécia Antiga, lembra Weber aos jovens, "impera sobre esses deuses e sua luta o destino, não a 'ciência', com toda certeza" (WL: 604; FMW: 148).

São muitas as linhas de pensamento abertas por essas considerações de Weber perante a jovem plateia de Munique. A propósito da ciência, ele volta, por exemplo, a tematizar a questão do cálculo.[80] A ciência desencanta porque o cálculo desvaloriza

---

sed quia absurdum, isto é, o 'sacrifício do intelecto'" (ZB/GARS I: 566; ESSR I: 554; cf. WaB/WL: 611). A frase em latim citada por Weber é de santo Atanásio e se traduz assim: "Creio não no quê, mas por que é absurdo".

[80] Não custa lembrar que o ensaio metodológico *Algumas categorias*

os incalculáveis mistérios da vida. Tema simmeliano por excelência (cf. Waizbort, 2000), o cálculo é um traço inescapável da intelectualização modernizadora e, por conseguinte, ato próprio da mente quando abstrai, essa subversiva força propulsora do moderno que a tudo e em toda parte penetra e se aprofunda para, no entanto, manter a alma na superfície "naturalizada" de suas objetivações. Weber parece sugerir que já em seu tempo um tipo diferente de desafio, inteiramente trivial e, nesse sentido, onipresente e por isso mesmo incontornável, perpassava de ponta a ponta a cultura moderna. Por isso essa outra definição do desencantamento do mundo explode as fronteiras de sua acepção estritamente religiosa de "eliminação da magia como meio de salvação" (PE/GARS I: 114; ESSR I: 117), para abranger toda a mentalidade de uma época que, de modo mais geral e mais a fundo, desvaloriza o misterioso *porque incalculável*, em favor do conhecimento hipotético-matemático cientificamente configurado, para o qual "é possível, em princípio, tudo dominar mediante o cálculo" [*durch Berechnen beherrschen*] (WaB/WL: 594).

Em *A ciência como vocação* a calculabilidade surge diretamente como o operador *específico* do desencantamento *especificamente* moderno, desse momento da racionalização do mundo que pode ser chamado de plenamente moderno e que por isso se presta a ser tratado de forma crítica, ou ao menos com um naco de ironia. Quando usado nessa dimensão ampliada, o *conceito* de desencantamento se torna definitivamente um item básico do diagnóstico do tempo, e o *tema* do desencantamento ganha notas de melancolia e pessimismo. Se em sentido estrito ele era um conceito "produtivo", agora ele se transmuta num conceito "crítico", ainda que, para o gosto de muitos, insatisfatoriamente crítico. Essa segunda definição do desencantamento do mundo, diga-

---

da sociologia compreensiva, de 1913, no qual aparece pela primeira vez o enunciado do desencantamento (ver passo 1), termina com considerações bastante semelhantes em torno do cálculo (Kat/WL: 473-474).

Passos 7 a 12: *A ciência como vocação*

mos assim, pode fazê-lo significar algo de tão sutilmente crítico e esteticamente fluido quanto a *perda da aura* teorizada por Walter Benjamin (1975; 2000), ou algo de alcance histórico tão vertiginosamente dilatado quanto o referente que Adorno e Horkheimer (1985) lhe dão na *Dialética do esclarecimento*, desnudando conceitualmente o desencantamento operado pelo esclarecimento como recaída no mito pelo avesso. Ou então, como faz Habermas, que lê Weber de olho no processo de modernização da sociedade entendido sim como um modo de racionalização, com destaque não para a varrição das *práticas* mágicas, mas sim para a extinção do *pensamento* mágico, ou seja: o desencantamento pensado como transformação dos elementos *cognitivos* das imagens religiosas de mundo (cf. Habermas, 1987; Araújo, 1996).

Resta, de todo modo, que para a Teoria Crítica prevalece na compreensão weberiana do moderno uma concepção do processo de racionalização ocidental como desencantamento do mundo. E desencantamento entendido antes de mais nada como desencantamento *do mundo natural*, como aquele trabalho sistemático a que se lança o pensamento científico (positivista, *por supuesto*) de acossar para sempre a ilusão mítico-arcaica de que existe um sentido cosmológico inerente ao mundo natural. Desencantamento, portanto, como "desmitologização", um de seus sinônimos em Adorno e Horkheimer (1985: 22, 29, 90). Desencantamento como crítica do "mito [que] identifica o inanimado ao animado" (p. 29), como "destituição das potências"[81] (p. 56) imanentes à natureza, objetivando um "permanente crepúsculo dos ídolos" (p. 26). Já no primeiro parágrafo do primeiro fragmento da *Dialética* podemos ler com todas as letras: "O programa do esclarecimento era o desencantamento do mundo. Sua meta era dissolver os mitos e substituir a imaginação pelo

---

[81] E numa outra passagem, logo adiante: "O reino dos mortos, onde se reúnem os mitos destituídos de seu poder...". Cf. Adorno e Horkheimer (1985: 77).

saber".[82] E na sequência dos argumentos retorna sempre, ainda que nem sempre com as mesmas palavras, essa mesma ideia forte, como que a balizar a extensão inteira do longo fragmento: "(O) entendimento que vence a superstição deve imperar sobre a natureza desencantada. [...] Desencantar o mundo é destruir o animismo. [...] Doravante, a matéria deve ser dominada sem o recurso ilusório a forças soberanas ou imanentes, sem a ilusão de qualidades ocultas. [...] O que se continua a exigir insistentemente é a destruição dos deuses e das qualidades" (pp. 19-23), a substituição dos mitos pela pretensão de calculabilidade universal desenvolvida pelo moderno conhecimento científico.

São muitos os comentaristas que interpretam a tese do desencantamento do mundo atendo-se apenas a esse conteúdo que eu aqui chamo de conteúdo expandido, o qual, não resta dúvida, comporta sempre essa dimensão atualíssima de um desconforto perante o avanço implacável da ciência. Têm razão, mas não toda. Isso decorre da influência dos filósofos da Escola de Frankfurt e do prestígio da releitura que nos anos 1940 eles fizeram do desencantamento do mundo, associando-o ao movimento irrefreável do "esclarecimento" (cf. Wiggershaus, 1994). Talvez seja por isso que muitos de nós dão como certo que é o avanço da ciência natural por sobre as ilusões míticas o acontecer histórico que o conceito weberiano de desencantamento captura e apresenta. Não é. Isso aliás me incomoda muito. Pode ser que o fato de praticar Sociologia da Religião há tantos anos me haja predisposto a reconhecer na obra de Weber o registro sociológico reiteradamente aprofundado da *obstinada luta da religião contra a magia*, presença mais destacada em sua obra do que o combate que a ciência trava contra o(s) mito(s) e, com isso, meus olhos talvez se hajam fixado com mais força nessa permanência de uma acepção original que, agora se constata, é também terminal, a saber: a per-

---

[82] A tradução poderia ser um pouco mais dura e dizer: "substituir a crendice pelo conhecimento".

Passos 7 a 12: *A ciência como vocação*　　　163

manência, do começo ao fim, do significado mais estrito de desencantamento como *repressão da magia pela religião*, antes que como escalada universal da *ciência* a tornar tudo *esclarecível* (cf. Pierucci, 2001). Foi o vulto da Escola da Frankfurt que andou refratando as coisas.

A conferência de 1917 sobre a profissão de cientista, todavia, é onde a acepção de desencantamento como processo não se contenta mais com o desmascaramento prático-ético da ilusória causalidade prático-mágica na vida cotidiana, e o segundo sentido que o termo agora traz vai desbordar sem cerimônias o que tenho chamado aqui de desencantamento *stricto sensu*. Weber, nessa conferência como na *Consideração intermediária*, avança muito além do "campo religioso". Faz ver que o desencantamento científico do mundo é muito mais fatal e definitivo do que a desmagificação da prática religiosa. Mais fatal porque irrevogável, incapaz de regredir ou recuar, vinculado *que é* à lei do progresso técnico, cuja legalidade própria impõe um avançar constante, sem fim e sem volta atrás. Pois a ciência moderna é uma sabença autorreflexiva que desencanta o mundo ao mesmo tempo que se desencanta a si mesma, produzindo-se e reproduzindo-se de forma ampliada em "ciência desencantada", conforme formulou com brilho Lawrence Scaff, fazendo de si "a imagem refletida no espelho do mundo desencantado que ela própria desencantou" (Scaff, 1989: 230). Desencantados ambos, ficam desde logo aptos a se representar um ao outro, a se apresentar um no outro, num processo em espiral interminável, interminável. Vertigem.

São essas, em suma, as principais linhas de força da argumentação com que Weber procura, na conferência de novembro de 1917, retomar e reprojetar o desencantamento científico do mundo como "o destino do nosso tempo".[83] São, todos eles, argumentos que alargam o conceito, aumentando a carga semântica do termo que ao mesmo tempo lhe diferencia a função: de

---

[83] *"Das Schicksal unserer Zeit"* (WL: 612).

desencantamento *stricto sensu* operado pela intelectualização religiosa, vira desencantamento *lato sensu* operado pela intelectualização científica. E, de elo histórico-causal estratégico para a formação da atitude ocidental de domínio do mundo, de fator explicativo de uma identidade histórico-cultural, Weber faz dele, também, *pace* Frankfurt, uma ferramenta de crítica da contemporaneidade.

Destino e desencantamento encerram a conferência feita por Weber no outono de 1917. O tema do destino é um dos obsessivos motes de sua reflexão nessa ocasião quase solene, para a qual ele preparou algumas de suas mais apaixonadas páginas, e ele vai ferir o último parágrafo de seu discurso evocando uma vez mais... o destino — "o destino do nosso tempo, com suas características de racionalização e intelectualização, e, antes de tudo, de desencantamento do mundo" (WaB/WL: 612; CP2V: 51). Como se sabe, destino em latim se diz *fatum*, e bem assim em inglês, *fate*,[84] palavra cuja sonoridade fatalmente nos faz pensar nos fados, que os há, favoráveis e adversos, que abruptamente nos atropelam nesses "hiatos irracionais" da vida povoados de fadas e fatalidades chamadas por Weber de consequências imprevistas, e quando previstas, de todo modo não desejadas.[85]

Fatal, para não dizer fatídico, é com efeito o desencantamento *científico* do mundo enquanto processo civilizacional, fado inexorável, curso irrefreável. Acossado assim por Weber e sua clarividência ante o progresso inevitável da ciência, ando me per-

---

[84] "*The fate of our times, characterized by rationalization and intellectualization and, above all, by the 'disenchantment of the world'* [...]" (FMW: 155).

[85] "E o puritanismo — inteiramente contra sua vontade — criou o *método* de vida *burguês*. O paradoxo do efeito diante da vontade: o homem e o destino (destino: a *consequência* de sua ação contra sua *intenção*)" (CP: 154; China: 238; GARS I: 524). Eis, para quem não a conhecia, uma rara definição weberiana do conceito de efeitos perversos, ou consequências não antecipadas.

Passos 7 a 12: *A ciência como vocação*

guntando: abraçar "a ciência como vocação" não será o mesmo que assumir o desencantamento como uma missão pessoal, vendo nele um destino não apenas "epocal", não apenas civilizacional, mas "o destino de sua alma",[86] isto é, o pesquisador científico se pensando como *desencantador* profissional, o cientista devendo se ver como um *Entzauberer* num tempo em que voltam a pulular os *charmers* de toda espécie? Por que não encarar tal desafio deveras? Sob a égide do mais *fatal* dos processos culturais que a imaginação histórica passou a vivenciar com a chegada dos tempos modernos — "o desencantamento do mundo pela ciência"[87] — por que não abraçar tal sorte se de resto estamos fadados a ela, por que não obedecer de bom grado a esse imperativo que nos designa portadores pessoais da desmagificação do mundo?

Destino. *Amor fati*. Des(a)tino.

---

[86] "*Das Schicksal seiner Seele*" (WL: 589; CP2V: 24).

[87] "Desencantamento do mundo pela ciência": há um velho artigo de Karl Löwith que leva justamente esse título, "Die Entzauberung der Welt durch Wissenschaft" (Löwith, 1964).

12.
PASSO 13:
HISTÓRIA GERAL DA ECONOMIA
(semestre de inverno-primavera de 1919-20)

> *Maleficam non patieris vivere!*
> [Não deixarás viver a feiticeira!]
>
> Êxodo 22, 17

> Pois o Senhor Javé não faz coisa alguma sem
> revelar seu segredo a seus servos, os profetas.
>
> Amós 3, 7

BREVE NOTÍCIA DA OBRA

Eis-nos agora diante de um texto que é ao mesmo tempo estratégico e, em si mesmo, problemático. Não fosse minha obsessiva vontade de achar em todas as dobras e nervuras da obra weberiana o termo desencantamento, talvez eu não tivesse tão cedo me dado a chance de ler de ponta a ponta a *Wirtschaftsgeschichte*, que está editada em português desde 1968 como *História geral da economia* [HGE] e tem tradução para o espanhol muito anterior, de 1942 [HEG].

O livro é problemático em sua própria confecção, mais que isto, em sua própria autoria enquanto texto: simplesmente porque Max Weber não é o autor de sua escrita, e isto, em sua inteira materialidade. Da primeira à última letra, nada do que está escrito veio diretamente de sua caneta. Mas o livro é estratégico para os meus propósitos, primeiro por sua data, e depois por estar hoje suficientemente comprovado que os editores responsáveis por sua redação, Siegmund Hellmann e Melchior Palyi, tiveram o maior cuidado em não introduzir terminologias estranhas

Passo 13: *História geral da economia* 167

ao universo vocabular frequentado por Max Weber nos anos finais de sua vida.

De modo que esse meu encontro, quero dizer, ter encontrado na *História geral da economia* o sintagma inteiro que durante esse meu esforço de pesquisa foi, ou melhor, tornou-se "o" objeto de minha libido intelectual, veio conferir a meu trabalho e, de quebra, ao significado *religioso* do termo, uma espécie de chancela de validade e solidez, que de certa forma me devolvia aquele reconfortante senso de realidade que leva alguém a dizer: "não estou delirando, não estou vendo coisas, nem ouvindo vozes", ao mesmo tempo que a mim me parecia ouvir a própria voz de Weber dando aula em Munique, fazendo suas preleções e, de repente, mencionando com todas as letras a *Entzauberung der Welt*, falando em "desmagificação do mundo" enquanto rejeição ético-religiosa da magia. Sim, porque sendo esse um caso raríssimo de um livro saído todinho de anotações tomadas das aulas de um curso (curso completo de história da economia dado por Weber na Universidade de Munique no semestre de inverno-primavera de 1919-20, cf. Collins, 1986: 20), ele primeiro foi dito e só bem depois, escrito. A voz é sua, não a escrita — *entre la voix et l'écriture*, já indagou Derrida (1967a, 1967b), qual delas vem antes? Por qual delas se começa? Naquele verão, Weber morreria.

O importante, o decisivo nisso tudo, é que o significado *religioso* do termo desencantamento se mostra uma constante desde sua cunhagem. Firme e forte até o último instante. Estar o sintagma presente nesse livro tão especial constitui prova inequívoca de que Weber em suas aulas em Munique usou-o nessa acepção até o ano de sua morte, a saber: *com o sentido estrito de desmagificação*. Seus alunos documentaram isso para sempre. Eis a significação subjetiva que tem, para mim, haver topado com o passo 13. Será que algo dessas suas últimas palavras não seria, como sugere Randall Collins, portador de sua "última palavra" sobre o assunto?

Saiba o leitor que meu encontro inesperado com o sintagma *Entzauberung der Welt* aí no final desse compêndio de história universal da economia aconteceu mais ou menos no mesmo momento em que eu tomava conhecimento da visão expressa por Randall Collins, que depois me pareceu hiperbólica mas não naquele momento, segundo a qual a *História geral da economia* seria nada menos que a "última palavra" de Max Weber a respeito do capitalismo moderno (Collins, 1986: 20-1). Ora, se o "moderno capitalismo racional", com sua "organização capitalista-racional do trabalho (formalmente) livre" (GARS I: 7) e essa "nossa moderna cultura capitalista" da dedicação ao *"trabalho* numa profissão",[88] constitui o próprio cerne do objeto do interesse sociológico de Max Weber, todo voltado para a especificidade dessa forma particular de capitalismo bem como para a distintividade do racionalismo ocidental, logo, a crer em Randall Collins, na *História geral da economia* talvez nós encontrássemos também a última palavra *tout court* do economista, historiador e sociólogo Max Weber sobre o processo de desencantamento do mundo como uma das "precondições históricas decisivas" [*entscheidende geschichtliche Voraussetzungen*] "para o desdobramento da moderna ética econômica do Ocidente" (GARS I: 238; Psico: 309; ESSR I: 234). Pelas datas — Weber viria a falecer no verão de 1920, poucos meses depois desse curso de inverno — essa história de últimas falas parece que faz sentido. Quem sabe?

Ao conjunto dessas aulas de Munique ele tinha dado um título modesto: "Esboço de história econômica e social universal".[89] Com o título de *História geral da economia*, o livro é o

---

[88] "[...] e vamos ver [...] de quem nasceu essa ideia de 'vocação profissional' e de devoção ao *trabalho* numa profissão — noção essa tão irracional, como vemos, do ponto de vista de um interesse próprio puramente eudemonista — que foi, e continua sendo, um dos elementos mais característicos de nossa cultura capitalista [*unserer kapitalistischen Kultur*]. A nós, interessa-nos aqui justamente a origem desse elemento *irracional* que se assenta neste como em todo conceito de 'vocação profissional'" (PE/GARS I: 62; EPbras: 51; EPLus: 55).

[89] Em alemão, "*Abriss der universalen Sozial- und Wirtschaftsgeschi-*

resultado de um paciente trabalho de reconstrução póstuma a cargo de Siegmund Hellmann em colaboração com Melchior Palyi, ambos da Universidade de Munique, que compilaram *ex post* o curso todo tendo por base as anotações feitas pelos estudantes, sendo as lacunas cumuladas e as obscuridades sanadas com a ajuda de outros escritos de Weber, publicados e ainda não. Para tanto, puderam contar com a assídua consultoria da viúva de Max, a qual, a princípio, parece não ter gostado muito da ideia de um livro feito à base de apontamentos de aula. Mas o livro foi feito. Saiu publicado em 1923. E foi a primeira obra de Weber traduzida para uma língua estrangeira: estava circulando em inglês já em 1927, antes d'*A ética protestante*, a qual só foi vertida para o inglês em 1930, em famosa tradução assinada por Talcott Parsons.

Para a terceira edição alemã, de 1958, o texto foi revisto pelo perito em weberologia, Johannes Winckelmann, de novo com base em outras notas de alunos posteriormente localizadas, além de beneficiar-se essa revisão do conhecimento íntimo e extenso que Winckelmann possuía da pena weberiana. Dá para ver por essas informações historiográficas que esse livro, dado o seu peculiaríssimo processo de formação, tem um *status* textual que, se não chega a ser de má-formação congênita, é no mínimo complicado, peculiar, devendo ser abordado — alerta-nos Schluchter (1996: 119) — sempre com uma pitada de sal. Coisa que Randall Collins não fez, não deu atenção ao necessário grão de sal, à necessária cautela. Apostou nessa sua leitura todas as fichas, depositando nela todas as expectativas que nutria de fechar uma discussão.

Mas não é só por causa dos problemas ligados à originalíssima história da formação do texto que ele deve ser tratado com cautela. Seu singularíssimo histórico também o relegou a uma posição secundária no interesse dos estudiosos e comentaristas do pensamento de Weber, sendo quase sempre tratado de modo bre-

---

chte". Em inglês, "*Outline of Universal Social and Economic History*" (cf. Schluchter, 1996: 324, nota 42).

ve, episódico, como um recurso apenas auxiliar à argumentação. Não penso, porém, que seja o caso de tratá-lo aqui sequer com reserva — ao contrário, é uma obra sob muitos aspectos bem valiosa. Basta, no meu caso aqui, o cuidado de não arrastá-lo para o leito principal da escrita de Weber, pois ao fim e ao cabo ele não saiu de sua pena, foi escrito por outros.

Quanto ao conteúdo, na disposição geral e no fundo, não há o que temer: o curso como um todo está intimamente entrelaçado, seja temática e conceitualmente, seja cronológica e biograficamente, com o restante do trabalho e do esforço de Weber naquele superprodutivo biênio de 1919-20, empenhado que estava na elaboração e revisão de algumas das principais obras de sua sociologia: o acabamento sempre adiado de *Economia e sociedade*, a finalização da publicação da série de fascículos sobre *O judaísmo antigo*,[90] a conferência sobre *A política como vocação*,[91] a preparação para publicação do texto da conferência já feita sobre *A ciência como vocação*,[92] a terceira versão da *Consideração intermediária*,[93] a revisão do estudo sobre a China e a consolidação definitiva do texto d'*A ética protestante e o espírito do capitalismo*.[94]

---

[90] Sob o programático título *Das antike Judentum*, Weber pouco a pouco foi publicando no *Archiv* as partes de sua análise sociológica da ética religiosa da antiga religião de Israel, posteriormente judaísmo. Como se fosse uma sequência de fascículos (embora de extensão desigual e periodicidade irregular), essa publicação durou de outubro de 1917 a janeiro de 1920 (cf. Schluchter, 1989: 164).

[91] Proferida em janeiro de 1919 (cf. Schluchter, 1979c).

[92] Proferida em novembro de 1917 (cf. Schluchter, 1979c).

[93] Cf. Schluchter, 1979b.

[94] O que lhe exigiu o esforço extra de redigir toda uma série de importantes aditamentos ao texto de 1904-05, além de novas e longas notas de rodapé, para fazê-los constar da nova edição de 1920 (ver PE"G"K; cf. Käsler, 1988).

Passo 13: *História geral da economia*

COMENTÁRIO

Não concordo com a opinião de Randall Collins, exagerada a meu ver, mas no momento em que descobri o passo 13, naquela primeira hora senti que o achado recompensava meu esforço de pesquisa com baixa tecnologia. Era um bocado reconfortante para minha busca linguística encontrar as palavras "desencantamento do mundo" justamente entre aquelas que um sociólogo contemporâneo da estatura de Randall Collins considerava as "últimas palavras" de Weber.

Para variar, a tradução brasileira de Calógeras Pajuaba faz o sintagma brincar de esconde-esconde com o leitor. Sua tradução embaralha os significantes despistando o investigador ao não dizer diretamente "desencantamento do mundo" e apelar para um circunlóquio que resulta correto no significado, mas que oculta o significante original: substitui o substantivo pelo verbo e, não contente, usa no lugar do verbo "desencantar" toda uma frase: "romper o encanto mágico". Diz a tradução brasileira:

> Às profecias cabe o mérito de *haver rompido o encanto mágico do mundo*, criando o fundamento para a nossa ciência moderna, para a técnica e, por fim, o capitalismo. (HGE: 316, grifo meu)

Menos mal que pelo menos o significado se haja preservado. A sinonímia "desencantar = romper o encanto" está perfeita, e eu desconfio que o tradutor[95] tenha sido induzido, talvez inconscientemente, pelo próprio texto em alemão, o qual principia o parágrafo em que está contida essa passagem com uma expressão muito própria do jargão mágico — "quebrar o encanto", "quebrar o feitiço": *die Magie zu brechen* — conectando-a

---

[95] O brasileiro mas também o mexicano, cuja tradução diz: "*han roto el encanto mágico del mundo*" (HEG: 304).

à outra face histórica do mesmo processo bifronte, a racionalização da conduta de vida. O texto alemão não fala nessa passagem em quebrar feitiço, mas alude a isso, já que todo feiticeiro que se preze é sempre um bom quebrador de feitiço alheio (cf. Pierucci, 2001). O que o texto alemão faz é valer-se do jargão para falar da destruição da magia como atitude e mentalidade, como instituição e caldo de cultura, para se referir, em suma, ao magismo. Quebrar a magia, aí, quer dizer destroçar o poder imemorial e inercial do magismo colocando em seu lugar uma religiosidade eticamente orientada. Não por acaso, no mesmo parágrafo vêm à baila as figuras da China e da Índia. Comentando por alto algumas de suas características históricas, Weber observa comparativamente que a religiosidade dos estratos intelectuais asiáticos "nunca foi capaz de desalojar a magia [*die Magie zu verdrängen*]; o máximo que conseguia era pôr uma outra no lugar" (Wg: 309; ver HGE: 316).[96]

A evocação da religiosidade chinesa e hindu serve aqui de contraste para Weber teorizar uma vez mais sobre a importância-chave que teve para o desenvolvimento do racionalismo ocidental o surgimento do judaísmo seguido do cristianismo, "religiões de plebeus", camadas urbanas "de ouvido religioso" em luta aberta e certeira contra seu mais arcaico adversário, a magia, "rebaixada" [*herabgedrückt*] pela nova abordagem ético-religiosa da busca de salvação ao *status* negativo de "coisa ímpia e diabólica" [*zu etwas Unheiligem, Diabolischem*]. Essa luta milenar, aos olhos do Weber sociólogo, acabaria sendo "decisiva" para os efeitos de massa colhidos pelo cristianismo da Reforma na modernidade clássica, tendo sido a magia "asfixiada junto às massas na medi-

---

[96] Lamentavelmente, a tradução brasileira altera o sentido da frase, ao dizer de maneira confusa que a religiosidade oriental "jamais podia estar em condições de eliminar a magia, quando muito, substituí-la" (HGE: 316). O certo seria dizer: "[...] conseguia, quando muito, substituí-la por outra magia".

Passo 13: *História geral da economia*   173

da do possível" [*die Magie in den Massen soweit erstickt wurde als nur möglich*] (Wg: 310). Notar que não se fala aqui de extinção total da magia, mas de sua asfixia "na medida do possível".

Em 1919 ele estava inteiramente convencido de que o gigantesco trabalho de pesquisa sócio-histórica comparada a que se lançara desde mais ou menos 1910 já lhe trouxera ganhos cognitivos enormes para poder fundamentar com argumentos empíricos uma visão menos unilateral da história econômica, com base em sua teimosa concepção de que a causalidade histórica não pode ser senão pluridimensional. Quase dez anos depois, ei-lo, senhor de si, a esbanjar uma visada comparativa tão abrangente que lhe permite, por exemplo, tirar a limpo com clareza e precisão, sem os exagerados arroubos de seu contemporâneo Werner Sombart, o verdadeiro papel desempenhado pelo judaísmo na gênese do moderno capitalismo (cf. Sombart, 1982; Demm, 1989; Mitzman, 1989; Abraham, 1992). Vale notar que nessa sua mais recente delimitação de um elo causal de alcance histórico macrocultural para a especificidade ocidental, Weber aponta insistentemente, maçantemente, para este ponto-chave: a desmagificação ativa da religiosidade que o antigo judaísmo pôs em movimento.

> Com exceção do judaísmo e do cristianismo, e de duas ou três seitas orientais (uma delas no Japão), não há nenhuma outra religião com pronunciado caráter de hostilidade à magia [*Magiefeindlichkeit*]. (Wg: 307; ver HGE: 315)
>
> Na medida em que legou ao cristianismo sua hostilidade à magia [*Magiefeindschaft*], o judaísmo teve um significado decisivo para o capitalismo racional moderno. (Wg: 307; ver HGE: 315)
>
> Enquanto o judaísmo abriu a possibilidade do cristianismo e, no caminho, conferiu-lhe o caráter de uma religião essencialmente estranha à magia [*magiefremden Religion*], ele consumava nessa mesma medida uma grande realização histórico-econômica [*eine*

grosse wirtschaftsgeschichtliche Leistung]. (Wg: 308; ver HGE: 315)

É na guerra teórica e prática que o judaísmo profético declarou e sem tréguas empreendeu contra o magismo que Weber circunscreve o papel "histórico-econômico" do judaísmo, um papel indireto mas decisivo. E porque o DNA do cristianismo protomoderno é judaico, a influência do judaísmo foi decisiva, se bem que indireta e amplamente negativa. Amplamente negativa e vastamente weberiana, eu diria, na medida em que remete novamente a um outro *Motiv* muito caro à teorização de Weber, a saber, o da *remoção de obstáculos* culturais e históricos ao pleno desenvolvimento da racionalidade econômica, ao livre curso da atividade econômica lucrativa. Ao fim e ao cabo dessa teorização, a magia, pensada como *tradicionalismo mágico irracionalmente embasado*, termina categorizada como entrave, travação, amarração. Ironia da vida, não é à magia que compete "abrir os caminhos", antes pelo contrário, demonstra Weber: ela os atravanca. Magia é um estorvo.

Por quê? Porque na realidade "a dominação da magia, fora do âmbito do cristianismo, é um dos mais pesados entraves à racionalização da vida econômica", impedindo a liberação daquele ímpeto motivacional interior que n'*A ética protestante* Weber caracteriza como "sanção psicológica". E por que isso? Simplesmente porque, prossegue Weber, "magia quer dizer *estereotipação* da técnica e da economia" [*Magie bedeutet* Stereotypisierung *der Technik und Ökonomik*] (Wg: 308). Noutras palavras, magia é fixidez, cristalização, inércia, repetição. Em jargão weberiano, isso quer dizer tradicionalismo, ação tradicional no sentido mais puro de um tipo-ideal. É por isso que no capítulo de Sociologia da Religião de *Economia e sociedade* ele nos explica que

> [...] a quebra de normas mágicas ou rituais estereotipadas por meio de profecia ética pode dar origem a revoluções — agudas ou paulatinas — também na ordem

cotidiana da vida e particularmente na economia. (EeS I: 385; WuG: 349)

Na longa trajetória do racionalismo ocidental, um obstáculo de monta a "remover" [*beseitigen*] (Wg: 308), na verdade o grande obstáculo, era a eterna repetição da imutável coreografia do passado, daquilo que sempre foi assim e que, por tabu, não podia ser mudado. Magia é isso, ação estereotipada. Páginas antes, o texto da *História geral da economia* associa magia com tradicionalismo, que por sinal aí aparece lindamente definido como "essa incapacidade e essa aversão de separar-se dos rumos tradicionais" (HGE: 310).

Também é muito intensa a influência que exerce *a magia estereotipada da ação*,[97] essa grande aversão a introduzir modificações no regime de vida comum por temor de provocar transtornos de caráter mágico. De ordinário, atrás dessas considerações esconde-se o afã de conservar prebendas, mas a condição prévia é sempre uma crença em certos perigos de caráter mágico. (HGE: 310)

O fato de que o sintagma "desencantamento do mundo" apareça na *História geral da economia*, e justo no capítulo que trata da origem do capitalismo moderno, é um dado muito significativo para os propósitos deste trabalho. Primeiro, por se tratar de um texto de história econômica, e não de um estudo de Sociologia da Religião; em segundo lugar, por se tratar de um registro historiográfico ele mesmo do estado vigente do pensamen-

---

[97] Há nesta passagem da edição brasileira um erro de tradução paquidérmico: a palavra *Handeln*, que quer dizer "ação", "agir", foi traduzida como "comércio", que se diz *Handel* em alemão, não *Handeln*. A frase então ficou da seguinte forma em português: "a magia estereotipada do comércio", o que não faz o menor sentido no contexto, um erro inexplicável.

to weberiano, registro altamente fidedigno pelo número de pessoas próximas a Weber envolvidas na reconstituição das aulas. E o que ele diz como registro historiográfico? Que no período que vai do início do curso em 1919 até à época de sua primeira edição, em 1923, três anos após a morte de Max, "desencantamento do mundo" figurava tranquilamente entre os elementos componentes de seu léxico, que assim era recebido e assim era publicamente reconhecido. Parece pouco, mas não é. E mais significativo fica quando se leva em conta que o contexto da obra em que vem inserido é o capítulo em que Weber insiste na singularidade da gênese (e na gênese da singularidade) do racionalismo ocidental, procurando mostrar, mais uma vez, qual era o principal fator de resistência ao livre desenvolvimento do moderno capitalismo racional plenamente objetivado: *o fator interno*. O fator motivacional é uma das teimosias de Weber desde a primeira versão d'*A ética protestante e o espírito do capitalismo*, de 1904-05.

Nosso sintagma, portanto, comparece no biênio final de 1919-20 com seu sentido técnico, não metafórico. Volta a comparecer em sentido estrito, não em sentido lato, menos ainda em sentido frouxo ou flexível. Trata-se evidentemente e mais uma vez do desencantamento *ético-religioso* do mundo, do processo de desembaraçar das crenças e práticas mágicas o estilo de vida religioso das pessoas, substituindo-as pela disposição ética internalizada de levar uma vida metódica de trabalho racional *in majorem Dei gloriam*.

No método da sociologia weberiana (e todos acabamos quase decorando isso, pois ele faz questão de sempre voltar a esse ponto e deixá-lo bem claro), "há que se levar em conta principalmente as condições econômicas, reconhecendo a importância fundamental da economia". Mas não se deve ignorar, por outro lado "*a relação causal inversa*: pois o racionalismo econômico depende em sua origem tanto da técnica e do direito racionais, quanto da *capacidade e disposição dos homens para determinados tipos de conduta prática racional*. Quando essa conduta se viu impedida por *obstáculos de tipo espiritual*, também no campo da economia

Passo 13: *História geral da economia*   177

o desenvolvimento de uma conduta racional topou com *fortes resistências internas*. Ora bem, no passado, os *poderes mágicos e religiosos* e as *ideias de dever ético* ligadas a eles se contaram por toda parte entre os elementos formadores da conduta" (AIntro: 12; EPbras: 11, grifos meus). Weber se refere aí a "obstáculos de tipo espiritual" e no capítulo I da HGE, chamado "Preâmbulo conceitual", podemos encontrar outra versão do mesmo "espírito da coisa", quando ele diz que mesmo numa história da economia mundial *outros fatores de natureza extraeconômica* devem ser considerados. E, com efeito, quando se trata de fazer uma história econômica de longa duração, como tratar da economia antiga sem tocar no tradicionalismo?

> Nos períodos antigos, era diferente o grau de racionalismo econômico. No princípio está o *tradicionalismo*, que se apega ao passado, aos costumes herdados e os transfere a outras épocas, ainda que, com o decorrer do tempo, já tenha perdido sua primitiva significação. Só lentamente se chega a superar esse estado de coisas. Portanto, a história econômica tem de contar também com *elementos de caráter não econômico*. Entre estes figuram: fatores mágicos e religiosos — a ânsia por *bens de salvação*; fatores políticos — a ânsia por *poder*; interesses estamentais — a ânsia por *honra*. (Wg: 46; ver HGE: 24, grifos do original)

Isso é apenas mais uma prova de quão equivocado é ficar opondo a *História geral da economia* à Sociologia da Religião. Seu capítulo inicial faz algumas alegações metodológicas que são inteiramente consistentes com todo o resto da obra de Weber. E o capítulo final prova, acima de qualquer outra alegação, o quão consistentemente Weber manteve até o fim da vida aquela posição metodológica básica formulada amplamente já no ensaio sobre a *Objetividade*, redigido na mesma época da primeira versão d'*A ética protestante*, em 1904 (cf. Objekt). A posição tomada desde o início é a seguinte: não é possível explicar nem mesmo a economia e seus diversificados desenvolvimentos sem levar a sério os aspectos essenciais da história cultural, sobretudo da vida religiosa; é necessário torná-los parte imprescindível da análise, encadeando-os e imbricando-os aos outros fatores, econômicos, políticos e sociais. E nem se trata de ficar imaginando que Weber pudesse ficar oscilando o tempo todo para a frente e para trás, entre o idealismo e o materialismo. Se a leitura de suas diferentes obras nas diferentes especialidades científicas cria a sensação dessa flutuação, isso apenas mostra, como observou Schluchter com muita perspicácia e delicadeza, que Weber "era bem consciente do que seja um ponto de vista" (Schluchter, 1996: 333, nota 126; ver, a propósito, o próprio Weber em Objekt: 169-170; MSS: 71-72).

Resta-me por fim considerar de maneira mais detida a profecia, "a grande profecia racional", este elemento causal posto em destaque gráfico no passo 13, com o uso de dois pontos seguidos de grifo: "Para quebrar a magia e disseminar a racionalização da conduta de vida, houve em todos os tempos somente um meio: *grandes profecias racionais*" (HGE: 316). Com tal expressão, Weber está se referindo pela enésima vez à profecia tal qual a conhecemos do Antigo Testamento, a profecia tal como praticada pelos grandes profetas de Israel já nos tempos pré-exílicos. Em termos sociológicos, a profecia hebraica é do tipo "profecia emissária", a qual se diferencia tipologicamente da "profecia exemplar", segundo as várias definições conceptuais desenvolvidas pormenorizadamente no parágrafo 4 do capítulo de *Economia e sociedade* dedicado à sociologia sistemática da religião (WuG: 268-275; EeS I: 303-310). O profeta emissário é um "instrumento que anuncia um Deus e a vontade dele", seja essa vontade uma ordem concreta ou uma norma abstrata. É um indivíduo encarregado por Deus de "exigir a obediência como dever ético" (EeS I: 308). Weber define o tipo-ideal do profeta como sendo "o portador de um carisma puramente pessoal, o qual, em virtude de sua missão, anuncia uma doutrina religiosa ou um mandamento divino. [...]

Passo 13: *História geral da economia*   179

Ele se distingue do feiticeiro pelo fato de que anuncia revelações substanciais e a substância de sua missão não consiste em magia, mas em doutrina ou mandamento" [*nicht in Magie, sondern in Lehre oder Gebot*] (EeS I: 303; WuG: 269).

Comenta Raymond Aron brilhantemente: "A força, ao mesmo tempo religiosa e histórica, que rompe o conservantismo ritualista e os estreitos laços entre o carisma e as coisas, é o profetismo. Ele é religiosamente revolucionário [...] porque estabelece uma oposição fundamental entre este mundo e o outro" (Aron, 1967: 546) — uma disjunção entre o aquém e o além que afasta cada vez mais o divino do criado, que separa o sobrenatural da natureza (Gauchet, 1985: 139-141). Em nome de Javé, o Deus da aliança com o povo de Israel, os grandes profetas da era pré-exílica atacavam a base mesma dos outros cultos, a visão mágica do mundo, ensinando com demonstrações e exortações às suas audiências que o homem, a natureza e a divindade são entidades totalmente separadas. E se o Deus único da profecia emissária é um Deus pessoal e supramundano, os homens estão privados do poder de coagi-lo magicamente com rituais simpáticos e fórmulas mágicas.

Num primeiro momento, a profecia ética *desvaloriza* as práticas mágicas, retirando-lhes todo valor salvífico — magia é uma nulidade, uma bobagem, uma inutilidade [*überhaupt als nutzlos*] (WuG: 278). Desencantar, então, é varrer esse lixo. Num segundo momento, a profecia ética *antagoniza* a magia, que passa a ser levada a sério como coerção divina e, enquanto tal, ofensa grave a Javé, o Deus da aliança: pecado, blasfêmia, sacrilégio. Pois todo poder de salvar pertence a Javé e dele provém.

> Em virtude de seu sentido, toda profecia, ainda que em grau diverso, desvaloriza os elementos mágicos. [...] Os profetas israelitas não apenas rejeitam a pertinência aos magos e adivinhos qualificados [...] mas também rejeitam a própria magia, como inútil. Somente a relação significativa especificamente religiosa com o eterno traz a salvação. (EeS I: 313)

A magia não salva, não consegue salvar, eis a acusação. Quando o profeta Isaías interpela Babilônia, suas palavras podem nos servir de ilustração do desapreço que um "profeta da desgraça" reserva à magia por sua impotência salvífica:

> Ouve isto, agora, ó voluptuosa! [...] Uma desgraça te sobrevirá, tu não saberás como conjurá-la; uma ruína se desencadeará sobre ti e tu não poderás afastá-la. Repentinamente virá sobre ti a calamidade, sem que o saibas. Persiste, pois, nos teus encantamentos e na multidão dos teus sortilégios, com os quais te fatigaste desde a tua juventude. Talvez consigas tirar deles algum proveito, talvez consigas inspirar medo. Estás cansada com as tuas consultas inúmeras; apresentem-se, pois, e te salvem aqueles que praticam a astrologia, que observam as estrelas, que te dão a conhecer de mês em mês o que há de sobrevir-te. Eles são como o restolho, o fogo os queimará; não conseguirão salvar a sua vida do poder das chamas, pois não se tratará de um braseiro próprio para aquentar-se, ou de um fogo próprio para sentar-se junto dele. Tais serão os teus adivinhos, com os quais te fatigaste desde a tua juventude: todos eles se desgarraram do caminho, nenhum deles conseguiu salvar-te. (Isaías 47, 8-15)

Em poucas palavras: magia não salva, simplesmente não consegue salvar. Não tem poder redentor, não tem valor salvífico. Assim o decreta a profecia ética de Israel, e assim o irão pregar mundo afora os reformadores puritanos. Cabe ao povo obedecer à vontade de Javé, expressa em mandamentos éticos de regulamentação da conduta, fundindo a prática religiosa com a atividade de cada dia. A ação *com valor salvífico* deixa de ser o ritual, o sacrifício, o êxtase místico, a ida ao templo. A partir de agora a salvação se desloca para a conduta reta que brota de um reto coração, a vida santa, santificada sistematicamente em conformi-

Passo 13: *História geral da economia*   181

dade com a vontade expressa do Deus único. "O que o Deus dos profetas israelitas quer não são os holocaustos", lembra Weber, "mas obediência a seus mandamentos" (EeS I: 314).

Os homens se tornam conscientes, como nunca, da obrigação de conduzir sua vida diferentemente do que ela sempre foi, de moldá-la de acordo com um modelo ideal de perfeição divinamente revelado, sancionado e cobrado. A distinção que emerge entre o mundo das criaturas e a absoluta transcendência divina, o dualismo de mundos, desdobra-se nesta outra, a distinção entre o que os homens "fazem de fato" individual ou coletivamente e o que o Deus único "quer que eles façam e eles, portanto, devem fazer". Eis aí a gênese da cisão intelectualizada e racionalizadora entre o "ser" e o "dever ser". É a emergência histórica do comportamento moral reflexivo, e de início ele é só isto mesmo, não pode ser muito mais do que isto em sua heteronomia essencial: a condução de uma vida tendencialmente homogênea em obediência a uma norma religiosa revelada, dotada pela pregação profética de especial vigência e rigor e abraçada interiormente pelo indivíduo num misto de abandono e responsabilidade (cf. Fahey, 1982; Roshwald, 1991). É a consumação da relação *religiosa* como *ética* religiosa, na supremacia da ética sobre a teologia. Noutras palavras, é o triunfo da religião eticizada sobre a religião ritual-sacramental embebida de magismo. É a desmagificação da religiosidade, seu desencantamento. E a nascente de tudo isso, rica de possibilidades ilimitadas de racionalização da vida e de dominação do mundo, foi a profecia israelita — a *grande profecia racional.*

> Magia e religião a gente encontra em todos os lugares. Mas um fundamento religioso da conduta de vida que como resultado fosse dar num racionalismo específico é, em compensação, peculiar apenas ao Ocidente. (Wg: 270; HGE: 280)

Weber não conseguiu esconder em seus escritos a simpatia pessoal que nutria pelos profetas éticos do Antigo Testamento, esses críticos da cultura. Em *Economia e sociedade* isso fica muito claro, principalmente pelos elementos da casuística empírica que o autor reúne e mobiliza no esforço lógico de selecionar os traços e então definir formalmente pelo menos dois tipos ideais intimamente afins: o profeta[98] e a dominação carismática.[99] O profeta emerge como um *indivíduo individualizado*, digamos assim, independente, autônomo, que age por conta própria, socialmente desvinculado e politicamente contestador. Um reformador inflamado, com a vantagem de somar em si as duas únicas forças — carisma e racionalidade — capazes de derrubar os tabus da tradição religiosa, da autoridade patriarcal, do tradicionalismo cultural e econômico.

Mas a simpatia de Weber pelo profeta emissário — segundo ele um tipo social característico apenas das culturas religiosas do Oriente Médio — fica ainda mais evidente no inacabado estudo sobre o judaísmo antigo, *Das antike Judentum* (AJ), o qual merece aqui pelo menos algumas linhas de consideração. Nele, páginas e páginas são dedicadas a descrever, em diversos momentos históricos e em diferentes circunstâncias político-religiosas da história de Israel, a hostilidade do profetismo judaico ao ritualismo dos sacerdotes israelitas fortemente contaminado de magia, bem como ao magismo profissional que persistia internamente como prática heterodoxa e predominava externamente na religiosidade das civilizações circundantes (sobretudo Egito e Babilônia).

Mas, por incrível que pareça, no ensaio inacabado sobre o *judaísmo antigo* não aparece uma vez sequer o termo "desencantamento", muito embora a ideia da desmagificação como "repressão à magia" seja tematizada o tempo todo e percorra o ensaio

---

[98] Que ele contrapõe a outros dois tipos, o feiticeiro e o sacerdote, formando assim a tríade dos profissionais religiosos típicos (cf. Bourdieu, 1974a; 1974b).

[99] Que forma, com a dominação tradicional e a dominação racional-legal, os "três tipos puros" de dominação legítima.

Passo 13: *História geral da economia*   183

de ponta a ponta. A *coisa* está lá, permeando todo o texto, mas o *nome* não aflora. É bem verdade pelo menos uma vez aparece um outro sintagma correspondente a *Entzauberung der Welt* em seu sentido técnico: *Verwerfung der Magie*, que pode ser traduzido como reprovação, condenação ou rejeição da magia (AJ: 222; GARS III: 236; ESSR III: 251). É realmente curiosa essa ausência, já que Weber não deixa de empregar, além de outros termos substitutos, esta outra expressão afim à temática do desencantamento. Refiro-me agora à metáfora do "jardim encantado" (GARS III: 237). No capítulo dedicado a analisar a "ética do javismo", no esforço por distinguir entre "milagre" e "feitiçaria", ele não perde a oportunidade de mais uma comparação *cross*-cultural com as religiosidades "asiáticas":

> Onde nas religiões asiáticas está o "feitiço" [*"Zauber"*], em Israel está o "milagre" [*"Wunder"*]. O mago, o salvador, o Deus da Ásia "enfeitiça" [*"zaubert"*]; o Deus de Israel, pelo contrário, quando se o invoca e se lhe suplica, realiza "milagres". Já falamos antes desse contraste tão profundo. Em contraposição ao "feitiço", o "milagre" é uma figura mais racional. (AJ: 222; ESSR III: 252)

"O mundo do indiano permaneceu um jardim encantado irracional." O mundo do judeu, por sua vez e por contraste, não. O uso do verbo "permanecer" sugere obviamente que o mundo israelita antes era um jardim encantado, mas deixou de sê-lo, racionalizado-se por marcação de seus virtuoses religiosos característicos, os profetas emissários. Chama a atenção o fato de que nesse contexto de comparação do magismo com o monoteísmo ético Weber ressalta, mais uma vez, o caráter irracional da magia, tema já discutido no passo 1. O que aqui se diz do milagre é que ele difere do feitiço precisamente por seu grau mais exigente de racionalidade sistêmica e coerência narrativa: "o milagre é um produto significativo e inteligível das intenções e reações da divindade" (AJ: 223; ESSR III: 252). Portador de racionalização teórica, portanto, a qual supõe a atividade sistematizadora própria de intelectuais religiosos; intelectualização religiosa, noutras palavras.

É deveras intrigante observar como a noção de um sentido metafísico que transforma o mundo em cosmos ordenado, quando considerada do ponto de vista do desencantamento do mundo, tem em Weber uma dupla entrada e, mais importante, uma dupla direção. O judaísmo profético, quando desencanta o mundo, confere-lhe um sentido homogêneo [*einheitlicher Sinn*], tal como explica Weber, longamente, no final da seção de *Economia e sociedade* dedicada ao profeta (WuG: 275; EeS I: 310); em compensação, a ciência empírica moderna, quando desencanta o mundo, retira-lhe o sentido, transformando este mundo num mero mecanismo causal, em cosmos da causalidade natural, conforme dito e repetido n'*A ciência como vocação* e na *Consideração intermediária*.

É pois na relação bifronte que entretém com a ideia metafísica de um sentido unitário do mundo que aflora a complexidade do conceito weberiano de um mundo desencantado. Aqui, sim, talvez caiba pensar em plurivocidade do desencantamento, mais ou menos na direção apontada por Ricoeur (1995), para evitar que o conceito se torne vítima de uma univocidade acanhada. Talvez, digo eu, e vou logo acrescentando: contanto que não seja para dissipar em metaforizações e inconsistências sem qualquer serventia técnico-científica [*fachwissenschaftlich*] esse núcleo duro do conceito que na sociologia tardia de Weber alberga o tempo todo uma plurivocidade binária concomitante e não estratificada.

Pode-se desencantar o mundo ordenando-o sob um sentido que unifica, como fez a profecia ético-metafísica, e pode-se desencantá-lo estilhaçando este sentido unitário, como tem feito a ciência empírico-matemática.

Weber sabia muito bem o que significa um ponto de vista.

Passo 13: *História geral da economia*

13.
PASSOS 14 A 17:
A ÉTICA PROTESTANTE
E O ESPÍRITO DO CAPITALISMO
(2ª versão: 1920)

> *Habent sua fata libelli.*
> [Os livros têm lá seus fados.]
>
> Verso latino, séc. III d.C.

BREVE NOTÍCIA DA OBRA

Considere o que sempre lhe disseram: que *A ética protestante e o espírito do capitalismo*[100] foi publicado pela primeira vez em 1904-05. Por que, então, há de estar se perguntando, num estudo todo montado em cima da disposição cronológica dos textos de Weber contendo o significante "desencantamento" em diversas formas gramaticais, *A ética protestante* acabou ficando em último lugar? Não é o contrário que se esperaria, *A ética protestante* no começo?

Considere agora o que ficou dito no passo 1, a saber, que foi somente em 1913 ou pouco antes, no ensaio metodológico "Sobre algumas categorias da sociologia compreensiva" [Kat], que Weber passou a usar por escrito a expressão *Entzauberung der Welt*, não sendo possível desta sorte achar-se o termo na edição de 1904-05, e a conclusão óbvia a que chegará é que o uso desse conceito n'*A ética* só pode ser coisa de uma edição posterior.

E com efeito. É da segunda edição, de 1920, trabalho dos seus últimos meses de vida. Daí sua colocação em último lugar na ordem cronológica que ora apresento dos passos do conceito.

---

[100] A partir de agora as menções a essa obra serão feitas em forma reduzida: *A ética protestante* ou simplesmente *A ética*.

Para concluirmos o percurso, convém deixar assentado de uma vez por todas que Weber nos deixou não somente duas edições d'*A ética protestante*, mas duas *versões*. A primeira, publicada em duas levas, em 1904 e 1905,[101] e a outra, revista e ampliada, editada em 1920.[102] Todas as traduções que até hoje conhecemos, a começar da primeira, de 1930, assinada por Talcott Parsons, usaram a versão ampliada de 1920, inserida por Weber no volume I dos *Ensaios reunidos de Sociologia da Religião* [GARS I].

Há diferenças importantes entre as duas versões, já que a segunda recebeu do autor não só pequenas alterações e ajustes terminológicos ou gramaticais, mas também e principalmente acréscimos preciosíssimos. Faz tempo já — segunda metade dos anos 1970 — que weberólogos alemães começaram a nos lembrar de como pode ser estratégico na análise da obra de Weber levar em conta as diferentes versões d'*A ética protestante*. Dois deles de modo especial, Friedrich H. Tenbruck (1975) e Wolfgang Schluchter (1976). Seus aportes historiográficos cada vez mais técnicos começaram a girar mundo (em inglês, é claro) já na virada dos anos 70 para os 80. O artigo de Tenbruck, *Das Werk Max Webers*, o mais explícito a esse respeito até então, saiu traduzido em

---

[101] "Die protestantische Ethik und der 'Geist' des Kapitalismus, I", escrita no verão de 1904 e publicada no *Archiv für Sozialwissenschaft und Sozialpolitik*, vol. 20 (nov. 1904), pp. 1-54; e "Die protestantische Ethik und der 'Geist' des Kapitalismus, II", escrita no início de 1905 e publicada no *Archiv für Sozialwissenschaft und Sozialpolitik*, vol. 21 (jun. 1905), pp. 1-110. Foi essa primeira versão de 1904-05, obviamente, que suscitou a longa polêmica entre Weber e seus críticos, cujas posições refutou em textos que ficariam conhecidos como "anticríticos" (menos conhecidos entre nós brasileiros), e que foram publicados nos anos de 1907, 1908 e 1910, também na revista *Archiv* (cf. PE II).

[102] Versão revista e ampliada da primeira edição, expandida não apenas com novas e longas notas de rodapé, várias delas "anticríticas", mas também e sobretudo com importantes adendos do autor. Saiu publicada em 1920, em seus *Ensaios reunidos de Sociologia da Religião* (GARS I: 17-206).

inglês em 1980, um ano depois que o ensaio de Schluchter saíra numa coletânea publicada em colaboração com Roth (1979), dando a conhecer para fora da Alemanha essa discussão (de todo modo insólita) em torno de datas e datações dos escritos de Weber, desencadeando e retroalimentando pesquisas que só fizeram avolumar desde então, resultado valioso de "toda uma indústria Weber" (a expressão é de Roth) que passou a produzir e engrenar novidades weberianas desde meados dos anos 80.[103]

Para o caso particular de um estudo no formato do meu, resulta crucial levar em conta que as diferenças entre a primeira e a segunda edição d'*A ética protestante* não só existem como importam. E muito. Isto por uma razão a mais no meu caso: porque todos os quatro passos que tratam do desencantamento do mundo n'*A ética protestante* estão nos acréscimos tardios que Weber julga necessário ou conveniente fazer em 1920, a poucos passos da morte. Max Weber morre de pneumonia em pleno verão, no dia 14 de junho de 1920. Tem 56 anos.

O fato de que todos os quatro aditamentos feitos em 1919-20 façam uso explícito do sintagma em sua inteireza — "desencantamento do mundo"— é, em si mesmo, digno de nota. Deve fazer algum sentido para as suas exigências de sistematicidade. Além do que, para o estudioso de Weber muda muito saber que eles não constam da primeira versão de 1904-05: no mínimo isso quer dizer que momentos tão altos d'*A ética*, ao contrário do que pensam muitos comentaristas, *não* representam o começo da elaboração da tese do desencantamento do mundo, não têm como o fazer, pois constam somente da segunda versão, que por fatalidade ficou sendo a última, sua forma *definitiva*. Os passos de 14 a 17, portanto, trazem as derradeiras intervenções weberianas sobre a coisa, não as primeiras. Isso definitivamente reorienta o

---

[103] Roth aponta com precisão a data em que se tornou publicamente visível o que ele caracteriza como *"a whole Weber industry"*: o ano de 1984 (cf. Roth, 1993: 149).

rumo que se imprimiu às interpretações do tema até essa descoberta. "Se oriente, rapaz!"

Orientemo-nos, pois. Quer dizer, atualizemo-nos.

Pois as novidades nesse campo não pararam de chegar, e a qualidade da informação sobre a escrita de Weber não para de se aprimorar. Em 1993, o cenário dos estudos em torno d'*A ética* ficou ainda mais rico. Entrava em cena, aquele ano, uma edição crítica trazendo a reprodução da primeira edição. Até o título original vinha reproduzido no detalhe — *Die protestantische Ethik und der "Geist" des Kapitalismus* (cf. PE"G"K) —, com aspas no "espírito" e tudo, essa marca registrada da primeira edição, como que para sinalizar aos bons entendedores que se tratava mesmo da reprodução do texto original tal e qual aparecera no *Archiv* em 1904-05. E, o que é melhor, e nisso residia a grande novidade da coisa, vinha acrescida de um extenso anexo dando conta de todas as inserções, variações e pequenas correções tardias, devidamente ordenadas e numeradas, que haviam sido incorporadas por Weber à segunda edição e, dada a quantidade dessas mexidas, transformando-a praticamente numa segunda versão. Desvinculada do projeto Max Weber Gesammtausgabe de Munique a que me referi de início,[104] eis uma realização de relevância inestimável, resultado mais que oportuno de uma boa ideia, aliada a um primoroso trabalho de pesquisa e edição coordenado pela dupla de weberólogos Karl Lichtblau e Johannes Weiss. Uma ferramenta doravante indispensável aos estudiosos de Weber em qualquer nível.

Depois desses avanços no estado da documentação pertinente, hoje não se pode mais desconhecer que os quatro passos que nomeiam o desencantamento do mundo n'*A ética protestante* se encontram nos trechos acrescentados pelo autor nos últimos meses de vida. E todos os quatro significativamente no capítulo

---

[104] Ver capítulo 2, "Meu ponto".

Passos 14 a 17: *A ética protestante e o espírito do capitalismo*   189

IV,[105] aquele que leva o título de "Os fundamentos religiosos da ascese intramundana".[106] Não levar em conta hoje que só muito depois Weber foi e inseriu essas passagens no célebre ensaio junto com outros tantos adendos, pequenos ajustes vocabulares e mais uma nova leva de notas de rodapé, representa atraso técnico de consequências drásticas para uma interpretação minimamente plausível do próprio conceito que estiver em jogo com seus pleitos de clareza, congruência e sistematicidade, assim como para uma avaliação fidedigna da trajetória de um pensamento clássico num ponto importante de seu sistema categorial, que afinal de contas resulta de um trabalho de elaboração conceitual também ele sistemático, mas que teve lá suas próprias vicissitudes: avanços e recuos, hesitações vocabulares e escolhas terminológicas. Referindo-se tempos atrás ao conceito de carisma em Weber, Guenther Roth saiu-se com a ideia de que o próprio carisma tinha "uma história desenvolvimental" (Roth, 1976): pois o mesmo vale para A ética protestante no que tange ao desencantamento do mundo.

COMENTÁRIO

O desaviso em relação a esse dado histórico pode levar o intérprete de Weber a concluir, por exemplo, que a tese do desencantamento fazia parte de sua compreensão explicativa da gêne-

---

[105] Ou capítulo 2.1 noutras edições.

[106] Em alemão, "Die religiösen Grundlagen der innerweltlichen Askese" (PE/GARS I: 84). A velha tradução brasileira da editora Pioneira altera a ideia do título do capítulo IV (ou 2.1) ao substituir o adjetivo "intramundano" [innerweltlich] por "laico" e transforma o ascetismo do título em "ascetismo laico", quando deveria ser "ascetismo intramundano", ou "ascese intramundana" (cf. EPbras: 65), uma vez que se trata de ascese que é intramundana e fortemente religiosa, não laica.

se da modernidade ocidental *desde o início* de sua produção propriamente sociológica, e que, *naquele início*, por volta de 1904, a expressão desencantamento do mundo não só detinha tal ou qual importância, como também trazia tal ou qual conteúdo de sentido.

Foi esse o equívoco de que foi acometida a ensaísta Catherine Colliot-Thélène, cujo livro *Max Weber e a história* (1995) foi traduzido no Brasil com o entusiástico aval do filósofo José Arthur Giannotti. Crente que a segunda edição d'*A ética protestante*, à qual todos os leitores, estudiosos e tradutores temos tido acesso desde 1920 em alemão (e desde 1930 em inglês), fosse igualzinha à primeira (de 1904-05), sem sequer suspeitar que se tratava na verdade de uma segunda versão, ela tirou não sei de onde que o significado do termo que consta da segunda edição revista foi "o primeiro" a vir à tona numa trajetória teórica que supostamente estava apenas começando ali, mas que a partir de então iria se complexificar e aprofundar, alterando-se com isso, na travessia, o conteúdo do termo. "A expressão 'desencantamento do mundo' aparece primeiramente em *A ética protestante*...", escreveu (Colliot-Thélène, 1995: 89). Pois se enganou. E desse fulminante engano tirou conclusões quaisquer a respeito da evolução seguida pelo conceito em sua alegada sistematização no decurso da produção intelectual de Weber. Para ela, tudo se passa como se o conceito tivesse começado n'*A ética protestante*, significando sim nesse alegado começo "a eliminação da magia enquanto técnica de salvação", mas depois, "nos textos de 1913 a 1919",[107] o significante em tela teria adquirido, "além desse emprego, um sentido mais amplo e mais vago" (*sic*), passando a designar doravante "um mundo intelectualizado [...] um mundo desprovido de *sentido*" (*ibidem*: 90).

Antes dela, que eu me lembre, um velho e respeitável soció-

---

[107] Periodização descompromissada, chutada, completamente estapafúrdia.

Passos 14 a 17: *A ética protestante e o espírito do capitalismo*

logo francês especializado em Sociologia da Religião, François-
-A. Isambert, havia cometido algo parecido. Não tendo a menor
informação a respeito da diferença de versão entre as duas edições, Isambert deu de barato certa vez que a simples ocorrência
do termo *Entzauberung* na edição alemã que estava usando, a de
1920, era o *primeiro emprego* que Weber fizera do conceito e
assim, inocentemente, passou a lucubrar em cima de um engano,
derivando supostas implicações concernentes à "concepção" de
desencantamento no conjunto da obra do clássico alemão. Apenas para atestar, cito-lhe o passo fatídico: "É nessa perspectiva
que se deve abordar tal apreciação na qual *Max Weber emprega
pela primeira vez a palavra 'Entzauberung'* e que pode servir de
ponto de referência central a toda a sua concepção do 'desencantamento': a saber, n'*A ética protestante* ele contrasta os meios de
salvação que a Igreja Católica põe à disposição dos fiéis com a
atitude ética do protestantismo" (Isambert, 1986: 90, grifo meu).
Pela primeira vez? Calma lá!

Devagar com o andor! Por esses dois casos dá para ver que
o velho e bom hábito de pensar *A ética protestante* como se fosse o início mesmo da produção especificamente sociológica de
Weber pode, de repente, transformar-se em mau conselheiro,
mormente quando se trata de comparar diferentes significados
assumidos ao longo da obra por determinado conceito, e era esta
a proposta dos comentaristas citados. Devagar com o andor!
Quem deseja ser minimamente fiel ao nível de diferenciação conceitual efetivamente atingido por certos conceitos weberianos não
pode deixar de bem situá-los historiograficamente nas diferentes
camadas de texto depositadas no decurso de sua produção e, para
tanto, não pode (ou melhor, não pode mais hoje em dia) deixar
de levar em conta o enorme avanço técnico-documental por que
tem passado nas últimas décadas a *scholarship* concernente à própria confecção de cada obra de Weber. Além da "biografia do
autor", hoje enriquecida sobretudo por novas cartas, e cartas são
sempre reveladoras, sofistica-se e solidifica-se, cada vez mais
mais, a "biografia da obra" [*Werkgeschichte*].

Vamos aos adendos. O *starting point* histórico-universal [*universalgeschichtlich*] do desencantamento do mundo foi o surgimento de uma especificidade cultural do judaísmo antigo, os profetas bíblicos com sua profecia emissária de interpelação ética, verdadeiro olho-d'água do Ocidente com seu racionalismo peculiar. Essa ideia, na verdade também ela uma tese peculiar com a marca pessoal de Weber a essa altura plenamente desenvolvida e empiricamente fundamentada embora nem sempre com a terminologia própria, Weber volta a enunciá-la condensadamente na versão revista e ampliada d'*A ética protestante*. Essa fórmula, que sempre vale a pena reler, constitui o miolo de um adendo maior que é o passo 14:

> Aquele grande processo histórico-religioso de desencantamento do mundo, que começou com a profecia do judaísmo antigo e, em associação com o pensamento científico helênico, repudiava todos os meios *mágicos* de busca da salvação como superstição e sacrilégio, encontrou aqui sua conclusão.[108] (PE/GARS I: 94-95; ver ESSR I: 98-99; EPbras: 72; grifo do original)

Quinze anos depois da primeira edição d'*A ética protestante*, Weber inseriu na segunda edição essa informação um tanto quanto estranha do ponto de vista de seu alcance temporal, que destoava flagrantemente da temporalidade *stricto sensu* moderna tanto da ética protestante quanto do espírito do capitalismo. Tenbruck comenta isso com certo espírito (Tenbruck, 1980: 319). Eis senão quando, diz ele, no meio de uma obra que já nas primeiríssimas páginas delimitara em cerca de três séculos e pouco a duração temporal do objeto de sua reflexão — o impacto do pro-

---

[108] A tradução brasileira, bem como a de Parsons (ver PEeng: 105), falam ambas em "conclusão lógica"; o original alemão diz apenas "conclusão" [*Abschluss*].

Passos 14 a 17: *A ética protestante e o espírito do capitalismo*

testantismo ascético sobre a cultura capitalista e o *homo economicus* dos tempos modernos, estendendo-se portanto da primeira modernidade dos séculos XVI e XVII à *belle époque* do "capitalismo triunfante" [*der siegreiche Kapitalismus*] (PE/GARS I: 204) —, eis senão quando, diz Tenbruck, o leitor é surpreendido com a brusca entrada em cena de um processo de desencantamento datado de milênios atrás — *durch Jahrtausende*[109] — dotado, portanto, de uma duração mais que longa, longuíssima. Se considerarmos as referências cronológicas de periodização histórica que o próprio Weber fornece ao tratar do profetismo pré-exílico em *Economia e sociedade*, datações tomadas dos estudos de seu irmão Alfred Weber (cf. Demm, 1989; Krüger, 1989) e das teorizações de Karl Jaspers acerca da "era axial", vamos verificar que o *starting point* da desmagificação religiosa do mundo remonta ao período histórico que se estende "do século VIII até o século VI e mesmo o V [a.C.]" (EeS I: 304; WuG: 270). Ao despontar o protestantismo ascético, já fazia mais de dois milênios que se iniciara a luta dos profetas bíblicos contra a magia.[110]

Ponto de partida *religioso*: o profetismo israelita. Ponto de chegada *ainda religioso*: o protestantismo ascético. O enunciado, surpreendente por sua redondez e abrangência que entretanto não lhe afetam a parcimônia, tão bem acabado em termos de enumeração, densidade e completeza dos elementos que reúne e imbrica, tornou-se com o tempo uma das frases mais conhecidas de Weber, das mais citadas até mesmo de memória. Enunciação de vulto e completamente redonda, delimita o começo [*einsetzen*] e o fim [*Abschluss*] de um vasto movimento histórico de mudança cultural que percorre perto de três milênios.

---

[109] "[...] esse processo de desencantamento, que vem se dando na cultura ocidental ininterruptamente *através de milênios* [...]" (WaB/WL: 594; FMW: 139, grifo meu; cf. passo 8).

[110] Sobre a "era axial", ver Eisenstadt (1982; 1987) e Gauchet (1985).

O parágrafo da edição de 1904-05 que iria receber esse aditamento na verdade já estava a descrever o fenômeno do desencantamento *religioso* do mundo, que todavia na primeira edição não tinha um nome. E de fato. O contexto imediato não descreve outro processo senão este, o da desmagificação da própria religiosidade cristã de matriz judaica no alvorecer da modernidade, o esvaziamento da magia sacramental do próprio cristianismo que Calvino leva a cabo de modo *nec plus ultra*. Weber considera que a mais característica das novas ideias do calvinismo era a doutrina da predestinação, esse *decretum horribile* do Deus único pelo qual, "para a manifestação de sua glória, alguns homens e anjos são predestinados à vida eterna e outros são preordenados à morte eterna",[111] doutrina que afetava de forma radical a concepção cristã de salvação. Compactada nesse dogma estava a noção da absoluta liberdade de Deus para salvar ou condenar, exercida sempre-já muito acima do mérito ou da culpa das criaturas humanas, e muito além de sua capacidade de influenciá-lo com rituais e rezas, súplicas, chantagens, prestações ou oferendas. Muito além da magia, fosse qual fosse. E porque, segundo o comentário *en passant* de Weber, a predestinação para Calvino foi menos "vivenciada" [*erlebt*] do que "pensada" [*erdacht*], sua doutrina resultou muito mais lógica, rigorosa e implacável que a de Lutero, Agostinho e Paulo. Agora as obras piedosas e os ritos religiosos apareciam todos eles em sua miséria salvífica: impotentes, ineficazes, destituídos de todo e qualquer valor quanto a conseguir a salvação, de resto já concedida ou negada desde a eternidade pelo insondável e assustador desígnio de um Deus soberano, arbitrário e inatingível. Começa assim o contexto em tela, descrevendo em negativas fortes e anaforicamente dispostas o impacto desmagificador da doutrina calvinista:

---

[111] Cap. III, nº 3, da "Confissão de Westminster", de 1647 (cf. PE/GARS I: 90; EPbras: 69).

Passos 14 a 17: *A ética protestante e o espírito do capitalismo*

Em sua patética desumanidade, essa doutrina devia ter como resultado, para o estado de espírito de uma geração que se rendeu à sua acachapante consistência, antes de mais nada uma consequência: um sentimento inédito de *íntimo isolamento do indivíduo singular*. Naquilo que para os homens da época da Reforma era o assunto mais decisivo da vida — a salvação eterna — o homem foi forçado a seguir sozinho o seu caminho ao encontro de um destino que lhe fora fixado desde a eternidade. Ninguém poderia ajudá-lo. Nenhum pregador: pois só o eleito é capaz de compreender "espiritualmente" a palavra de Deus. Nenhum sacramento: pois os sacramentos são na verdade meios decretados por Deus para o aumento de sua glória, devendo então ser acatados, mas não são meio algum de alcançar a graça [...]. Nenhuma igreja: pois mesmo que se afirme que *extra ecclesiam nulla salus* [...], à igreja (externa) pertencem também os réprobos, os quais *devem* estar submetidos à sua disciplina não para alcançar a bem-aventurança — o que é impossível —, mas porque também eles devem ser forçados, para glória de Deus, a observar seus mandamentos. Finalmente também — nenhum Deus: pois o próprio Cristo morreu somente pelos eleitos [...]. (PE/GARS I: 93; cf. ESSR I: 98; EPbras: 72, grifos do original)

"Ninguém poderia ajudá-lo. Nenhum pregador... Nenhum sacramento... Nenhuma igreja... Nenhum Deus..." Aqui o estilo anafórico de repetição do pronome *nenhum* procura realçar a ousadia montante da desmagificação em ato e ainda sem nome, mas já descrita vigorosamente em 1904-05. As linhas de força principais da noção de desencantamento já estavam lá, nessa anáfora que costura o inspirado parágrafo em cujo final Weber houve por bem fazer a inserção do enunciado sobre "o grande processo histórico-religioso de desencantamento do mundo", agora sim, em 1920, nomeado com todas as letras. A nova fórmula surge assim encaixada sem aparas ou disfarces no final de uma listagem já pronta das perdas em poder mágico-salvífico sofridas pelo cristianismo na alvorada do moderno — *"Kein Prediger... kein Sakrament... keine Kirche... kein Gott..."* — impressionante enumeração de destituições de potência sagrada que Weber elaborara para a primeira edição, no intuito claro de figurar em traços bem estudados o *significado* (religioso) do desencantamento do mundo muito antes de atinar com seu *significante*, definindo-o entretanto, e definindo-o bem, como "o abandono absoluto da possibilidade de uma salvação eclesiástico-*sacramental*" [*der absolute Fortfall kirchlich*-sakramentalen *Heils*] (PE/GARS I: 94, grifo do original). Extremada privação de uma capacidade salvífica que antes, no catolicismo medieval e até mesmo no luteranismo em certa medida, a instituição eclesiástica acreditava possuir e poder aplicar eficazmente.

Foi Parsons quem traduziu *A ética protestante e o espírito do capitalismo* para o inglês e sua tradução saiu publicada em 1930. Os dois sociólogos brasileiros que primeiro fizeram a tradução para o português, Maria Irene de Q. F. Szmrecsányi e Tamás Szmrecsányi, ao que tudo indica, fizeram-na calcada fortemente no inglês de Parsons e, nisso, foram trazidas de roldão para as estantes, escrivaninhas e cabeças brasileiras todas as distorções e mazelas cometidas pelo grande sociólogo americano no afã pioneiro de traduzir Weber para difundi-lo fora da Alemanha. Entre os muitos desacertos dessa tradução, nunca se lamentará suficientemente o obscurecimento, mais que isso, o apagamento, a supressão física a que Parsons condenou desde cedo o sintagma alemão *Entzauberung der Welt* sempre que a obra é traduzida para outros idiomas de comunicação científica. Na tradução dele, o sintagma desencantamento do mundo foi substituído por uma frase que visa a "ex-plicar", a "des-dobrar" o sentido literal do termo em alemão sem todavia denominá-lo, do mesmo modo que a adjetivação composta *histórico-religioso* é substituída por tortuosa circunlocução. Acabou ficando assim o enunciado na pena de Parsons:

"*The great historic process in the development of religions, the elimination of magic from the world*" (EPbras: 72).[112]

Para nós, brasileiros, cujo primeiríssimo contato com Weber nos primeiros anos de graduação costumava ser a leitura d' *A ética protestante* na tradução publicada pela editora Pioneira, de São Paulo, o estrago beira o irreparável. Até meados dos anos 90, ao ler *A ética* nossos estudantes foram, sem o saber, desacostumados do prazer de se enfrentar com a expressão "desencantamento do mundo" em língua portuguesa, surripiada já no inglês de Parsons em 1930, apesar da proeminência e insistência com que aparecia na versão alemã definitiva de 1920. E por que digo "até meados dos anos 90"? Porque foi quando chegou às livrarias brasileiras uma tradução portuguesa da editora Presença, feita por Ana Falcão Bastos e Luís Leitão, e nela o sintagma nos tem chegado desde então em tradução à risca, ao pé da letra, como se deve.[113]

Ao preencher a noção de desencantamento do mundo com referências históricas datadas, Weber dá a entender nitidamente que estamos diante de um conceito antes de mais nada histórico; não sociológico em sentido estrito à maneira de um conceito ge-

---

[112] A tradução de Parsons deixou sequelas também fora do Brasil. A tradução italiana, relativamente recente, de 1991, também optou nessa passagem por uma circunlocução substitutiva do sintagma original: "*Quel grande processo storico-religioso di rimozione della magia dal mondo*" (EPital: 166). Mais adiante será outro o circunlóquio "ex-plicativo" usado por duas vezes no lugar do sintagma weberiano: "*la liberazione del mondo dalla magia*" (EPital: 177; 207) e, finalmente, um outro ainda: "*l'eliminazione radicale di ogni magia*" (EPital: 209). Merece destaque positivo a tradução francesa de Jacques Chavy, lançada em 1964, a qual, apesar de hoje estar sendo muito criticada na França, detém neste particular o mérito de haver traduzido fielmente *Entzauberung der Welt* como "*désenchantement du monde*" (EPfran: 121).

[113] O que não significa que a edição portuguesa não tenha, por sua vez, introduzido outras falhas de tradução.

ral, abstrato, tal como os conceitos gerais vêm definidos no capítulo I de *Economia e sociedade*.[114] Longe disso. O desencantamento do mundo que o sintagma nos apresenta é tanto um *resultado histórico determinado* e empiricamente verificável,[115] quanto um *processo histórico particular*, e ambos os aspectos dizem respeito a determinadas religiões históricas, não a todas as religiões e nem mesmo a todas as religiões chamadas mundiais (cf. Grossein, 1996: 108). Pode-se pois perfeitamente classificar o desencantamento *stricto sensu* como um conceito "desenvolvimental" à maneira de Schluchter (1979b), desde que se lhe apegue mentalmente o qualificativo "idiográfico", para dele afastar qualquer pretensão universalizante em contraste com o estatuto dos conceitos nomotéticos — um conceito "idiográfico-desenvolvimental" (cf. Burger, 1987; Roth, 1976). Noutras palavras, o termo desencantamento entendido como desmagificação assume a dimensão de um "grande" processo histórico que é especificamente ético-religioso e especificamente ocidental, e assim pretende designar, quase à guisa de um nome próprio e não comum, o longuíssimo período de *peculiar racionalização religiosa* por que passou, mercê de motivos puramente históricos [*rein historisch*], a religiosidade ocidental sob a hegemonia cultural alcançada por esta forma "caracteristicamente moralizada" de fé monoteísta repressora da magia universal chamada judeu-cristianismo. Seus criadores e primeiros portadores [*Träger*] foram os profetas de Israel, florão do judaísmo antigo; e foram as seitas protestantes seus radicais e autoconfiantes portadores [*Träger*] na época heroica do parto cultural da moderna civilização do trabalho, seu ponto de chegada religioso. Daí para a frente, a ciência empírica moderna, esse "ímpio fado" de "nosso tempo", irá se encarregar

---

[114] "Conceitos sociológicos fundamentais" (EeS I: cap. I, § 1, seção II, n° 11).

[115] Isto é, "o grau em que uma religião se despojou da magia" (CP: 151; China: 226).

de determinar-lhe novos desdobramentos mas também novas direções ao reduzir o mundo, já desmagificado sob o modo da moralização religiosa, a um mero mecanismo causal sem totalidade possível e sem mais nenhum sentido objetivo.

Resulta dessas quatro inserções tardias que o conceito de desencantamento do mundo passa doravante a estar diretamente associado, tanto em termos de atribuição causal quanto em sua própria base material-textual, ao *ethos* ascético intramundano das seitas protestantes no que tange à entrada na reta final de sua consumação [*Abschluss*] religiosa. Do específico ponto de vista de uma *Werkgeschichte* weberiana, o conceito se desenha sublinhado em seu sentido técnico estrito, às vezes estritíssimo, de desmagificação da prática religiosa, quer como processo, quer como resultado. Não por nada, na versão revista por Weber em 1920, o passo 14 se faz acompanhar de uma nota de rodapé — importantíssima também ela e também ela, claro, uma inserção — na qual Weber explicita uma vez mais o vínculo genealógico identificado entre o desencantamento reativado *à outrance* pelos puritanos e o desencantamento promovido pelos profetas éticos do antigo judaísmo. Diz a nota:

> Sobre esse processo, vejam-se os ensaios sobre a *Ética econômica das religiões mundiais*. Ali demonstramos que a posição peculiar da antiga ética israelita [...] e seu desenvolvimento desde a época dos profetas baseiam-se neste fato objetivo fundamental: a rejeição da magia sacramental como via de salvação [*auf der Ablehnung der sakramentalen Magie als Heilsweg*]. (PE/GARS I: 94, nota 3; ESSR I: 99, nota 20; PEeng: 221, nota 19; EPbras: 167, nota 20)

Eis aí uma estrita definição de desencantamento do mundo. Talvez a mais estrita nos termos que emprega, esforço evidente da parte de Weber de fincar pé no significado preciso que em 1920 entendia dar à expressão literária atribuída a Schiller:

A rejeição da magia sacramental como via de salvação [*die Ablehnung der sakramentalen Magie als Heilsweg*]. (PE/GARS I: 94)[116]

Definição aliás muito similar a esta outra, que comparece no passo 15:

O "desencantamento" do mundo: a eliminação da magia como meio de salvação [*die Ausschaltung der Magie als Heilsmittel*]. (PE/GARS I: 114)

Além da identidade no conteúdo (conquanto não nas palavras, se bem que impossível não reparar na homologia dessas duas definições), a última enunciação tem de quebra uma vantagem formal: ela vem na forma de um aposto — um aposto que em alemão vem graficamente precedido de dois pontos, os quais via de regra são trocados nas traduções por uma vírgula, só que isso, embora correto, retira muito da aparência textual original — como que a demonstrar na própria disposição e aparência textual do enunciado a intencionalidade do autor de definir sem rodeios nem resíduos os *seus* termos, no caso o sintagma desencantamento do mundo que no passo 15 compõe, com aspas e tudo, o primeiro polo dessa equação tardiamente inserida. Em sua própria forma externa esse inciso exibe uma preciosidade ímpar que Parsons, em sua desabusada tradução, simplesmente deletou.

Weber acrescentou ao texto original d'*A ética* definições tão claras, tão caprichadas, tão explicadinhas, que delas se pode dizer que não deixam a menor dúvida de que ainda em 1920 o termo "desencantamento" remetia à desmagificação da vida religiosa. Com base em tantas demonstrações de rigor e empenho em

---

[116] Não esquecer que para a teologia puritana, e Weber a conhecia muito bem, sacramento *é* magia (cf. Godbeer, 1992: 10-13; ver também Thomas, 1985: 63-71).

Passos 14 a 17: *A ética protestante e o espírito do capitalismo*   201

ser preciso, mais do que simplesmente conjecturar nós podemos afirmar que o interesse de Weber em manter o controle teórico sobre a acepção do desencantamento enquanto desmagificação da prática religiosa, acepção que o delimita como um processo histórico que começa religioso e termina religioso, não diminuiu ao longo de sua produção intelectual. Pelo contrário. Tudo indica que aumentou, e muito.

Foram os teólogos puritanos, mormente calvinistas e batistas, os portadores intelectuais dessa leitura da graça sacramental que a acusa diretamente de magia. Foram eles os agentes decididos e decisivos disso que Weber chama "a plena desvalorização do caráter mágico do sacramento" (WuG: 323; EeS I: 359), passo essencial de uma racionalização religiosa tipicamente ocidental (cf. WuG: 321-323; EeS I: 358-359; E&S: 530-532). A eliminação de todo acesso à graça sacramental abriria um fosso colossal entre o cristianismo católico e o protestantismo ascético; aquele, com sua generosa teologia da graça institucional a funcionar *ex opere operato*, doutrina que até hoje vincula a busca da salvação à celebração periódica de rituais religiosos extracotidianos e, portanto, extramundanos; este, com sua novíssima valorização ético-religiosa da atividade prática intramundana, o trabalho racional exercido cotidianamente como um dever moral querido por Deus.

Eticização religiosa em ponto máximo, o protestantismo ascético fez a proeza de reunir numa mesma conduta de vida racional e santificada — eis um tema weberiano por excelência — a rejeição religiosa do mundo com a intramundanidade da ação religiosamente válida. "Talvez nunca tenha existido", diz Weber, "uma forma mais intensiva de valorização religiosa da ação moral do que aquela provocada pelo calvinismo em seus adeptos" (PE/GARS I: 112-113; EPbras: 80). É que, uma vez posta em termos inegociáveis a desvalorização teórica da salvação mágico--sacramental, não restava ao crente radicalmente monoteísta outra saída senão a ascese intramundana, conclui Weber depois de observar as seitas anabatistas (passo 17).

É dos anabatistas que ele pode dizer no passo 16, pondo-os no mesmo pé que os calvinistas estritos: "executaram a mais radical desvalorização de todos os sacramentos como meios de salvação, e assim levaram o 'desencantamento' religioso do mundo às suas últimas consequências" (PE/GARS I: 156; ver ESSR I: 155; EPLus: 119). A própria descoberta do valor ascético-religioso do trabalho profissional cotidiano aparece como consequência inevitável dessa radicalidade de um desencantamento religioso "levado às últimas consequências". E a crer em Max Weber, foram os anabatistas, junto com os predestinacionistas, os mais radicais na "rejeição da magia sacramental como via de salvação", legado vétero-testamentário meticulosamente sorvido na leitura dos profetas bíblicos. No contexto imediato da atenção privilegiada que confere empiricamente a essas novas religiosidades cristãs, Weber termina por explicitar o influxo motivacional que a conduta ético-ascética em meio ao mundo recebeu do extremismo com que as democráticas comunidades de anabatistas, com destaque para os quakers, ao desmagificar a religião racionalizavam a vida. E duas páginas à frente, arremata:

> Esse caráter tranquilo, sóbrio e sobretudo *consciencioso* foi adotado também pela práxis de vida das comunidades anabatistas tardias, muito especificamente pelos quakers. O desencantamento radical do mundo não deixava interiormente outro caminho a seguir a não ser a ascese intramundana. (PE/GARS I: 158; ver ESSR I: 157-158; grifo do original)

Do ponto de vista comparativo, que em Weber é sempre viabilizado pela mediação do tipo ideal, o puritanismo representa para a gênese mais imediata da modernidade ocidental "o tipo de tratamento racional do mundo radicalmente oposto [ao da Ásia]". Foi o que ele escreveu na famosa conclusão do estudo sobre a China (GARS I: 524), salientando no fenômeno moderno das seitas protestantes justamente o aspecto que ponho em foco neste livro: sua hostilidade à magia, cisma que se expressa até mesmo na aparência estética do culto. Em lugar da livre disseminação da magia como na China, sua repressão e extirpação; e não só das práticas mágicas, como principalmente do magismo enquanto mentalidade, esse ambíguo *mix* de confiança nos espíritos e medo do feitiço. "Toda confiança na coação mágica dos espíritos ou dos deuses não só seria desprezível superstição, mas uma audaciosa blasfêmia." No estudo sobre a China, o desencantamento estilo quaker chega quase a ser tipificado em termos de *disembellishment*, isto é, como enxugamento desestetizante da prática religiosa de todos os elementos de sensualidade e sentimentalismo:[117]

> Tudo o que recordasse a magia, todo vestígio de ritualismo e de clericalismo, foi erradicado [*ausgerottet*]. O quakerismo sequer conhecia a figura do pregador titular [...] Nos pequenos e iluminados espaços de reunião dos quakers não havia um mínimo vestígio de emblemas religiosos. (GARS I: 525; ESSR I: 516)

"Radical", "o mais radical", "tudo erradicado"... É de tal forma salientado o "radicalismo" antimagia encontrado por Weber na prática religiosa de calvinistas e anabatistas, que não me parece descabido que se imprima ao conjunto do puritanismo os termos que Marcel Gauchet reserva ao calvinismo: *"religion de la sortie de la religion"*, uma religião feita para sair da religião (Gauchet, 1985). Eis-nos perante "o gênio do protestantismo as-

---

[117] Constatação semelhante Weber registra para os gélidos funerais calvinistas: "O genuíno puritano ia ao ponto de condenar todo vestígio de cerimônias religiosas fúnebres e enterrava os seus sem canto nem música, só para não dar trela ao aparecimento da *superstition*, isto é, da confiança em efeitos salvíficos à maneira mágico-sacramental" (PE/GARS I: 94, cf. passo 14).

cético": o caráter racional (consciente, metódico, sóbrio, desperto, vigilante, calmo, tranquilo, constante e incansável) da ação instrumental agora transvalorada, interpretada em sua eficácia como sinal em si de que a bênção de Deus está bem ali, no trabalho diuturno e intramundano de crescente domínio técnico do mundo natural, ação racional com relação a fins que entretanto agora vale por si mesma, já que transfigurada semanticamente no registro do dever, da obediência, da conformidade a um mandamento exarado pelo Deus todo-poderoso e todo-transcendente.

> Uma união de princípio, sistemática e indissolúvel, entre a ética vocacional intramundana e a certeza religiosa da salvação foi produzida, no mundo inteiro, somente pela ética vocacional do protestantismo ascético. É somente aqui que o mundo em seu estado decaído de criatura tem significação religiosa exclusivamente como objeto do cumprimento do dever por meio de uma atividade racional, segundo a vontade de um Deus que é simplesmente supramundano. O caráter racional e teleológico da ação, sóbrio, não entregue ao mundo mas a um objetivo e o êxito desse agir são a marca de que nele repousa a bênção de Deus. (WuG: 337; ver EeS I: 373; EyS I: 438)

Weber na verdade está procurando mostrar que com essa coincidência (sistemática e baseada em princípios) entre a atividade profissional e a certeza interior da salvação da alma adquirida no ato mesmo de trabalhar racionalmente, o protestantismo ascético produziu uma unidade inquebrantável e singular entre a ação racional referente a fins [*Zweckrationalität*] e a ação racional referente a valores [*Wertrationalität*]. Teria ocorrido aí, noutras palavras, um encaixe historicamente inaudito entre a racionalidade prático-técnica e a racionalidade prático-ética. Habermas viu isso em Weber, e muito nitidamente: "Quando a ação racional referente a fins se conecta com a ação racional referente a valores produz-se um tipo de ação que preenche as condições da racionalidade prática em sua inteireza. Quando as pessoas e os grupos generalizam ações desse tipo ao longo do tempo e nos diversos domínios sociais, Weber fala de uma conduta de vida metódico-racional [*methodisch-rationale Lebensführung*]. E ele vê na ascese protestante da vocação, cultivada pelo calvinismo e pelas primeiras seitas puritanas, a primeira aproximação histórica desse tipo ideal" (Habermas, 1987: 187).

Evento único na história universal, genuína individualidade histórica fazedora da história, a conexão da racionalidade prática referente a fins com a racionalidade prática referida a valores projeta a figura de um verdadeiro Big Bang de possibilidades inauditas e especificamente modernas de expansão e extensão da racionalidade vida afora, explosão inaugural que descerra as condições de possibilidade de se fazer da vida uma vida conscientemente conduzida — uma genuína *condução da vida* [*eine echte Lebensführung*], muito além de algo que apenas é e acontece.

> Toda ação individual e, em última análise, a vida inteira — desde que não flua como um fenômeno da natureza, mas seja conduzida com plena consciência — apenas significa uma cadeia de decisões últimas, graças às quais a alma escolhe seu próprio destino, tal como em Platão, o que significa escolher o sentido dos seus atos e do seu ser. (Neutr: 142; SWert: 507s)

Visto de um lado, o processo se dá como *Entzauberung*; visto do outro, ele se nos entrega como *Ethisierung*. Desencantamento/desmagificação, eticização/moralização: dois lados de uma mesma moeda, duas faces de um mesmo processo histórico-religioso que marca definitivamente a direção seguida pela racionalização social e cultural do Ocidente, que conforma seu caráter específico de racionalização vivida como trabalho racional, quer dizer, como dominação sistemática do mundo natural [*Weltbeherrschung*], tese que Schluchter vem esmiuçando e sofisticando sempre mais desde pelo menos a segunda metade dos anos 70 (Schluchter, 1976 etc.). Para dominar, pelo trabalho incansável e organizado, um mundo desde priscas eras "animado", isto é, animisticamente encantado, um mundo tradicionalmente considerado e vivido como se fosse, na metáfora de Weber, um "jardim encantado" (ver passo 4), era necessário antes de mais nada — momento de anterioridade lógica a desdobrar-se vagarosamente num vasto processo histórico de longuíssima duração — desencantá-lo. Desdivinizá-lo para dominá-lo. Naturalizá-lo para poder melhor objetivá-lo, mais que isto, objetificá-lo. Quebrar-lhe o encanto era indispensável para poder transformá-lo. Não à toa, o desencantamento não havido explica para Weber o atraso do mundo asiático.

Portadores religiosos dessa inflexão cultural de largo espectro e longo alcance: primeiro, a profecia emissária, o gênio do judaísmo antigo da era dos profetas (Berger, 1963); depois, a ascese intramundana, o gênio do protestantismo moderno da fase heroica da "revolução dos santos" (Walzer, 1987). Para Weber, pois, tanto o desenvolvimento econômico-capitalista quanto o progresso científico-tecnológico *precisaram* — e com isso ele deslinda mais uma causalidade histórica necessária — da apresentação e disseminação de uma *conduta de vida racional* [*eine rationale Lebensführung*] na medida em que, sendo ela a expressão viva de uma racionalização ética via trabalho objetivante, foi vetor de uma tomada de posição *desencantada* e dominadora ante o mundo natural. Esse decisivo deslocamento do religiosamente válido e valioso, que se transfere dos rituais religiosos extracotidianos para o cotidiano mais profano que é o mundo *zweckrational* do trabalho e dos negócios, essa transferência do salvificamente significativo e eficaz, o qual se retira (às avessas) da vida retirada do mundo para a vida ativa em meio ao mundo com suas constelações prolíferas de interesses utilitários, era o elo que faltava para o arredondamento final do desencantamento *religioso* do mundo. Recorde-se o passo 2. Não é à toa que, com base na escrita de Weber, desencantamento do mundo pode ser dito também desendeusamento [*Entgötterung*]:[118] um mundo desencantado é, em última instância e em primeira mão, na fórmula consignada por Weber na "Introdução", um "mecanismo desdivinizado" [*entgotteter Mechanismus*] (Einleit/GARS I: 254).

Desencantamento do mundo, portanto, é uma forma *específica* de racionalização religiosa, a qual, por sua vez, constitui também uma forma *específica* de racionalização. Racionalização, Weber não se cansou de lembrar, se dá de muitos modos, em muitos graus e em muitas direções.[119] Isto quer dizer que desencantamento não pode ser sinonimizado sem mais nem menos com racionalização, não dá. Seria um alargar desatinado de sua acepção, uma inconsequência de efeito devastador sobre os pretendidos conteúdos do conceito. Extrapolação e depauperamento. E foi todavia o que Parsons fez, tomar os termos como intercambiáveis, com o agravante de que sua tradução não é apenas um caso a mais de *mistranslation*, mas o carro-chefe que abriu alas para tantos outros casos que vieram a seguir, nas mais diversas línguas. Veja-se como a primeira e até ontem mais conhecida tradução brasileira embarcou fácil nessa desconsideração de Parsons — "Os católicos não levaram tão longe quanto os puritanos (e antes deles os judeus) a racionalização do mundo, a eliminação da mágica como meio de salvação..." (EPbras: 81) — e, desatenta ao texto alemão,

---

[118] Ver capítulo 1, "Passando por Schiller".

[119] "Racionalizações têm existido dos tipos mais diversos nos mais diferentes âmbitos da vida em todas as culturas. O que é característico para seu diferente significado histórico-cultural é [saber] que esferas se racionalizaram e em que direção" (AIntro: 11-12; EPbras: 11; EPLus: 20). "Pode-se mesmo — e esta simples frase, muitas vezes esquecida, deveria figurar em epígrafe de qualquer estudo que trate do 'racionalismo' — 'racionalizar' a vida sob pontos de vista últimos extremamente diversos e segundo as mais diversas direções. O 'racionalismo' é um conceito histórico que encerra em si um mundo de contradições..." (PE/GARS I: 62; EPbras: 51; EPLus: 55). "É o caso aqui, antes de mais nada, de lembrar mais uma vez: que 'racionalismo' pode significar coisas bem diversas..." (Einleit/GARS I: 265; EnSoc: 337).

passou para a frente como seu o erro dele, a saber, a arbitrária sinonímia *Entzauberung* = *rationalization*, produzindo com tal abuso um deslocado e extemporâneo conflito de acepções. Veja--se a equação inteira tal como formulada por Weber no adendo 15: "*Die 'Entzauberung' der Welt: die Ausschaltung der Magie als Heilsmittel...*" (PE/GARS I: 114). Veja-se a tradução de Parsons: "*The rationalization of the world, the elimination of magic as a means to salvation...*" (PEeng: 117). É no primeiro polo da equação que a falsa sinonímia entra de contrabando, a um só tempo sonegando a quem não lê alemão o significante "desencantamento do mundo" e confundindo-lhe o significado, trocado que está por "racionalização do mundo", desta sorte aumentando ainda mais a incerteza *conceitual* que ronda esta matéria.[120]

Dissemos inicialmente, e vale a pena repeti-lo agora, que clareza conceitual para Weber era básico. Exigência de sistematicidade inerente a toda teorização científica. As inserções tardias n'*A ética protestante*, justamente por serem coisa de quinze anos depois, feitas num momento de revisão editorial com vistas a melhorar em clareza e consistência uma obra que havia sido tão polêmica e mal compreendida na primeira edição, demonstram o alto grau de intencionalidade do autor quanto ao significado literal que o uso quatro vezes repetido do significante aí retoma, reafirma, denomina e atualiza. Um final de percurso rigorosamente comportado e preciso, lavrado em termos que não poderiam ser mais claros nem menos enredados, intencionalmente inteligíveis até mesmo em suas formas gramaticais no intuito de frustrar

---

[120] E para agravar a inconsistência de sua tradução, Parsons desprezou uma regra básica para o tradutor de textos científicos, que é a de padronizar as correspondências vocabulares. Ele varia, traduz de maneiras diversas a mesma expressão alemã: (1) às páginas 105 e 149 (cf. PEeng), traduz *Entzauberung der Welt* como "*elimination of magic from the world*"; (2) às páginas 117 e 147, como "*rationalization of the world*". E a tradução brasileira faz igualzinho todas as vezes, acompanhando Parsons passo a passo, como um cego seguindo a outro cego.

Passos 14 a 17: *A ética protestante e o espírito do capitalismo*   209

a compulsão polissêmica do leitor, embora, como estamos a ver, sem defesas ante a violência de tradutores atrevidos.

Não me permito deixar de anotar, ademais, que também faz parte da longa inserção que transcrevi integralmente no passo 14 o enunciado imediatamente anterior à frase síntese. Nele Weber diz haver identificado "nisto" *a diferença decisiva* do calvinismo em face do catolicismo medieval, diferença extremada que, emergindo historicamente nos séculos XVI e XVII, consuma, conclui, conduz *jusqu'au bout* a lógica ético-religiosa do antigo judaísmo profético e faz despontar, inaugurando a modernidade não no pensamento mas na vida, a conduta de vida metódica por vocação. A vida cotidiana agora se embebe de uma racionalidade prático-ética inteiramente nova e peculiar que a arregimenta, sistematiza e unifica a partir da "internalização de uma personalidade" homogênea ativamente incorporada (PE/GARS I: 188; EPbras: 121) cuja alavanca[121] religiosa — o ascetismo intramundano por (con)vocação — Weber vai localizar mais uma vez no anverso "disto": na "absoluta supressão da salvação eclesiástico-*sacramental*" [*der absolute Fortfall kirchlich*-sakramentalen *Heils*][122] (PE/GARS I: 94; EPbras: 72), ou seja, no desencantamento ético-religioso do mundo.

"Absoluto", "radical", "o mais radical", "pleno", "total", "do modo mais completo", "até às últimas consequências", "seu grau extremo", "sua conclusão"...[123] O uso insistente do superlativo ou, quando menos, a ênfase ela própria superlativa dessas formas adjetivas e adverbiais só faz sentido se se entende que o desencantamento do mundo a que Weber se refere n'*A ética pro-*

---

[121] A imagem da "alavanca" [*Hebel*] figura a ascese protestante no capítulo V (ou 2.2) d'*A ética* (PE/GARS I: 192; EPbras: 123).

[122] Grifo do original.

[123] Em alemão: "*der absolute*"; "*die radikale*"; "*die radikalste*"; "*gänzliche*"; "*am vollständigsten*"; "*in ihren letzten Konsequenzen*"; "*eine letzte Stufe*"; "*seinen Abschluss*"...

testante é, sim, o desencantamento *religioso* do mundo e não o desencantamento *científico* do mundo. Este último, convenhamos, está longe de haver chegado à sua conclusão, posto que Weber o pensa atrelado por definição a um progresso que não tem fim, em protensão para o infinito [*in das Unendliche*] (WaB/ WL: 593; CP2V: 29).

Não é gratuito, pois, o fato de que por mais de uma vez o adjetivo *religioso* compareça para qualificar o desencantamento: a primeira é no passo 14, no emprego do adjetivo composto *histórico-religioso* que aliás se esfuma na tradução de Parsons, e a segunda, ainda mais explícita, é quando Weber analisa o caso das seitas anabatistas no passo 16. A "conclusão" à qual os ascetas puritanos dos séculos XVI e XVII conduziram, por seu dever de trabalhar racionalmente e sem descanso e de quebra melhorar os negócios, esse longo processo histórico de mudança de mentalidade e atitude foi, é verdade, um feito cultural de alcance particular e significado universal, mas ainda de natureza religiosa.[124]

Une religion de la sortie de la religion? Sou tentado a responder: *Oui, mais...* "Sim, só que..." Pois se o que vemos, quando olhamos de um ângulo, é a conclusão lógica de um longo desenvolvimento histórico aí chegando às suas últimas consequências, se o protestantismo ascético é o termo final de um processo milenar de racionalização religiosa, enquanto permanecer viva e influente no Ocidente essa religiosidade ético-ascética, nós estaremos, na verdade e por outro ângulo, apenas no início do fim. É a religião de saída da religião, sim, só que ainda é religião.

---

[124] Entre os comentadores mais antigos, Raymond Aron talvez seja o que mais ênfase deu ao desencantamento do mundo como processo histórico-*religioso* (Aron, 1967: 545s) e, entre os comentadores não alemães mais recentes, Stephen Kalberg me parece dos raros que logisticamente circunscrevem o conceito weberiano de desencantamento ao campo da religião. Com base na monografia sobre a China, ele o entende corretamente como "um dos dois eixos maiores que os processos de racionalização seguem no domínio da religião" (Kalberg, 1980: 1146, nota 2). E com efeito.

Passos 14 a 17: *A ética protestante e o espírito do capitalismo*

Estamos apenas na abertura de uma nova etapa do desencantamento do mundo, que começa a se infletir apenas aí numa outra dimensão, com outro conteúdo, outra materialidade substantiva e, sobretudo, um outro rumo, outra direção, a partir do momento em que o esclarecimento encontra, no novo continente do conhecimento empírico redescoberto pela ciência moderna para a dominação consequente e cada vez mais profunda da natureza (cf. Adorno & Horkheimer, 1985: 208), a possibilidade de consubstanciar-se, agora sim, como perda definitiva da ilusão de um sentido cosmológico inerente, objetivo [*Sinnverlust*].

Ao final do comentário desses quatro passos d'*A ética protestante*, é importante fixar que na revisão que bem maduro foi fazer da mais famosa e polêmica de suas obras, Weber de fato se ocupou, pois que o fez diversas vezes, em nela introduzir a definição e o nome mais recente de um conceito histórico-desenvolvimental latente ali, cujo conteúdo substantivo porém estoura em duração e alcance o período mais curto de constituição da moderna cultura capitalista, seu recorte temporal sob medida para a tese que defende n'*A ética protestante*. Depois dessas quatro inserções, não é exagero dizer que a revisão feita em 1919-20 acabou entregando ao leitor uma versão d'*A ética* verdadeiramente injetada de desencantamento. E desencantamento em sentido estrito. Se o que ele procurava exprimir era da ordem do compreensível, fazia sentido tanta injeção de clareza num assunto desses. Fazia sentido, primeiro, porque o novo conceito estava em plena conformidade com o significado da tese original de 1904-05. E depois porque os resultados obtidos das análises comparativas das outras grandes religiões culturais, tendo-as Weber sistematicamente interrogado do ponto de vista de sua relação com a magia, haviam-no convencido de uma vez por todas de que "somente o protestantismo ascético realmente liquidou com a magia" (WuG: 379; EeS I: 416).[125]

---

[125] Esta fórmula de *Economia e sociedade* soa muito similar à do pas-

É portanto na edição revista d'*A ética protestante*, preparada em seus últimos meses de vida, que vamos encontrar os elementos finais de certeza textual para acabarmos de delimitar tecnicamente o *sentido literal* dado por Weber ao sintagma *Entzauberung der Welt* e que faz dele um conceito histórico-desenvolvimental de abrangência temporal mais que milenar e que, não obstante, se atém aos limites não universais da desmagificação do monoteísmo ocidental. Por ampla que seja a temporalidade histórica que pleiteia, o conteúdo técnico-historiográfico do conceito está de tal maneira definido nos aditamentos finais ao texto d'*A ética*, que deixa desvestida como mera veleidade sem lastro toda tentativa de universalização ilimitada do fenômeno, mesmo que se queira universalizá-lo apenas para a história das religiões.[126] Isto para não falar da tentação recorrente de detonar a tecnicalidade do conceito e puxar o desencantamento do mundo para um status mais aberto, porém mais frouxo e enigmático, de metáfora do nosso contemporâneo "vazio" e "mal-estar".

Quem pensa que a expressão "desencantamento do mundo" tem a ver com nosso eventual "desencanto" diante do mundo moderno, com a "desilusão" de vivermos em vão numa roda-viva sem o menor sentido subjetivo, está redondamente enganado; nada a ver também com nossa sensação de "desalento" ante a persistência invencível da miséria e o alastramento irresistível da maldade. Desmagificação — e, se me permite o leitor uma redundân-

---

so 4, onde o que está em jogo é o contraste de duas racionalidades práticas, a do confucionismo e a do puritanismo, Oriente e Ocidente: "*somente* aqui o pleno *desencantamento do mundo* foi levado às suas últimas consequências" (CP: 152; China: 226; GARS I: 513, grifos do original).

[126] O sociólogo da religião François-A. Isambert, por exemplo, afirma equivocadamente que "as grandes religiões, cada uma à sua maneira, desencantaram o mundo" (Isambert, 1986: 100). Como vimos no passo 4, não é o que diz Weber a propósito das grandes religiões orientais em seu "jardim encantado de toda a vida".

cia a mais, desmagificação em sentido literal —, este é na escrita de Weber, do início de seu uso ao fim de seus dias, e a revisão d'*A ética protestante* em 1919-20 não me deixa mentir, o *sentido literal* de desencantamento do mundo.

> Ninguém mais do que eu é favorável a abrir as leituras, mas o problema é, ainda assim, o de estabelecer o que se deve proteger para abrir, não o que se deve abrir para proteger.
>
> Umberto Eco, *Defesa do sentido literal*: 27

14.
MEU PONTO FINAL
E UMA CHAVE DE OURO

Chave de ouro costuma ser para fechar. Mas esta vai ser também de abrir, logo veremos.

Desde que a expressão "desencantamento do mundo" desponta na pena de Weber ela desenha dois circuitos de significado coexistentes, não sucessivos, mais ou menos coextensos e às vezes parcialmente superpostos num mesmo passo, e é somente nesses dois circuitos que se distribuem com desigual frequência em cada um deles os dezessete passos que a expressão pontua sempre em alta definição de sentido, não deixando as coisas meio duvidosas. Isto quer dizer que a fluidificação do conceito, sua polissemização *ad libitum*, é totalmente extra ou pós-weberiana.

Circula por aí, difundida há um certo tempo no Brasil, uma tese que supõe uma espécie de metamorfose da noção de desencantamento do mundo: ao longo da obra de Weber ela teria passado "de uma acepção técnica a um sentido amplo".

Vamos por partes. À primeira vista a tese é bem atraente, na medida em que acena ao mesmo tempo com uma informação aparentemente nova e uma formulação aparentemente inócua em seu esquematismo: o mesmo significante "desencantamento" teria pelo menos dois âmbitos de significado, um sentido estrito e um sentido amplo. Até aí, tudo bem, só que a açodada tese não se satisfaz com isso, afirmando além do mais que a ampliação de sentido teria ocorrido como transição temporal a par de um suposto amadurecimento intelectual de Max Weber no tratamento da questão, travessia biográfica repercutindo na expansão da carga semântica do nome desencantamento. Com o passar dos anos,

Weber teria atribuído um novo conteúdo ao termo que ele mesmo, com outro significado, supostamente havia utilizado já na primeira análise sociológica que fez da gênese da modernidade capitalista em 1904-05.

Acabo de mostrar com esta pesquisa que, à vista dos conhecimentos hoje disponíveis acerca da datação precisa da maior parte dos escritos de Weber, incluindo-se as eventuais revisões, correções e adições, essa suposição não passa de ledo engano, podendo dar em sério desacerto. Em Weber, é certo, não há mais que dois significados para a mesma expressão vocabular "desencantamento do mundo", mas seu uso é simultâneo, não sucessivo nem muito menos evolutivo: não há progressão de um para outro, como se o desencantamento *pela religião* cedesse o espaço na teorização weberiana do processo de racionalização ocidental ao desencantamento *pela ciência*. Acontece que toda essa história, na verdade, começou tardiamente na vida de Weber, e logo que o conceito emergiu pouco antes de 1913 (cf. Winckelmann, 1980), adveio imediatamente mas também reflexivamente essa polissemia restrita de que tratamos passo a passo, controlada, calibrada pelo uso simultâneo e repetido das duas acepções.

O "grilo" com a alegação de que para Weber o sentido mais maduro de desencantamento do mundo é seu "sentido *amplo*" está em que do *amplo* se resvala facilmente para o *vago*. A leitura de Colliot-Thélène me parece não só o caso mais explícito, como também o mais assumido; ela se refere com todas as letras ao segundo sentido adquirido pelo termo como um "sentido mais amplo e mais vago":

> A expressão "desencantamento do mundo" aparece primeiramente em *A ética protestante*,[127] na qual ela significa a eliminação da magia enquanto técnica de salvação [...]. Entretanto, nos textos de 1913 a

---

[127] Falso: essas aparições são inserções tardias, não as primeiras.

1919,[128] a mesma expressão adquire,[129] além desse emprego, *um sentido mais amplo e mais vago*: ela designa a depreciação do religioso sobre as representações gerais que os homens fazem do mundo de sua existência. (Colliot-Thélène, 1995: 89-90, grifo meu)

Em menos de dez linhas, um "planetário de erros". E ao sabor desses equívocos todos e outros mais que deixei de transcrever, tome-se mais este: o conceito weberiano de desencantamento sendo descrito como "mais amplo e mais vago", noutras palavras, uma ferramenta menos aguçada e consequentemente menos útil. Não dá para acreditar numa coisa dessas. Ou dá?

Como o termo pertence a filiações etimológicas que relevam do mundo fluídico e imponderável dos sortilégios e interferências mágicas, tudo se passa como se o emprego pós-Weber da expressão desencantamento do mundo confinasse sutilmente com a irresistível força encantatória de que é vetor a faculdade humana de exalar significados por livre associação. Significados não necessariamente nítidos, apenas entrevistos, aproximados, como se o "novo sentido amplo" tão celebrado deixasse o campo semântico indefinidamente aberto a rabiscos não mais que alusivos, tornando o vocábulo disponível para usos frouxos, ralos, alternadamente eruditos e correntes mas frouxos, fracos, espectrais, que ofuscam mais do que ilustram a significação precisa que um dia lhe imprimiu o autor, (ab)usos que extrapolam, entre aparências e transferências, aquelas bem demarcadas definições que Weber tantas vezes lavrou com todo o esmero e o máximo de nitidez, no empenho reiterado de satisfazer, a cada novo uso,

---

[128] A datação está equivocada, uma vez que a última data na produção intelectual de Weber é 1920.

[129] Falso: desencantamento não "adquire" um sentido a mais a partir de 1913, pois é nesse ano que a expressão aparece em Weber pela primeira vez.

Meu ponto final e uma chave de ouro

a fome de clareza que era dele, e que é nossa também quando fazemos ciência.

A intenção do presente estudo foi justamente a de restituir ao conceito as linhas mais nítidas e palpáveis de seu duplo contorno original, obedecendo para tanto a uma cuidadosa e atualizada cronologia de seus empregos. Seria muita ingenuidade de minha parte propor essa sequência de passos como se fossem degraus de uma escada, como se etapas de uma escalada, avanço ou progressão no modo como Weber pensou o desencantamento do mundo. Nada mais longe de minha perspectiva do que isto. Mesmo porque, nas idas e vindas a que fui levado pelo próprio arranjo cronológico em que por questão de método ordenei as citações, fui ficando mais consciente a cada passo de que não há, nessa matéria, nada parecido com amadurecimento ou algo que o valha no tratamento que Weber dá à questão do desencantamento do mundo. Se há ampliação de seu ponto de vista quando se passa do desencantamento *religioso* para o desencantamento *científico* do mundo, os dois usos entretanto se mostraram ora simultâneos ora alternados ou intercalados, nunca porém sucessivos no sentido de ir deixando para trás prismas de análise menos gerais.

É por essa razão que eu não resisto à tentação de comemorar, embora discretamente, o fato de que minha busca tenha terminado assim, com o desencantamento sendo tematizado, nos adendos à segunda edição d'*A ética protestante*, como a desmagificação da religiosidade ocidental resultante da racionalização ético-ascética da conduta diária de vida, e não como efeito da esclarecimento científico. Comemoro porque esse achado refuta terminantemente a hipótese de uma evolução semântica no trabalho do conceito.

Hoje, ao raiar do século XXI e às vésperas do centenário da primeira edição d'*A ética protestante*, não dá mais para ficar dizendo impunemente que Weber, com o passar do tempo, "foi mudando" sua concepção de desencantamento do mundo. Não. Não só o sentido literal de desencantamento como desmagificação da prática religiosa jamais foi posto de lado ou deixado para trás, como também não foi ele o primeiríssimo sentido que a expressão ganhou de sua caneta, conforme vimos no comentário do primeiro passo.

Eis, em síntese, a minha tese. O termo "desencantamento", acompanhado ou desacompanhado de seu complemento "do mundo", tem dois significados na obra de Weber: desencantamento do mundo *pela religião* (sentido "a") e desencantamento do mundo *pela ciência* (sentido "b"). São essas as duas únicas acepções do termo, os dois únicos registros de seu uso como conceito, suas duas únicas *conceituações*. E se quisermos ser fiéis à mais atual cronologia de seus escritos, temos de convir que as duas não são sucessivas ao longo da obra, ocorrendo concomitantemente ou de forma intercalada no decorrer de seus derradeiros oito anos de vida, a começar do ensaio metodológico escrito em 1912-13 até às últimas inserções por ele feitas na segunda versão d'*A ética protestante* em 1920, poucos meses antes de morrer, passagens estas que por isto mesmo foram as últimas comentadas aqui (passos 14 a 17).

De repente, qual não foi minha surpresa!

Quem lê em português a tradução brasileira da *Zwischenbetrachtung*, que aliás foi feita diretamente do inglês e por isso se intitula "Rejeições religiosas do mundo e suas direções" [RRM], exatamente como na coletânea *From Max Weber*, pode, se desavisado, deixar passar despercebido um primeiro vestígio de confirmação da expectativa hoje em dia bastante generalizada de encontrar aberta em Weber, ou pelo menos entreaberta, uma pista de onde possa advir, na modernidade tardia, algum "reencantamento do mundo" que não signifique apenas retrocesso ou que não passe de autoengano.

Ali, no meio de uma seção dedicada justamente à *esfera erótica*, eis senão quando meus olhos atentos captam de improviso, estampado sem destaque nem preâmbulos no texto em português, nada mais nada menos que o verbo "encantar". Como para aumentar a felicidade do achado, ei-lo que assoma compondo um sintagma — "encantar todo o mundo" (RRM: 259; EnSoc: 398)

Meu ponto final e uma chave de ouro

— o qual, virado do avesso mas sem forçar a mão, tem tudo a ver com o desencantamento do mundo que eu vinha pesquisando. Não pode ser, penso naquele momento, ninguém nunca me falou nisso antes, ninguém nunca me disse que Weber havia acenado expressamente com esse outro lado da coisa, com essa doce ingenuidade de um encantamento possível e acessível em meio a um mundo cada vez mais desencantado. Será possível? Como assim, uma chave de ouro como esta ter passado tanto tempo assim sem ser notada? Vou correndo conferir o texto em inglês, e está lá, bem traduzidinho porém com outro núcleo lexical, uma raiz diferente, uma outra etimologia, mas está lá, e está lá com a mesma semântica básica: *"to bewitch all the world"* (FMW: 348). Na primeira chance que tenho de consultar o original alemão, primeiro volume dos *Ensaios reunidos de Sociologia da Religião* (ZB/GARS I: 562), para meu júbilo intelectual constato com meus próprios olhos que Max Weber de fato havia usado naquele contexto o verbo "encantar" [*anzaubern*]. E que o sintagma completo, ao falar em "encantar todo o mundo" [*aller Welt anzaubern*], tem por referentes o amor sexual e a euforia do amante feliz [*die Euphorie des glücklich Liebenden*]. Para deixar ainda mais plausível o sentido de minha inopinada descoberta textual, o verbo empregado compartilha com a palavra desencantamento em alemão o mesmo núcleo léxico, a mesma raiz: *-zauber*. E tudo isso para aludir a esta via modernamente disponibilizada de encantamento do mundo, da vida e do mundo da vida, que é o erotismo.

Esse achado, tão inesperado quanto bem-vindo, no fundo uma instigação, não modifica nada do que foi dito neste livro acerca da conceituação weberiana do desencantamento do mundo. Mas dá um passo em frente, uma vez que o achado comporta um *insight* dos mais instigantes acerca da possibilidade efetiva, e isto num nível que realmente importa, de reversão subjetiva desse "grande processo histórico-religioso de desencantamento do mundo que teve início nos profetas do judaísmo antigo" (PE/ GARS I: 94-95; EPbras: 72; ESSR I: 98).

220   O desencantamento do mundo

Aos olhos de Weber, a possibilidade de reencantar parece pois que não está no alardeado "retorno do sagrado", como andam dizendo, querendo e torcendo, quando não comemorando, tantos sociólogos *religiosos* da religião que conhecemos. Tenho criticado essa posição desde 1997 (Pierucci, 1997a; 1997b), mas somente agora conto com bases weberianas textuais para mostrar que a saída de Weber para o reencantamento do mundo não é por aí. A crer em sua *Consideração intermediária*, o *locus* da existência humana em que se esgueira uma possibilidade efetiva de encantar novamente o mundo não é a esfera religiosa, mas uma outra esfera cultural, ao mesmo tempo não religiosa e não racional: a esfera erótica, onde reina, segundo Weber, "a potência mais irracional da vida" — o amor sexual.

O que de melhor poderia esperar um pobre e mortal leitor de Weber como eu, de ouvido religiosamente *unmusikalisch*, e com certeza meu ouvido tem andado tão religiosamente *imusical* para os dias de hoje quanto o dele ontem, que melhor resultado esperar de uma paciente pesquisa teórica ao mesmo tempo literária e textual como esta, que pretendia ser apenas um trabalho de *mise-au-point* do conceito de desencantamento do mundo na obra de seu autor e contudo acabou, por puro acaso, descobrindo uma das chaves mais preciosas para se começar a pensar *weberianamente*, com tudo o que isso implica de intelectualmente honesto e musicalmente irreligioso, um novo encantamento da vida?

BIBLIOGRAFIA

ABRAHAM, Gary A. (1992). *Max Weber and the Jewish Question: A Study of the Social Outlook of His Sociology*. Urbana/Chicago, University of Illinois Press.

ADORNO, Theodor W. & HORKHEIMER, Max (1985). *Dialética do esclarecimento: fragmentos filosóficos*. Rio de Janeiro, Jorge Zahar.

ANDERSON, Perry (1996). *Zona de compromisso*. São Paulo, Editora da UNESP.

ARAÚJO, Luiz Bernardo Leite (1996). "Racionalização e desencantamento". *In: Religião e modernidade em Habermas*. São Paulo, Loyola: 11-144.

ARON, Raymond (1967). *Les étapes de la pensée sociologique*. Paris, Gallimard.

BAUMGARTEN, Eduard (1964) (org.). *Max Weber: Werk und Person*. Tübingen, Mohr.

BELL, Daniel (1976). *The Cultural Contradictions of Capitalism*. Nova York, Basic Books.

BELLAH, Robert N. (1970). "Religious Evolution". *In: Beyond Belief: Essays on Religion in a Post-Traditional World*. Nova York/Londres, Harper & Row: 20-50.

BENDIX, Reinhard (1960). *Max Weber: An Intellectual Portrait*. Nova York. [Trad. bras. (1986). *Max Weber: um perfil intelectual*. Brasília, Editora da Universidade de Brasília.]

BENJAMIN, Walter (1975). "A obra de arte na era de sua reprodutibilidade técnica". *In: Textos escolhidos*. Coleção Os Pensadores. São Paulo, Abril Cultural: 9-34.

_____ (2000). "Petite histoire de la photographie". *In: Oeuvres III*. Paris, Gallimard.

BERGER, Peter L. (1963). "Charisma and Religious Innovation: The Social Location of Israelite Prophecy". *American Sociological Review* vol. 28, n° 6, dez.: 940-950.

BIRNBAUM, Norman (1953). "Conflicting Interpretations of the Rise of Capitalism: Marx and Weber". *British Journal of Sociology* vol. 4, n° 2, jun.: 125-141.

BODEMANN, Y. Michal (1993). "Priests, Prophets, Jews and Germans: The Political Basis of Max Weber's Conception of Ethno-National Solidarities". *Archives Européennes de Sociologie* vol. 34, n° 2: 224-247.

BOURDIEU, Pierre (1971). "Une interprétation de la théorie de la religion selon Max Weber". *European Journal of Sociology* vol. 12, n° 1: 3-21. [Trad. bras. (1974a). "Uma interpretação da teoria da religião de Max Weber". *In: A economia das trocas simbólicas*. org. Sérgio Miceli. São Paulo, Perspectiva: 79-98.

_____ (1974b). "Gênese e estrutura do campo religioso". *In: A economia das trocas simbólicas*. org. Sérgio Miceli. São Paulo, Perspectiva: 27-78.

BRUBAKER, Roger (1984). *The Limits of Rationality: An Essay on the Social and Moral Thought of Max Weber*. Londres, George Allen & Unwin.

BURGER, Thomas (1987). *Max Weber's Theory of Concept Formation: History, Laws, and Ideal Types*. Durham, Duke University Press: 181-230.

COHN, Gabriel (1979a). *Crítica e resignação: fundamentos da sociologia de Max Weber*. São Paulo, T. A. Queiroz.

_____ (1979b) (org.). *Weber: sociologia*. Coleção Grandes Cientistas Sociais. São Paulo, Ática

_____ (1991). "Alguns problemas conceituais e de tradução em *Economia e sociedade*". *In*: WEBER, Max (1991a). *Economia e sociedade: fundamentos da sociologia compreensiva*, vol. I. Brasília, Editora da Universidade de Brasília: xiii-xv.

_____ (1995). "Como um hobby ajuda a entender um grande tema". *In*: WEBER, Max (1995). *Os fundamentos racionais e sociológicos da música*. São Paulo, Edusp: 9-19.

COLLINS, Randall (1986). "Weber's Last Theory of Capitalism". *In: Weberian Sociological Theory.* Cambridge, Cambridge University Press: 19-44.

COLLIOT-THÉLÈNE, Catherine (1995). *Max Weber e a história.* São Paulo, Brasiliense.

DELUMEAU, Jean (1978). *La peur en Occident (XIVe-XVIIIe siècles).* Paris, Fayard.

DEMM, Eberhard (1989). "Max and Alfred Weber in the Verein für Sozialpolitik". *In:* MOMMSEN, Wolfgang & OSTERHAMMEL, Jürgen (orgs.). *Max Weber and his Contemporaries.* Londres, Unwin: 88-98.

DERRIDA, Jacques (1976a). *La voix et le phénomène.* Paris, PUF.

_____ (1976b). *L'écriture et la différence.* Paris, Seuil.

DURKHEIM, Émile (1998) [1912]. *Les formes élémentaires de la vie religieuse.* Paris, PUF.

ECO, Umberto (1990). "Difesa del senso letterale". *In: I limiti dell'interpretazione.* Milano, Bompiani: 26-28.

EISEN, Arnold (1978). "The Meanings and Confusions of Weberian 'Rationality'". *British Journal of Sociology* vol. 29, n° 1, mar.: 57-70.

EISENSTADT, Samuel N. (1968). *The Protestant Ethic and Modernization.* Nova York, Basic Books.

_____ (1982). "The Axial Age: The Emergence of Transcendental Visions and the Rise of Clerics". *Archives Européennes de Sociologie* vol. 23, n° 2: 294-314.

_____ (1987). *Kulturen der Achsenzeit.* Frankfurt, Suhrkamp.

FAHEY, Tony (1982). "Max Weber's Ancient Judaism". *American Journal of Sociology* vol. 88, n° 1, jul.: 62-87.

FISCHOFF, Ephraim (1944). "The Protestant Ethic and the Spirit of Capitalism: The History of a Controversy". *Social Research* vol. 11, n° 1, fev.: 53-77.

GAUCHET, Marcel (1985). *Le désenchantement du monde: une histoire politique de la religion.* Paris, Gallimard.

GHOSH, Peter (1994). "Some Problems with Talcott Parsons' Version of 'The Protestant Ethic'". *Archives Européennes de Sociologie* vol. 35, n° 1: 104-123.

Bibliografia

GODBEER, Richard (1992). *The Devils Dominion: Magic and Religion in Early New England*. Cambridge, Cambridge University Press.

GOLDMAN, Harvey (1988). *Max Weber and Thomas Mann: Calling and the Shaping of the Self*. Berkeley, University of California Press.

_____ (1995). "Weber's Ascetic Practices of the Self". *In*: LEHMANN, Harmut & ROTH, Guenther (orgs.). *Weber's Protestant Ethic: Origins, Evidence, Contexts*. Cambridge, Cambridge University Press: 161-177.

GONZALES, Moishe (1988-99). "Weber, Rationality and the Disintegration of Sociology". *Telos* nº 78, inverno: 158-168.

GREVEN, Paul (1977). *The Protestant Temperament: Patterns of Child-Rearing, Religious Experience, and the Self in Early America*. Chicago, University of Chicago Press.

GROSSEIN, Jean-Pierre (1996). "Présentation". *In*: WEBER, Max (1996b). *Sociologie des religions*. Paris, Gallimard: 51-129.

HABERMAS, Jürgen (1987a). *Técnica e ciência como "ideologia"*. Lisboa, Edições 70.

_____ (1987b). *Théorie de l'agir communicationnel*. 2 vols. Paris, Fayard.

HAWTHORN, Geoffrey (1982). *Iluminismo e desespero: Uma história da sociologia*. Rio de Janeiro, Paz e Terra.

HENNIS, Wilhelm (1993). "La problematica di Max Weber". *In*: TREIBER, Hubert (org.). *Per leggere Max Weber: nelle prospettive della sociologia tedesca contemporanea*. Padova, CEDAM: 197-249.

_____ (1996). *La problématique de Max Weber*. Paris, PUF.

HILL, Christopher (1987). *O mundo de ponta-cabeça: ideias radicais durante a Revolução Inglesa de 1640*. São Paulo, Companhia das Letras.

_____ (1988). *O eleito de Deus: Oliver Cromwell e a Revolução Inglesa*. São Paulo, Companhia das Letras.

HONIGSHEIM, Paul (1963). "Erinnerungen an Max Weber". *Kölner Zeitschrift für Soziologie und Sozialpsychologie* vol. 15: 161-271.

ISAMBERT, François-A. (1986). "Le 'désenchantement' du monde: non sens ou renouveau du sens". *Archives de Sciences Sociales des Religions*, vol. 61, nº 1, jan.-mar.: 83-104.

KALBERG, Stephen (1980). "Max Weber's Types of Rationality: Cornerstones for the Analysis of Rationalization Processes in History". *American Journal of Sociology* vol. 85, n° 5, mar.: 1145-1179.

_____ (1994). *Comparative Historical Sociology*. Chicago, University of Chicago Press.

KÄSLER, Dirk (1988). *Max Weber: An Introduction to His Life and Work*. Chicago, University of Chicago Press.

KIMBALL, Alan & ULMEN, Gary (1991). "Weber on Russia". *Telos* n° 88, verão: 187-195.

KOCH, Andrew M. (1993). "Rationality, Romanticism and the Individual; Max Weber's 'Modernism' and the Confrontation with 'Modernity'". *Canadian Journal of Political Science/Revue Canadienne de Science Politique* vol. 26, n° 1, mar.: 123-144.

KRÜGER, Dieter (1989). "Max Weber and the 'Younger' Generation in the Verein für Sozialpolitik". *In*: MOMMSEN, Wolfgang & OSTERHAMMEL, Jürgen (orgs.). *Max Weber and his Contemporaries*. Londres, Unwin: 71-87.

LADRIÈRE, Paul (1986). "La fonction rationalisatrice de l'éthique religieuse dans la théorie wébérienne de la modernité". *Archives de Sciences Sociales des Religions* vol. 61, n° 1, jan.-mar.: 105-125.

LÖWITH, Karl (1964). "Die Entzauberung der Welt durch Wissenschaft". *Merkur* n° 18: 501-531.

MacRAE, Donald (1988). *As ideias de Max Weber*. São Paulo, Cultrix.

MANNHEIM, Karl (1962). *O homem e a sociedade: estudos sobre a estrutura social moderna*. Rio de Janeiro, Zahar Editores.

MARRAMAO, Giacomo (1997). *Céu e terra: genealogia da secularização*. São Paulo, Editora da Unesp.

MAUSS, Marcel (1950). *Sociologie et anthropologie*. Paris, PUF.

MITZMAN, Arthur (1971). *The Iron Cage: An Historical Interpretation of Max Weber*. Nova York, Grosset & Dunlap.

_____ (1989). "Personal Conflict and Ideological Options in Sombart and Weber". *In*: MOMMSEN, Wolfgang & OSTERHAMMEL, Jürgen (orgs.). *Max Weber and his Contemporaries*. Londres, Unwin: 99-105.

Bibliografia

MOLLOY, Stephen (1980). "Max Weber and the Religions of China: Any Way out of the Maze?" *British Journal of Sociology* vol. 31, n° 3, set.: 377-400.

MOMMSEN, Wolfgang J. (1965). "Max Weber's Political Sociology and His Philosophy of World History". *International Social Science Journal* vol. 17, n° 1: 23-45.

_____ (1981). *Max Weber, sociedad, política e historia*. Buenos Aires, Alfa.

_____ (1989). "Introduction". *In*: MOMMSEN, Wolfgang & OSTER-HAMMEL, Jürgen (orgs.). *Max Weber and his Contemporaries*. Londres, Unwin: 1-21.

MOSCOVICI, Serge (1990). *A máquina de fazer deuses*. Rio de Janeiro, Imago Editora.

NELSON, Benjamin (1974). "Weber's 'Author's Introduction' (1920): A Master Clue to His Main Aim". *Sociological Inquiry* vol. 44: 268-277.

OAKES, Guy (1982). "Methodological Ambivalence: The Case of Max Weber". *Social Research* vol. 49, n° 3, outono: 589-615.

_____ (1989). "Weber and the Southwest German School: The Genesis of the Concept of Historical Individual". *In*: MOMMSEN, Wolfgang & OSTERHAMMEL, Jürgen (orgs.). *Max Weber and his Contemporaries*. Londres, Unwin: 434-446.

OTTO. Rudolf (1949) [1917]. *Le sacré*. Paris, Payot.

PIERUCCI, Antônio Flávio & PRANDI, Reginaldo (1987). "Assim como não era no princípio: religião e ruptura na obra de Procopio Camargo". *Novos Estudos CEBRAP* n° 17: 29-35.

PIERUCCI, Antônio Flávio (1997a). "Interesses religiosos dos sociólogos da religião". *In*: ORO, Ari Pedro e STEIL, Carlos Alberto (orgs.). *Globalização e religião*. Petrópolis, Vozes: 249-262.

_____ (1997b). "Reencantamento e dessecularização: a propósito do autoengano em Sociologia da Religião". *Novos Estudos CEBRAP* n° 49, nov.: 99-117.

_____ (1998). "Secularização em Max Weber: da contemporânea serventia de voltarmos a acessar aquele velho sentido". *Revista Brasileira de Ciências Sociais* vol. 13, n° 37, jun.: 43-73.

_____ (1998b). *O sexo como salvação neste mundo: a erótica weberiana nos Ensaios Reunidos de Sociologia da Religião*. Publicado na Internet, no site www.sociologia-usp.br/jornadas.

_____ (1999). "Sociologia da Religião: área impuramente acadêmica". *In*: MICELI, Sergio (org.). *O que ler na ciência social brasileira (1970-1995)*, vol. 2: *Sociologia*. São Paulo, Sumaré: 237-286.

_____ (2000a). "Secularização segundo Max Weber". *In*: SOUZA, Jessé (org.). *A atualidade de Max Weber*. Brasília, Editora Universidade de Brasília: 105-162.

_____ (2000b). "Secularization in Max Weber. On Current Usefulness of Re-Accessing that Old Meaning". *Brazilian Review of Social Sciences*, Special Issue n° 1, out.: 129-158.

_____ (2001). *A magia*. Coleção Folha Explica. São Paulo, Publifolha.

_____ (2001b). "Reencantamento e dessecularização: a propósito do autoengano em Sociologia da Religião". *In*: SOBRAL, Fernanda A. Fonseca & PORTO, Maria Stella Grossi (orgs.). *A contemporaneidade brasileira: dilemas e desafios para a imaginação sociológica*. Santa Cruz do Sul, Edunisc: 27-67.

_____ (2002). "Máquina de guerra religiosa: o Islã visto por Weber". *Novos Estudos CEBRAP* n° 62, mar.: 73-96.

RICKERT, Heinrich (1961). *Introducción a los problemas de la Filosofía de la Historia*. Buenos Aires, Editorial Nova.

RICOEUR, Paul (1995). "Préface". *In*: BOURETZ, Pierre (1996). *Les promesses du monde: philosophie de Max Weber*. Paris, Gallimard: 9-15.

ROSHWALD, Mordecai (1991). "Les concepts éthiques du judaïsme et de la Grèce antique". *Diogène* n° 156, out.-dez.: 114-141.

ROTH, Guenther & SCHLUCHTER, Wolfgang (1979). *Max Weber's Vision of History: Ethics and Methods*. Berkeley, University of California Press.

ROTH, Guenther (1976). "History and Sociology in the Work of Max Weber". *British Journal of Sociology* vol. 27, n° 3, set.: 306-318.

_____ (1988). "Weber's Political Failure". *Telos* n° 78, inverno: 136-149.

_____ (1991). "*Sachlichkeit* and Self-Revelation: Max Weber's Letters". *Telos* n° 88, verão: 196-204.

_____ (1993). "Between Cosmopolitism and Ethnocentrism: Max Weber in the Nineties". *Telos* n° 96, verão: 148-162.

_____ (1995). "Marianne Weber y su círculo". *In*: WEBER, Marianne (1995). *Biografía de Max Weber*. México, Fondo de Cultura Económica: 11-55.

SADRI, Ahmad (1992). *Max Weber's Sociology of Intellectuals*. Oxford/ Nova York, Oxford University Press.

SAID, Edward W. (1990). *Orientalismo: o Oriente como invenção do Ocidente*. São Paulo, Companhia das Letras.

SAYRE, Robert & LÖWY, Michael (1984). "Figures of Romantic Anti-Capitalism". *New German Critique* n° 33, primavera-verão: 42-92.

SCAFF, Lawrence A. (1989). *Fleeing the Iron Cage: Culture, Politics, and Modernity in the Thought of Max Weber*. Berkeley, University of California Press.

SCHLUCHTER, Wolfgang (1976). "Die Paradoxie der Rationalisierung: zum Verhältnis von 'Ethik' und 'Welt' bei Max Weber". *Zeitschrift für Soziologie* vol. 5, n° 3, jul.: 256-284. [Trad. ing. "The Paradox of Rationalization: On the Relation of Ethics and World". *In*: ROTH, Guenther & SCHLUCHTER, Wolfgang (1979). *Max Weber's Vision of History: Ethics and Methods*. Berkeley, University of California Press: 11-64.]

_____ (1979b). *Die Entwicklung des okzidentalen Rationalismus: Eine Analyse von Max Webers Gesellschaftsgeschichte*. Tübingen, Mohr. [Trad. ing. (1981). *The Rise of Western Rationalism*. Berkeley, University of California Press.]

_____ (1979c). "Excursus: The Selection and Dating of the Works". *In*: ROTH, Guenther & SCHLUCHTER, Wolfgang (1979). *Max Weber's Vision of History: Ethics and Methods*. Berkeley, University of California Press: 59-64.

_____ (1979d). "Excursus: The Question of the Dating of 'Science as a Vocation' and 'Politics as a Vocation'. *In*: ROTH, Guenther & SCHLUCHTER, Wolfgang (1979). *Max Weber's Vision of History: Ethics and Methods*. Berkeley, University of California Press: 113-116.

_____ (1989). *Rationalism, Religion, and Domination: A Weberian Perspective*. Berkeley, University of California Press.

_____ (1991). *Religion und Lebensführung*. Band 2: *Studien zu Max Webers Religions- und Herrschaftssoziologie*. Frankfurt am Main, Suhrkamp.

_____ (1996). *Paradoxes of Modernity: Culture and Conduct in the Theory of Max Weber*. Stanford, Stanford University Press.

SCHMIDT-GLINTZER, Helwig (1995). "The Economic Ethics of the World Religions". *In*: LEHMANN, Harmut & ROTH, Guenther (orgs.). *Weber's Protestant Ethic: Origins, Evidence, Contexts*. Cambridge, Cambridge University Press: 347-355.

SCHROEDER, Ralph (1995). "Disenchantment and Its Discontents: Weberian Perpectives on Science and Technology". *The Sociological Review* vol. 43, nº 2, maio: 227-250.

SÉGUY, Jean (1996). "Max Weber: agir, savoir et savoir pourquoi". *Archives de Sociologie des Religions* vol. 41, nº 96: 17-39.

SEYFARTH, Constans (1980). "The West Germany Discussion of Max Weber's Sociology of Religion since the 1960s". *Social Compass* vol. 27, nº 1: 9-25.

SICA, Alan (1988). *Weber, Irrationality, and Social Order*. Berkeley, University of California Press.

SOMBART, Werner (1982). *The Jews and Modern Capitalism*. New Brunswick, NJ, Transaction Books.

SOUZA, Jessé (2000) (org.). *A atualidade de Max Weber*. Brasília, Editora Universidade de Brasília.

STARK, Rodney & BAINBRIDGE, William S. (1985). *The Future of Religion: Secularization, Revival and Cult Formation*. Berkeley/Los Angeles, University of California Press.

TENBRUCK, Friedrich H. (1975). "Das Werk Max Webers". *Kölner Zeitschrift für Soziologie und Sozialpsychologie* vol. 27, nº 4, dez.: 663-702. [Trad. ingl. (1980). "The Problem of Thematic Unity in the Works of Max Weber". *British Journal of Sociology* vol. 31, nº 3, set.: 313-351.]

THOMAS, Keith (1985). *Religion and the Decline of Magic*. Londres, Penguin Books.

TREIBER, Hubert (1993) (org.). *Per leggere Max Weber: nelle prospettive della sociologia tedesca contemporanea*. Padova, CEDAM.

TURNER, Bryan S. (1994). *Orientalism, Postmodernism & Globalism*. Londres/Nova York, Routledge.

TURNER, Stephen P. (1983). "Weber on Action". *American Sociological Review* vol. 48, n° 4, ago.: 506-519.

VOGEL, U. (1973). "Einige Überlegungen zum Begriff der Rationalität bei Max Weber". *Kölner Zeitschrift für Soziologie und Sozialpsychologie* vol. 25: 532-550.

WAIZBORT, Leopoldo (2000). *As aventuras de Georg Simmel*. São Paulo, Editora 34.

WALZER, Michael (1987). *La révolution des saints: éthique protestante et radicalisme politique*. Paris, Éditions Belin.

WAX, Murray (1960). "Ancient Judaism and the Protestant Ethic". *American Journal of Sociology* vol. 65, n° 5, mar.: 449-455.

WEBER, Marianne (1984) [1925]. *Max Weber: ein Lebensbild*. Tübingen, Mohr.

_____ (1995). *Biografía de Max Weber*. México, Fondo de Cultura Económica.

WEBER, Max (1942). *Historia económica general*. México, Fondo de Cultura Económica. [abrev. HEG]

_____ (1949). *The Methodology of the Social Sciences*. Nova York, Free Press. [abrev.: MSS]

_____ (1951). *The Religion of China: Confucianism and Taoism*. Glencoe, Illinois, Free Press. [abrev.: China]

_____ (1952). *Ancient Judaism*. Glencoe, Free Press. [abrev.: AJ]

_____ (1957) [1946]. *From Max Weber: Essays in Sociology*. Londres, Routledge & Kegan Paul. [abrev.: FMW]

_____ (1958a). *The Religion of India: Hinduism and Buddhism*. Glencoe, Free Press. [abrev.: India]

_____ (1958b). "Sobre algunas categorías de la sociología comprensiva". *In: Ensayos sobre metodología sociológica*. Buenos Aires, Amorrortu: 175-221. [Trad. ingl. "Some Categories of Interpretive Sociology". *Sociological Quarterly* vol. 22: 151-180.]. [abrev.: Kat]

_____ (1958c). *Ensayos sobre metodología sociológica*. Buenos Aires, Amorrortu.

_____ (1963). *The Sociology of Religion*. Boston, Beacon Press. [abrev.: SR]

_____ (1964a). *L'éthique protestante el l'esprit du capitalisme*. Paris, Plon.

_____ (1964b) [1944]. *Economía y sociedad: esbozo de sociología comprensiva*. 2 vols. México, Fondo de Cultura Económica. [abrev.: EyS]

_____ (1967). *A ética protestante e o espírito do capitalismo*. São Paulo, Pioneira. [abrev.: EPbras]

_____ (1968a). *Economy and Society: An Outline of Interpretive Sociology*. 3 vols. Nova York, Bedminster Press. [abrev.: E&S]

_____ (1968b). *História geral da economia*. São Paulo, Mestre Jou. [abrev.: HGE]

_____ (1972). *Ciência e política: duas vocações*. São Paulo, Cultrix. [abrev.: CP2V]

_____ (1974a). "As seitas protestantes e o espírito do capitalismo". *In*: *Ensaios de sociologia*. orgs. H. H. Gerth e Ch. W. Mills. Rio de Janeiro, Zahar: 347-370. [abrev.: SPro]

_____ (1974b). "A psicologia social das religiões mundiais". *In*: *Ensaios de sociologia*. orgs. H. H. Gerth e Ch. W. Mills. Rio de Janeiro, Zahar: 309-346. [abrev.: Psico]

_____ (1974c). "O sentido da 'neutralidade axiológica' nas ciências sociológicas e econômicas". *In*: *Sobre a teoria das ciências sociais*. Lisboa, Editorial Presença: 113-192. [abrev.: Neutr]

_____ (1978). "Anticritical Last Word on the Spirit of Capitalism". *American Journal of Sociology* vol. 83, n° 5, mar.: 1105-1131. [abrev.: Anti]

_____ (1979a). "O caráter geral das religiões asiáticas". *In*: COHN, Gabriel (org.). *Weber: sociologia*. São Paulo, Ática: 142-151. [abrev.: CG]

_____ (1979b). "Confucionismo e puritanismo". *In*: COHN, Gabriel (org.). *Weber: sociologia*. São Paulo, Ática: 151-159. [abrev.: CP]

Bibliografia 233

_____ (1980). "Rejeições religiosas do mundo e suas direções". *In*: *Textos selecionados*. Coleção Os Pensadores. São Paulo, Abril Cultural: 237-268. [abrev.: RRM; ver também EnSoc: 371-410]

_____ (1981) [1923]. *Wirtschaftsgeschichte: Abriss der universalen Sozial- und Wirtschafts-geschichte*. Berlim, Duncker & Humblot. [abrev.: Wg]

_____ (1982). *Ensaios de sociologia*. Rio de Janeiro, Guanabara Koogan. [abrev.: EnSoc]

_____ (1984a). *Ensayos sobre sociología de la religión*. 3 vols. Madri, Taurus. [abrev.: ESSR]

_____ (1984b). *Zur Politik im Weltkrieg. Schriften und Reden 1914-1918*. (MWG I, vol. 15). Tübingen, Mohr, 1984 [abrev.: ZPWk]

_____ (1985a) [1922]. *Wirtschaft und Gesellschaft: Grundriss der verstehenden Soziologie*. (Reimpressão da 5ª ed. revista por Johannes Winckelmann). Tübingen, Mohr. [abrev.: WuG]

_____ (1985b). "Introduzione"/"L'Etica economica delle religioni nel mondo". *In*: FERRAROTTI, Franco. *Max Weber e il destino della ragione*. Roma/Bari, Editori Laterza: 151-188. [abrev.: IntroItal]

_____ (1986). "Parenthèse théorique: le refus du monde, ses orientations et ses degrés". (Trad. francesa da ZB). *Archives de Sciences Sociales des Religions* vol. 61, nº 1, jan.-mar.: 7-34.

_____ (1988a) [1920-21]. *Gesammelte Aufsätze zur Religionssoziologie*, 3 vols. Tübingen, Mohr. [abrev. GARS]

_____ (1988b) [1920]. "Die protestantische Ethik und der Geist des Kapitalismus". *In*: *Gesammelte Aufsätze zur Religionssoziologie*, vol. I (GARS I). Tübingen, Mohr. [abrev.: PE]

_____ (1988c) [1920]. "Die protestantischen Sekten und der Geist des Kapitalismus". *In*: *Gesammelte Aufsätze zur Religionssoziologie*, vol. I (GARS I). Tübingen, Mohr. [abrev: PSek]

_____ (1988d) [1920]. "Zwischenbetrachtung: Theorie der Stufen und Richtungen religiöser Weltablehnung". *In*: *Gesammelte Aufsätze zur Religionssoziologie*, vol. I (GARS I). Tübingen, Mohr: 536-573. [abrev.: ZB]

_____ (1988e) [1921]. "Das antike Judentum". *In*: *Gesammelte Aufsätze zur Religionssoziologie*, vol. III (GARS III). Tübingen, Mohr. [abrev.: AJ]

_____ (1988f) [1922]. *Gesammelte Aufsätze zur Wissenschaftslehre.* Tübingen, Mohr. [abrev.: WL]

_____ (1988g) [1922]. "Wissenschaft als Beruf". In: *Gesammelte Aufsätze zur Wissenschaftslehre.* Tübingen, Mohr: 582-613. [Trad. ing. (1948): "Science as a Vocation". In: (1957). *From Max Weber: Essays in Sociology.* orgs. H. H. Gerth & Ch. W. Mills. Londres, Routledge & Kegan Paul]. [abrev.: WaB]

_____ (1988h) [1922]. "Der Sinn der 'Wertfreiheit' der soziologischen und ökonomischen Wissenschaften". In: *Gesammelte Aufsätze zur Wissenschaftslehre.* Tübingen, Mohr: 489-540. [abrev.: SWert]

_____ (1988i) [1922]. "Die 'Objektivität' sozialwissenschaftlicher und sozialpolitischer Erkenntnis". In: *Gesammelte Aufsätze zur Wissenschaftslehre.* Tübingen, Mohr: 146-214. [abrev.: Objekt]

_____ (1991a). *Economia e sociedade: fundamentos da sociologia compreensiva,* vol. I. Brasília, Editora Universidade de Brasília. [abrev.: EeS]

_____ (1991b). L'etica protestante e lo spirito del capitalismo. Milano, Rizzoli. [abrev.: EPital]

_____ (1992a) [1930]. *The Protestant Ethic and the Spirit of Capitalism.* Londres/Nova York, Routledge. [abrev.: PEeng]

_____ (1992b). "Sobre algumas categorias da sociologia compreensiva". In: *Metodologia das Ciências Sociais.* São Paulo, Cortez Editora: 313-348.

_____ (1993) [1904-05]. *Die protestantische Ethik und der "Geist" des Kapitalismus* (edição crítica da edição original de 1904-05, a cargo de Karl Lichtblau e Johannes Weiss). Bodenheim, Athenäum Hain Hanstein Verlagsgesellschat. [abrev.: PE"G"K]

_____ (1995). *Os fundamentos racionais e sociológicos da música.* São Paulo, Edusp. [abrev.: FMus]

_____ (1996a). *A ética protestante e o espírito do capitalismo.* Lisboa, Editorial Presença. [abrev.: EPLus]

_____ (1996b). *Sociologie des religions.* Paris, Gallimard.

_____ (2001). *Max Weber: Gesammelte Werke.* Digitale Bibliothek Band 58. Berlim, Directmedia, 2001.

WEISS, Johannes (1993). "Max Weber: il disincanto del mondo". *In*: TREI-BER, Hubert (org.). *Per leggere Max Weber: nelle prospettive della sociologia tedesca contemporanea*. Pádua, CEDAM: 16-65.

WIGGERSHAUS, Rolf (1994). *The Frankfurt School: Its History, Theories and Political Significance*. Cambridge, UK, Polity Press.

WILSON, Bryan (1973). *Magic and the Millenium: A Sociological Study of Religious Movements of Protest among Tribal and Third-World Peoples*. Nova York, Harper & Row.

WINCKELMANN, Johannes (1980). "Die Herkunft von Max Webers Ent-zauberungskonzeption". *Kölner Zeitschrift für Soziologie und Sozialpsychologie* vol. 32: 12-53.

WINDELBAND, Wilhelm (1949). *Preludios filosóficos*. Buenos Aires, Santiago Rueda.

SOBRE O AUTOR

Antônio Flávio Pierucci nasceu em Altinópolis, interior de São Paulo, em 1945.

Foi professor do Departamento de Sociologia da Faculdade de Ciências Sociais da PUC-SP de 1978 a 1986, especializando-se em Sociologia da Religião e Estudos Culturais da Diferença. Em 1986 passou a lecionar do Departamento de Sociologia da Faculdade de Filosofia, Letras e Ciências Humanas da USP, onde realizou seu doutorado (1985) e livre-docência (2001). Ocupou, por dois mandatos consecutivos, de 1992 a 1996, o cargo de secretário-executivo da Associação Nacional de Pós-Graduação e Pesquisa em Ciências Sociais (ANPOCS) e, de 2001 a 2003, o de secretário-geral da Sociedade Brasileira para o Progresso da Ciência (SBPC). Ainda em 2001 assumiu o cargo de editor da revista *Novos Estudos Cebrap*, onde permaneceu até 2004.

Publicou numerosos artigos em revistas científicas e, além da participação em coletâneas, é autor de diversos livros, entre os quais *A realidade social das religiões no Brasil* (em coautoria com Reginaldo Prandi, Hucitec, 1996), *Ciladas da diferença* (Editora 34, 2000), *A magia* (Publifolha, 2001) e *O desencantamento do mundo* (Editora 34, 2003). Coordenou a edição crítica de *A ética protestante e o "espírito" do capitalismo*, de Max Weber (Companhia das Letras, 2004), comemorativa do centenário da primeira publicação da obra.

Faleceu em São Paulo, em 8 de junho de 2012.

CO-EDIÇÕES CURSO DE PÓS-GRADUAÇÃO EM SOCIOLOGIA DA USP/EDITORA 34

Mário A. Eufrasio, *Estrutura urbana e ecologia humana: a escola sociológica de Chicago (1915-1940)*

Antônio Flávio Pierucci, *Ciladas da diferença*

Leopoldo Waizbort, *As aventuras de Georg Simmel*

Irene Cardoso, *Para uma crítica do presente*

Vera da Silva Telles, *Pobreza e cidadania*

Paulo Menezes, *À meia-luz: cinema e sexualidade nos anos 70*

Sylvia Gemignani Garcia, *Destino ímpar: sobre a formação de Florestan Fernandes*

Antônio Flávio Pierucci, *O desencantamento do mundo: todos os passos do conceito em Max Weber*

Leonardo Mello e Silva, *Trabalho em grupo e sociabilidade privada*

Nadya Araujo Guimarães, *Caminhos cruzados: estratégias de empresas e trajetórias de trabalhadores*

Eva Alterman Blay, *Assassinato de mulheres e Direitos Humanos*

ESTE LIVRO FOI COMPOSTO EM SABON,
PELA BRACHER & MALTA, COM CTP DA
NEW PRINT E IMPRESSÃO DA GRAPHIUM
EM PAPEL PÓLEN SOFT 80 G/M^2 DA CIA.
SUZANO DE PAPEL E CELULOSE PARA A
EDITORA 34, EM JUNHO DE 2013.